Grundbuchrecht für die Praxis

Adrian Mühlematter
Stephan Stucki

2., unveränderte Auflage 2017

orell füssli Verlag

Adrian Mühlematter, Notar, ist geschäftsleitender Grundbuchverwalter des Grundbuchamtes Oberland in Thun und Dozent für Sachen- und Grundbuchrecht für die Absolventen der kaufmännischen Lehre auf den Grundbuchämtern des Kantons Bern sowie für Sachen- und Grundbuchrecht am Bildungszentrum für Wirtschaft und Dienstleistung (bwd) in Bern.

Stephan Stucki, Fürsprecher und Notar, ist Grundbuchverwalter und Amtsleiter des Grundbuchamtes Emmental-Oberaargau in Wangen a.A. sowie Dozent für Sachen- und Grundbuchrecht am Bildungszentrum für Wirtschaft und Dienstleistung (bwd) in Bern.

2., unveränderte Auflage 2017
Orell Füssli Verlag, www.ofv.ch

Druck und Bindung: CPI books GmbH, Leck

ISBN 978-3-280-07399-5

Bibliografische Information der Deutschen Nationalbibliothek: Die Deutsche Nationalbibliothek verzeichnet diese Publikation in der Deutschen Nationalbibliografie; detaillierte bibliografische Daten sind im Internet unter http://dnb.d-nb.de abrufbar.

Vorwort

Tagtäglich beschäftigen sich Tausende Personen in der ganzen Schweiz mit dem Grundbuchrecht; sei es im Bankenwesen bei der Vergabe von Hypothekarkrediten, auf der Gemeindeverwaltung bei der Erstellung der Steuerabrechnung oder im Notariat bei der Bearbeitung sachenrechtlicher Transaktionen.

Die überwiegende Arbeit wird dabei von Personen mit einem kaufmännischen Abschluss verrichtet: Sachbearbeiter von Banken, Notariaten und Anwaltskanzleien, Grundbuchämtern sowie zahlreichen weiteren Behörden wie z.B. Gerichten oder Steuerverwaltungen. Ihnen stand bisher schweizweit kein geeignetes, frei zugängliches Hilfsmittel im Berufsalltag zur Verfügung. Diese Lücke wird nun geschlossen.

Im Kanton Bern gab es bereits seit dem Jahre 1965 ein entsprechendes, jedoch nicht frei zugängliches Werk. Damals hat Notar Arthur Lüscher, Grundbuchinspektor des Kantons Bern, für den Unterricht im Fach «Grundbuchrecht» an der Berufsschule für Verwaltung Bern ein Skript entworfen und herausgegeben. In der Folge wurde dieses Standardwerk von Prof. Dr. Roland Pfäffli, Notar und ehemaliger Grundbuchverwalter von Thun, während Jahren unter dem Titel «Grundbuchrecht» (auch bekannt als «Grundbuchrechtsordner» oder «Pfäffliordner») nachgeführt und zusammen mit den Notaren und Grundbuchverwaltern Mario Rondi und Jürg Bracher für den Unterricht verwendet.

Ganz im Sinne der bernischen Tradition wurde nun das vorliegende Werk erstellt. Es orientiert sich dabei am bewährten Konzept, soll aber anders als bisher einem breiteren Interessentenkreis zur Verfügung gestellt werden.

Im vorliegenden Werk werden die mitunter komplexen Vorgänge im und um das Grundbuch auf einfache Sachverhalte heruntergebrochen und auf nachvollziehbare Weise erklärt, wobei der Schwerpunkt auf den Geschäftsverkehr zwischen dem Grundbuchamt und seiner Kundschaft gelegt wird. Die immer wiederkehrenden, praxisorientierten Beispiele dienen dabei der Veranschaulichung der Problematik und fördern so das Verständnis der Leser für die Materie.

Im Interesse einer besseren Lesbarkeit werden keine Paarformen/Doppelbezeichnungen gebraucht. Die männliche Form steht immer auch für die weibliche und umgekehrt.

Für die kritische Durchsicht des Manuskripts und die zahlreichen und wertvollen Hinweise danken wir unserem Kollegen Jürg Bracher, Notar, Grundbuchverwalter und Amtsleiter des Grundbuchamts Emmental-Oberaargau sowie Herrn Jürg Stauffer. Für die Bereitstellung des Teils über TERRIS sowie den Grundbuchauszug aus diesem danken wir dem Amt für Informatik Thurgau und dem

Grundbuch- und Notariatsinspektorat Thurgau, insb. Herrn Pascal Wernli. Für die kompetente Beratung und die Begleitung des Projekts danken wir Frau Gabriela Simeon-Müller und Frau Susanna Bieri sowie dem Orell Füssli Verlag.

Ganz besonderer Dank gilt Frau Prof. Dr. Bettina Hürlimann-Kaup für das von uns äusserst geschätzte und wertvolle Geleitwort.

Last but not least möchten wir uns bei unseren Familien bedanken, die uns während der Entstehungsphase oft entbehren mussten und uns die Möglichkeit gaben, das vorliegende Buch zu schreiben.

Im Sinne der weiteren Verbesserung des Produkts und der Ausbildungstätigkeit freuen wir uns über kritische Hinweise und Anregungen. Gerne nehmen wir die Rückmeldungen unter gba.ol@jgk.be.ch entgegen.

Thun und Wangen a.A.

im Februar 2016 Adrian Mühlematter, Stephan Stucki

«Kühner, als das Unbekannte zu erforschen, kann es sein, das Bekannte zu bezweifeln.»

(Alexander von Humboldt)

«Gewidmet denen, die wir lieben»

Geleitwort

Das Grundbuch dient dazu, dingliche Rechte an Grundstücken für alle erkennbar zu machen. Im Verkehr mit Immobilien trägt es massgeblich zur Gewährleistung der Rechtssicherheit bei, da das Gesetz eine gutgläubige Person, die gestützt auf einen Grundbucheintrag ein dingliches Recht an einem Grundstück erworben hat, in ihrem Vertrauen schützt. Eine solide Kenntnis des Grundbuchrechts der mit dem Grundbuch befassten Personen ist deshalb von entscheidender Bedeutung.

Das Grundbuchrecht beruht im Wesentlichen auf Bundesrecht. Obwohl es sich um öffentliches Recht handelt, hat es als Teil des Sachenrechts seine Regelung im ZGB gefunden. Die Grundbuchverordnung enthält die für den Grundbuchalltag wesentlichen Ausführungsbestimmungen. Auf den ersten Blick mag es erstaunen, dass die Praxis mit Bezug auf bestimmte dieser bundesrechtlichen Regeln in der Schweiz keineswegs einheitlich ist und teilweise sogar innerhalb eines Kantons von Grundbuchamt zu Grundbuchamt variiert. Gesetzesbestimmungen sind aber bekanntlich keine mathematischen Formeln, vielmehr kann es im konkreten Fall ohne weiteres mehr als eine valable Lösung geben. Manche Fragen sind schlicht nicht geregelt, so dass den Grundbuchämtern die Aufgabe zukommt, einen Weg zu finden. Beim elektronisch geführten Grundbuch kommt es bisweilen gar vor, dass die Informatik den Weg vorgibt. Diese Vielfalt in der Einheit kann bisweilen zu Problemen führen, sie trägt aber auch ganz wesentlich zur Faszination der Materie bei.

Peter Liver, einer der bedeutendsten Sachenrechtler der Schweiz, hat 1969 in seinem in der ZBGR erschienenen Aufsatz «Die Anmerkung» Folgendes geschrieben: «Das Grundbuchrecht ist ein eigentliches Spezialgebiet unseres Privatrechts mit stark technischer Ausgestaltung. Es bedarf entweder langer und intensiver wissenschaftlicher Beschäftigung mit ihm oder längerer praktischer Erfahrung, um es einigermassen zu beherrschen.» Diese Aussage ist heute aktueller denn je. Das Sachenrecht ist zwar eine sehr systematische Materie, es wird aber bisweilen – und nicht immer zu Unrecht – als abstrakt empfunden. Das zeigt sich etwa im Grundstücksbegriff von Art. 655 ZGB. Nach dieser Norm gelten als Grundstücke nicht nur die Liegenschaften, sondern z.B. auch die selbstständigen und dauernden Rechte. Das sind als Grundstücke im Grundbuch eingetragene Dienstbarkeiten (z.B. Baurechte), die übertragen werden können und für mindestens 30 Jahre oder auf unbestimmte Zeit vereinbart worden sind. Weil das Gesetz sie in gewisser Hinsicht wie die Liegenschaften behandelt, können sie insbesondere verpfändet werden. Das gibt dem Berechtigten die Möglichkeit, den Wert dieser Dienstbarkeit zu mobilisieren und sich dadurch bei einer Bank Kredit zu verschaffen. Mit der Revision des Immobiliarsachenrechts, die am 1. Januar 2012 in Kraft getreten ist, hat sich der Grad der Abstraktheit noch erhöht: So gibt es neu einen sogenannten Register-Schuldbrief. Der Begriff ist ein Widerspruch in sich ist, da es sich dabei gerade nicht um einen «Brief» (also ein Blatt Papier), sondern um ein reines Registerrecht handelt. Das Gesetz geht sogar noch einen Schritt weiter und sieht in Art. 859 Abs. 1 ZGB die Möglichkeit vor, an diesem Register-Schuldbrief, der im Gegensatz zum Papier-Schuldbrief nicht in einer Sache (eben dem Blatt Papier) verkörpert ist, ein Fahrnispfandrecht zu errichten, obwohl ein solches Pfandrecht – der Name sagt es bereits – eigentlich nur an Fahrnis (und damit an einer Sache) errichtet werden kann.

Die Erfahrung zeigt, dass sich nur wenige Personen auf wissenschaftlicher Ebene eingehend mit dem Grundbuch auseinandersetzen; dementsprechend gibt es viele Themen, die noch der genauen Durchdringung harren. Umso wichtiger ist der Beitrag der Praxis zur Fortentwicklung dieses Rechtsgebiets. Den Bernischen Grundbuchverwaltern Adrian Mühlematter und Stephan Stucki kommt das Verdienst zu, im Anschluss an die Arbeiten von Notar Arthur Lüscher und Prof. Dr. Roland Pfäffli das Grundbuchrecht den interessierten Personen zugänglich zu machen. Sie verstehen es, die Materie allgemeinverständlich zu erklären und durch zahlreiche praxisnahe Beispiele sowie durch Grafiken zu illustrieren. Soweit das kantonale Recht eine Rolle spielt, wird das bernische Recht dargestellt, die Autoren verweisen aber immer wieder auch auf die Regelungen anderer Kantone. Das Buch empfiehlt sich damit allen Interessierten bestens als Hilfsmittel für den alltäglichen Umgang mit dem Grundbuch. Ich wünsche ihm deshalb eine freundliche Aufnahme. Möge es die Leserinnen und Leser neugierig machen auf diese faszinierende Materie, bei der man nie ausgelernt hat.

im Dezember 2015 Prof. Dr. Bettina Hürlimann-Kaup

Inhaltsverzeichnis

Abkürzungsverzeichnis

a	alt (vor Gesetzen, die ausser Kraft sind)
Abs.	Absatz
AG	Aktiengesellschaft
AHV	Alters- und Hinterlassenenversicherung
AJP	Aktuelle Juristische Praxis
amtl.	amtlich
AN	Anmerkungen
Art.	Artikel
Aufl.	Auflage
AVG/BE	Gesetz über die amtliche Vermessung (BSG 215.341)
BAK	Bernischen Stiftung für Agrarkredite
BauG/BE	Baugesetz (BSG 721.0)
BBl	Bundesblatt
BewG	Bundesgesetz über den Erwerb von Grundstücken durch Personen im Ausland (SR 211.412.41)
BewV	Verordnung über den Erwerb von Grundstücken durch Personen im Ausland (SR 211.412.411)
BGBB	Bundesgesetz über das bäuerliche Bodenrecht (SR 211.412.11)
BGG	Bundesgesetz über das Bundesgericht (SR 173.110)
BGE	Bundesgerichtsentscheid
BGer	Bundesgericht
BGS	Systematische Gesetzessammlung Kanton Zug
BN	Der bernische Notar
BPG/BE	Gesetz über das bäuerliche Boden- und Pachtrecht (BSG 215.124.1)
BR	Baurecht
BR	Bündner Rechtsbuch – Systematische Sammlung
BSG	Bernische Systematische Gesetzessammlung
BSK	Basler Kommentar

Bst.	Buchstabe
BV	Bundesverfassung der Schweizerischen Eidgenossenschaft (SR 101)
BVG	Bundesgesetz über die berufliche Alters-, Hinterlassenen- und Invalidenvorsorge (SR 831.40)
BVR	Bernische Verwaltungsrechtsprechung
bzw.	beziehungsweise
Capitastra	Informatik Applikation für elektronische Grundbuchdaten der Bedag Informatik AG
CH	Schweiz
CHF	Schweizer Franken
CHK	Handkommentar zum Schweizer Privatrecht
Co.	Compagnie, Kompanie
ders.	derselbe
d.h.	das heisst
DI	Dienstbarkeiten
DBG	Bundesgesetz über die direkte Bundessteuer (SR 642.11)
DPG/BE	Gesetz über die Denkmalpflege (BSG 426.41)
dt.	deutsch
E.	Erwägung
EDV	Elektronische Datenverarbeitung
EFTA	Europäische Freihandelsassoziation (European Free Trade Association)
EGBA	Eidgenössisches Amt für Grundbuch- und Bodenrecht
EG BewG/BE	Einführungsgesetz zum Bundesgesetz vom 16. Dezember 1983 über den Erwerb von Grundstücken durch Personen im Ausland (BSG 215.126.1)
eGBZH	elektronisches Grundbuch Kanton Zürich
EGMR	Europäischer Gerichtshof für Menschenrechte
E-GRID	Eidgenössischer Grundstückindex
EG ZGB/BS	Gesetz betreffend die Einführung des Schweizerischen Zivilgesetzbuches (SG 211.100)

EG ZGB/BE	Gesetz betreffend die Einführung des Schweizerischen Zivilgesetzbuches (BSG 211.1)
EG ZGB/GR	Einführungsgesetz zum Schweizerischen Zivilgesetzbuch (BR 210.100)
EG ZGB/SG	Einführungsgesetz zum Schweizerischen Zivilgesetzbuch (sGS 911.1)
EG ZGB/TG	Einführungsgesetz zum Schweizerischen Zivilgesetzbuch (RB 210.1)
EG ZGB/ZG	Gesetz betreffend die Einführung des Schweizerischen Zivilgesetzbuches für den Kanton Zug (BGS 211.1)
EG ZGB/ZH	Einführungsgesetz zum Schweizerischen Zivilgesetzbuch (LS 230)
EntG	Bundesgesetz über die Enteignung (SR 711)
EO	Emmental-Oberaargau (Bezeichnung Gericht)
etc.	et cetera, und so weiter
EU	Europäische Union
EWAP	Erstwohnungsanteilsplan
f.	folgende (Seite)
ff.	folgende (Seiten)
Fn	Fussnote
Fr.	Franken
GB	Grundbuch
GBA	Grundbuchamt
GBG/FR	Gesetz über das Grundbuch (SGF 214.5.1)
GBG/NW	Gesetz über das Grundbuch (NG 214.1)
GBV	Grundbuchverordnung (SR 211.432.1)
GE	Kanton Genf
geb.	geboren
gem.	gemäss
GeoIG/ZG	Gesetz über Geoinformation im Kanton Zug (Geoinformationsgesetz BGS 215.71)
gez.	gezeichnet
GL	Grundlasten

GRUDIS	Grundstückdaten-Informationssystem des Kantons Bern
GSchG	Bundesgesetz über die Schuldbetreibung gegen Gemeinden und andere Körperschaften des kantonalen öffentlichen Rechts (SR 282.11)
HF	Handlungsfähigkeit
HG/BE	Gesetz betreffend die Handänderungssteuer (BSG 215.326.2)
Hrsg.	Herausgeber
ID	Identifikationsnummer (eines Eintrags)
i.d.R.	in der Regel
insb.	insbesondere
i.S.v.	im Sinne von
i.V.m.	in Verbindung mit
JGK	Justiz-, Gemeinde- und Kirchendirektion des Kantons Bern
KESB	Kindes- und Erwachsenenschutzbehörden
Koord.	Koordinaten
(L)	Last
landw.	landwirtschaftlich
LIG	Liegenschaft
LPG	Bundesgesetz über die landwirtschaftliche Pacht (SR 221.213.2)
LS	Loseblattsammlung der ZH-Lex
max.	maximal
MH	Maximalhypothek
MIT	Miteigentumsanteil
MUSA	Musterurkunden des Verbands Bernischer Notare
n	neu (vor Gesetzen, die noch nicht in Kraft sind)
N	Note
NG	Nidwaldner Gesetzessammlung – Systematische Sammlung
NG/BE	Notariatsgesetz (BSG 169.11)
Nr.	Nummer
Nrn.	Nummern
NV/BE	Notariatsverordnung (BSG 169.112)

OGer	Obergericht
OR	Bundesgesetz betreffend die Ergänzung des Schweizerischen Zivilgesetzbuches (Fünfter Teil: Obligationenrecht) (SR 220)
ÖREB	öffentlich-rechtliche Eigentumsbeschränkungen (in Zusammenhang mit dem ÖREB-Kataster)
PartG	Bundesgesetz über die eingetragene Partnerschaft gleichgeschlechtlicher Paare (Partnerschaftsgesetz; SR 211.231)
PBG/ZH	Planungs- und Baugesetz (LS 700.1)
PF	Grundpfandrechte
Pra	Die Praxis (des Bundesgerichts und des EGMR)
(R)	Recht
RB	Rechtsbuch Kanton Thurgau – Systematische Sammlung
RegGer	Regionalgericht
RR	Regierungsrat
Rz	Randziffer
s.	siehe
S.	Seite
SchKG	Bundesgesetz über Schuldbetreibung und Konkurs (SR 281.1)
SchlT	Schlusstitel (i.d.R. des ZGB)
SDR	selbstständiges und dauerndes Recht
SG	Systematische Gesetzessammlung des Kantons Basel-Stadt
SGF	Systematische Gesetzessammlung des Kantons Freiburg
sGS	Systematische Gesetzessammlung des Kantons St. Gallen
SIFTI	Sistema d'informazione fondiaria del Cantone Ticino
SJZ	Schweizerische Juristen-Zeitung
sog.	sogenannt
SR	Systematische Rechtssammlung des Bundesrechts
StHG	Bundesgesetz über die Harmonisierung der direkten Steuern der Kantone und Gemeinden (SR 642.14)
StPO	Schweizerische Strafprozessordnung (SR 312)
STW	Stockwerkeigentumsanteil

STWE	Stockwerkeigentum
successio	Zeitschrift für Erbrecht
TERRIS	Informatik Applikation für elektronische Grundbuchdaten des Amts für Informatik Thurgau
u.	und
Übers.	Übersetzung
UID	Unternehmens-Identifikationsnummer
usw.	und so weiter
v.	vom
VAV	Verordnung über die amtliche Vermessung (SR 211.432.2)
v.A.w.	von Amtes wegen
vgl.	vergleiche
VO	Vormerkungen
VOGB/BS	Verordnung über das Grundbuch (SG 214.310)
vorm.	vormals
VRPG/BE	Gesetz über die Verwaltungsrechtspflege (BSG 155.21)
VSGV	Verband Schweizerischer Grundbuchverwalter
VZAE	Verordnung über Zulassung, Aufenthalt und Erwerbstätigkeit (SR 142.201)
VZG	Verordnung des Bundesgerichts über die Zwangsverwertung von Grundstücken (SR 281.42)
WRG	Bundesgesetz über die Nutzbarmachung der Wasserkräfte (Wasserrechtsgesetz, SR 721.80)
z.B.	zum Beispiel
ZBGR	Schweizerische Zeitschrift für Beurkundungs- und Grundbuchrecht
z.G.	zu Gunsten
ZGB	Schweizerisches Zivilgesetzbuch (SR 210)
ZH-Lex	Zürcher Gesetzessammlung
Ziff.	Ziffer
ZK	Zürcher Kommentar
ZBJV	Zeitschrift des Bernischen Juristenvereins

z.L.	zu Lasten
ZVW	Zeitschrift für Vormundschaftswesen
ZWG	Bundesgesetz über Zweitwohnungen (Zweitwohnungsgesetz, SR 702)

Literaturverzeichnis

Die aufgeführten Werke werden – sofern nicht anders aufgeführt – mit dem Namen der Autoren, der Seitenzahl, dem Paragraphen und/oder der Randnote zitiert.

BREITSCHMID P./RUMO-JUNGO A. (Hrsg.), Handkommentar zum Schweizer Privatrecht, Sachenrecht, 2. Aufl., Zürich/Basel/Genf 2012

BÜSSER A./GOLDENBERGER M./HERRENSCHWAND M./HOFER E./MÜLLER M./RYSER U./SCHMID-TSCHIRREN CH./STALDER B./STREBEL L./STUDER B., Das bäuerliche Bodenrecht, Kommentar zum Bundesgesetz über das bäuerliche Bodenrecht vom 4. Oktober 1991, 2. Aufl., Brugg 2011 (Hrsg.: Schweizerischer Bauernverband)

DESCHENAUX H., Schweizerisches Privatrecht, Band V/3, I, Das Grundbuch, Basel/Frankfurt am Main 1988 (Dt. Übers. WEBER F.)

DERS., Schweizerisches Privatrecht, Band V/3, II, Das Grundbuch, Basel/Frankfurt am Main 1989 (dt. Übers. WEBER F.)

FASSBIND P., Erwachsenenschutz, Zürich 2012

GUHL T., Das Schweizerische Obligationenrecht, 9. Aufl., St. Gallen/Basel 2000

Handbuch für den Verkehr mit den Grundbuchämtern und die Grundbuchführung, Bern 2008 (Hrsg.: Justiz-, Gemeinde- und Kirchendirektion des Kantons Bern),
<http://www.jgk.be.ch/jgk/de/index/direktion/organisation/gba/handbuch.assetref/dam/documents/JGK/GBA/de/GBA_Handbuch_de.pdf> (besucht am: 11. Oktober 2015)

HONSELL H./VOGT N. P./GEISER T. (Hrsg.), Basler Kommentar, Zivilgesetzbuch I, Art. 1–456 ZGB, 5. Aufl., Basel 2014

KRAMER E. A., Juristische Methodenlehre, 4. Aufl., Bern 2013

LIVER P., Zürcher Kommentar, Zivilgesetzbuch IV/2a/1, Die Grunddienstbarkeiten, 2. Aufl., Zürich 1980

MERKLI T./ AESCHLIMANN A./ HERZOG R., Kommentar zum Gesetz über die Verwaltungsrechtspflege im Kanton Bern, Bern 1997

Musterurkunden, Langenthal 2014 (Hrsg.: Verband bernischer Notare)

PFÄFFLI R., Der Ausweis für die Eigentumseintragung im Grundbuch, Langenthal 1999

SCHMID J./HÜRLIMANN-KAUP B., Sachenrecht, 4. Aufl., Zürich/Basel/Genf 2012

STUDER J./ZÖBELI M., Schuldbetreibungs- und Konkursrecht, Ein Leitfaden für die Praxis, 4. Aufl., Freiburg 2015

TSCHANNEN P./ZIMMERLI U./MÜLLER M., Allgemeines Verwaltungsrecht, 4. Aufl., Bern 2014

TUOR P./ SCHNYDER B./ SCHMID J./ JUNGO A., Das Schweizerische Zivilgesetzbuch, 14. Aufl., Zürich 2015

Wegleitung für Grundbuchämter, Erwerb von Grundstücken durch Personen im Ausland vom 1. Juli 2009, Bern 2009 (Hrsg. Bundesamt für Justiz), <https://www.bj.admin.ch/dam/data/bj/wirtschaft/grundstueckerwerb/wegleitung-d.pdf> (besucht am: 11. Oktober 2015)

Weisung betreffend die Eintragung von unmittelbaren gesetzlichen Grundpfandrechten mit Rangprivileg vom 7. Oktober 2014, Ostermundigen 2014 (Hrsg.: Geschäftsleitung der Grundbuchämter des Kantons Bern), <http://www.jgk.be.ch/jgk/de/index/direktion/organisation/gba/weisungen.assetref/dam/documents/JGK/GBA/de/GBA_Weisung-20141007_de.pdf> (besucht am: 11. Oktober 2015)

ZOBL D., Grundbuchrecht, 2. Aufl., Zürich/Basel/Genf 2004

Grundbuch

1 Das Grundbuch

1.1 Die Rechtsgrundlagen

1.1.1 Bundesrecht

Die *Rechtsgrundlagen* für das *Sachenrecht*[1] im Allgemeinen finden sich im *Schweizerischen Zivilgesetzbuch* (ZGB), für das *Grundbuchrecht* im Besonderen in ZGB 942–977, in einigen Übergangsbestimmungen des ZGB (insb. SchlT ZGB 33b) sowie in der *Grundbuchverordnung* (GBV)[2].

Daneben kann es auch in *anderen Erlassen* Bestimmungen haben, die für das Sachen- und Grundbuchrecht wichtig sind.

Beispiele:

BVG 30e betreffend Anmerkung einer Veräusserungsbeschränkung im Grundbuch bei Vorbezug des Altersguthabens zum Erwerb von Wohneigentum.

SchKG 101 betreffend Vormerkung bei einer Pfändung des Grundstücks; überhaupt finden sich im SchKG und den entsprechenden Ausführungserlassen (z.B. VZG) sehr viele sachen- und grundbuchrechtliche Bestimmungen.

1.1.2 Kantonales Recht

Einige wichtige Bestimmungen für das Sachenrecht im Allgemeinen und das Grundbuchrecht im Besonderen finden sich auch in der *kantonalen Gesetzgebung*.

Beispiel: Der wichtigste Erlass im Kanton Bern ist das kantonale Einführungsgesetz zum ZGB (EG ZGB/BE).

Auf kantonaler Ebene können ebenfalls *andere Erlasse* sachen- und grundbuchrechtlich relevant sein.

Beispiel: Gemäss dem bernischen Denkmalpflegegesetz (DPG/BE) kann bei geschützten Gebäuden eine Anmerkung im Grundbuch eingetragen werden.

1 Unter Sachenrecht versteht man gemeinhin die Gesamtheit derjenigen Rechtsnormen, welche die Beziehung zwischen Sachen u. Personen regeln. Detailliert zur Lehre des Sachenrechts s. SCHMID/HÜRLIMANN-KAUP, § 1; zum Grundbuchrecht im Speziellen s. DESCHENAUX, § 1 ff. sowie SCHMID/HÜRLIMANN-KAUP, § 8–11.

2 Die Grundbuchverordnung vom 23. September 2011 löste nach hundert Jahren die alte Verordnung betreffend das Grundbuch vom 22. Februar 1910 ab.

Grundbuch

Im Kanton Bern existiert das «Handbuch der Justizdirektion des Kantons Bern für den Verkehr mit den Grundbuchämtern und die Grundbuchführung»[3] (nachfolgend Handbuch genannt). Dieses Handbuch enthält wertvolle Informationen besonders zu formellen Punkten und ist auf der Website der Grundbuchführung des Kantons Bern sowohl in seiner alten als auch in einer neuen, überarbeiteten Fassung greifbar.[4]

1.1.3 Exkurs: Grundbuchrecht und öffentliches Recht

Das *öffentliche Recht* regelt die *Rechtsbeziehung zwischen* dem *Staat*[5] und den diesem unterworfenen *Privatrechtssubjekten*[6]. Das *Privatrecht* hingegen regelt die *Rechtsbeziehungen zwischen* den *Privatrechtssubjekten* untereinander. Im öffentlichen Recht gelten zum Teil andere Regeln als im Privatrecht, zum Teil berühren sich die beiden Rechtsgebiete auch. Das öffentliche Recht unterscheidet sich vom Privatrecht unter anderem in folgenden Punkten:

- Der Staat tritt *hoheitlich* auf. Er kann aber auch als Privatrechtssubjekt auftreten, in diesem Fall unterliegt das entsprechende Rechtsgeschäft i.d.R. dem Privatrecht;

  Beispiel: Eine Gemeinde will ein Grundstück erwerben, um darauf ein neues Schulhaus zu errichten. Das Grundstück steht im Eigentum der natürlichen Person X, also einem Privatrechtssubjekt. Die Gemeinde kann dieses Grundstück mit einem Kaufvertrag dem X abkaufen. In diesem Fall tritt sie ebenfalls als Privatrechtssubjekt auf und es kommen uneingeschränkt die Regeln des ZGB und des OR zur Anwendung. Namentlich muss der Kaufvertrag auch öffentlich beurkundet werden (OR 216 Abs. 1). Will nun der X der Gemeinde dieses Grundstück nicht verkaufen, hat sie bei Erfüllung der entsprechenden rechtlichen Voraussetzungen die Möglichkeit, den X zu enteignen. Hier tritt die Gemeinde nun hoheitlich auf und kann in einem entsprechenden Verfahren gegen den Willen des X, der aber voll zu entschädigen wäre, die Enteignung durchsetzen. Die Enteignungsgesetze gehören dem öffentlichen Recht an. Es werden keine öffentlich beurkundeten Kaufverträge abgeschlossen, sondern der Rechtsgrundausweis für das Grundbuchamt ist das vollstreckbare Urteil der für die Enteignung zuständigen Behörde.

3 Beim Handbuch handelt es sich um eine sog. Verwaltungsweisung mit Aussenwirkung; s. dazu MERKLI/AESCHLIMANN/HERZOG, VRPG/BE 49 N 34. Ähnliche Handbücher bestehen auch in den anderen Kantonen, sind aber teilweise nur für den verwaltungsinternen Gebrauch bestimmt.

4 Für den Fundort im Internet s. das Literaturverzeichnis.

5 Hier umfassend verstanden i.S.v. «die öffentliche Hand», also Behörden von Bund, Kantonen und Gemeinden sowie weitere mit öffentlichen Aufgaben betraute Organisationen ausserhalb der Zentralverwaltung.

6 Natürliche oder juristische Personen, die vom Privatrecht, namentlich ZGB und OR, beherrscht werden.

- Der Staat regelt seine Rechtsverhältnisse, sofern er nicht als Privatrechtssubjekt auftritt, mit den im öffentlichen Recht vorgesehenen Rechtsakten. Im Vordergrund steht dabei die sog. *Verfügung*. Dabei handelt es sich um einen Verwaltungsakt, mit dem *öffentlich-rechtliche Rechtsverhältnisse* gestaltet werden. Die Verfügung in diesem Sinne hat nichts mit dem Verfügungsgeschäft im Rahmen der Veräusserung – wie auf S. 55 beschrieben – zu tun. Infrage kommen auch andere Rechtsakte wie z.B. Planauflageverfahren oder verwaltungsrechtliche Verträge.

  Beispiele:

  Die Veranlagung der Steuern ist eine Verfügung, weil damit hoheitlich eine Geldforderung zwischen Staat und Bürger festgesetzt wird.

  Ebenso Verfügungen sind die Erteilung der Baubewilligung oder des Fahrausweises, die Ablehnung eines Gesuches um Stipendien, die Zusprechung der AHV-Rente etc.

  Das Enteignungsverfahren des Bundes wird mit einem Planauflageverfahren eingeleitet. Von der Enteignung Betroffene können gegen das vorgesehene Projekt Einsprachen erheben. In einer Einigungsverhandlung wird dann versucht, über diese Einsprachen eben eine Einigung zu erzielen. Gelingt dies nicht, wird über die Einsprache ein Entscheid gefällt, der dann vor höheren Instanzen angefochten werden kann.

- Das *öffentliche Verfahrensrecht* folgt eigenen Regeln. Im Vordergrund steht auch hier die Verfügung als Ausgangspunkt eines öffentlich-rechtlichen Verfahrens. Sie kann mit Rechtsmitteln angefochten und auf ihre Rechtmässigkeit hin überprüft werden. Handelt der Staat mit anderen Rechtsakten, kann sich auch das daran anschliessende Verfahren anders gestalten, so z.B. beim im obigen Beispiel erörterten Planauflageverfahren. Ferner gibt es auch im öffentlichen Recht die sonst für das Privatrecht typischen Klageverfahren.

  Beispiel: Im Kanton Bern entscheidet das Verwaltungsgericht auf Klage hin Streitigkeiten, die sich aus öffentlich-rechtlichen Verträgen, an denen der Kanton beteiligt ist, ergeben (VRPG/BE 97 Bst. b).

- Das öffentliche Recht kennt den Begriff der *öffentlichen Sachen*. Darunter versteht man alle Sachen, deren sich der Staat zur unmittelbaren oder mittelbaren Erfüllung von Verwaltungsaufgaben bedient. Sie werden unterteilt in *Finanzvermögen*, *Verwaltungsvermögen*, *öffentliche Sachen im Gemeingebrauch* und *Regalsachen*.[7]

7 Vgl. zum Ganzen u. besonders zu den einzelnen Begriffen TSCHANNEN/ZIMMERLI/MÜLLER, § 48 Rz 11 ff. Für die Frage, welche öffentlichen Grundstücke ins Grundbuch aufgenommen werden, vgl. DESCHENAUX §6 76 ff.

Beispiele:

Finanzvermögen: Das Mietshaus, das im Eigentum einer Einwohnergemeinde steht, dient nicht unmittelbar öffentlichen Aufgaben. Das Objekt ist aber eine Vermögensanlage der Einwohnergemeinde, da ihr die Erträge daraus zukommen. Auf die Objekte des Finanzvermögens sind in der Regel die Bestimmungen des Privatrechts anwendbar.

Verwaltungsvermögen: Dazu gehören Verwaltungsgebäude (Schulhaus, Gemeindeschreiberei, Gericht, Grundbuchamt etc.), weil sie unmittelbar der Erfüllung öffentlicher Aufgaben dienen.

Öffentliche Sachen im Gemeingebrauch: Dazu gehören der Dorfplatz, die Gemeindestrasse, der See, der Wald usw.

Regalsachen: Dabei handelt es sich um ein rechtliches Monopol des Staates, z.B. das Fischereiregal (der Staat regelt, wer wo was fischen darf). Ein grundbuchrechtlich relevanter Ausfluss von Regalsachen findet sich im bernischen Fischereigesetz. Nach diesem Erlass hat der Staat beim Verkauf eines Fischezenrechtes[8] ein gesetzliches Vorkaufsrecht.

Das *öffentliche Recht beeinflusst* das *Grundbuchrecht* in verschiedenen Bereichen und Ebenen. Einerseits hat der Staat selber Rechte an Grund und Boden.

Beispiel: Eine Wegrechtsdienstbarkeit zugunsten der Gemeinde für einen Weg, der der Öffentlichkeit dient.

Andererseits bestehen zwischen ihm und einem Privatrechtssubjekt Rechtsverhältnisse, die auf die sachenrechtliche Position des Privatrechtssubjektes an einem Grundstück durchschlagen.

Beispiel: Ein Grundeigentümer darf gestützt auf eine Ausnahmebewilligung auf seinem Grundstück einen Zaun mit der Auflage errichten, diesen auf erstes Begehren der Gemeinde ohne Entschädigung wieder zu entfernen.

In beiden Fällen besteht für den Staat ein Bedürfnis, gewisse Rechtsverhältnisse im Grundbuch abzubilden. Dies kann einerseits unproblematisch sein, so wie bei den erwähnten Beispielen.[9] Andererseits können sich daraus auch Schwierigkeiten ergeben, weil das Grundbuch in erster Linie ein Register der an einem Grundstück bestehenden Privatrechte ist und sich deshalb die Frage stellt, ob der Staat ein Rechtsschutzinteresse an einem Grundbucheintrag haben kann, mit dem

8 Damit wird das Recht bezeichnet, in einem bestimmten Abschnitt eines bestimmten Gewässers fischen zu dürfen. Es handelt sich um Rechte, welche bereits vor der Einführung des ZGB bestanden.

9 Das letztgenannte Beispiel kann im Kanton Bern gestützt auf eine entsprechende Bestimmung im bernischen Baugesetz im Grundbuch angemerkt werden (vgl. BauG/BE 29 Abs. 3).

lediglich zum Ausdruck gebracht werden soll, was gemäss öffentlich-rechtlichen Bestimmungen auch ohne Grundbucheintrag gelten würde (s. dazu das Beispiel auf S. 193).

Ein weiterer Berührungspunkt zwischen öffentlichem Recht und Grundbuchrecht besteht in der schlichten Tatsache, dass das Grundbuchamt ein *Amt* und somit Bestandteil der *kantonalen Verwaltung* ist. Entsprechend funktioniert ein Grundbuchamt zu wesentlichen Teilen nach öffentlich-rechtlichen Normen, auch wenn seine Kernaufgabe der Vollzug von Privatrechtsnormen ist.[10]

Den Einfluss des öffentlichen Rechts auf die tägliche Arbeit des Grundbuchverwalters sieht man an folgenden Beispielen:

- Das Verfahren bei Abweisung einer Grundbuchanmeldung (ZGB 956a und 956b) ist dem öffentlich-rechtlichen Beschwerdeverfahren nachempfunden.
- Die Haftung[11] für die Grundbuchführung (ZGB 955) ist eine Staatshaftung, die traditionellerweise dem öffentlichen Recht zugeordnet ist.
- Der Staat kann Grundeigentümer sein und muss bei Verfügungen über Grundstücke für grundbuchliche Operationen entsprechend auch das Verfügungsrecht nachweisen (s. dazu S. 187 ff.).

  Beispiel: Nachweis, dass die Gemeindeversammlung dem Verkauf des nicht mehr als Schulhaus genutzten Gebäudes an Private zugestimmt hat, wenn nicht kraft Gemeindereglement der Gemeinderat zur Veräusserung befugt ist.
- Objekte des Verwaltungsvermögens sowie öffentliche Sachen im Gemeingebrauch unterliegen speziellen, von den Grundsätzen des Zivilrechts durchaus abweichenden Regeln.

  Beispiel: Nach GBV 64 Abs. 1 Bst. f erfolgen Übertragungen von Grundstücken des Verwaltungsvermögens von einer öffentlich-rechtlichen Organisation auf eine andere mit einem einfach-schriftlichen verwaltungsrechtlichen Vertrag. Eine öffentliche Beurkundung ist hier nicht vorgesehen.
- Ob eine Sache öffentlichen Zwecken dient, ergibt sich nicht immer aus ihrer natürlichen Beschaffenheit. Oft passiert dies durch einen verwaltungsrechtlichen Akt, den man *Widmung* nennt.[12] Ein solcher Widmungsakt kann auch in einer grundbuchlichen Operation bestehen.

  Beispiel: Die Einräumung einer Wegrechtsdienstbarkeit zugunsten der Gemeinde für einen der Öffentlichkeit dienenden Weg stellt einen solchen Widmungsakt dar.

10 Zur Organisation s. S. 48.
11 Siehe dazu S. 50 ff.
12 Vgl. TSCHANNEN/ZIMMERLI/MÜLLER, § 51 Rz 4 sowie Rz 25 ff. in Bezug auf Strassen.

Dies ist deshalb wichtig, weil damit oft die Unterhaltspflicht für den Weg auf die Gemeinde übergeht.

- Verfügt der Staat in einem einen konkreten Grundeigentümer betreffenden Fall eine Eigentumsbeschränkung, welche diesem eine dauerhafte Nutzungs- oder Verfügungsbeschränkung oder eine grundstücksbezogene Pflicht auferlegt, muss dies durch den Staat im Grundbuch angemerkt werden (ZGB 962, s. dazu S. 140 f.). Gelten für gewisse Grundstücke hingegen allgemein gültige Eigentumsbeschränkungen (z.B. gestützt auf einen Zonenplan), so können diese im zurzeit im Aufbau befindlichen Kataster der öffentlich-rechtlichen Eigentumsbeschränkungen (ÖREB-Kataster) nachgeschlagen werden.[13]
- Im Enteignungsverfahren sehen sowohl einige kantonale Enteignungsgesetze als auch dasjenige des Bundes (vgl. EntG 89 ff.) die Mitwirkung des Grundbuchamts vor. Zum einen hat das Grundbuchamt natürlich die sich aus der Enteignung ergebenden Rechtsfolgen im Grundbuch nachzutragen, zum anderen wird aber auch die geschuldete Entschädigung dem Grundbuchamt überwiesen. Dieses ist dann verantwortlich für die korrekte Verteilung dieser Entschädigung zwischen dem Enteigneten und anderen, von der Enteignung betroffenen Berechtigten (z.B. Grundpfandgläubiger, deren Pfandrechte aufgrund der Enteignung untergegangen sind).

1.2 Das Grundbuch als Register von dinglichen Rechten an Grundstücken

1.2.1 Allgemeines

Das *Grundbuch* ist das *öffentliche Register über* die *dinglichen Rechte* (s. zu diesem Begriff S. 37) *an Grundstücken* sowie über die Vormerkungen und Anmerkungen. Es dient zur Darstellung der privaten (privatrechtlichen) Rechte und Lasten an Grundstücken und nur ausnahmsweise zur Darstellung öffentlich-rechtlicher Verhältnisse.

Das schweizerische Grundbuch ist nach dem *Realfoliensystem* aufgebaut. Jedes Grundstück erhält ein eigenes Blatt und eine eigene Nummer (Ausnahmen gibt es teilweise bei Miteigentumsanteilen). In den meisten anderen Ländern wird das Grundbuch nach dem *Personalfoliensystem* geführt, d.h., die Anlage erfolgt personenorientiert: Ein Blatt gibt Auskunft darüber, welche Grundstücke sich im

13 Informationen hierzu bietet die Website www.cadastre.ch.

Eigentum von Frau X befinden. Letzteres kennt das Schweizerische Grundbuch in Form des Eigentümerregisters, das ein sog. *Hilfsregister* darstellt (s. S. 42 f.).

Die Ausgestaltung des Grundbuchs als Realfoliensystem setzt voraus, dass die Grundstücke im Grundbuch aufgenommen werden. ZGB 655 zählt auf, was Gegenstand des Grundeigentums ist, ZGB 943 wiederholt diese Aufzählungen für die Aufnahme der Grundeigentumsobjekte in das Grundbuch nochmals.[14] ZGB 655 enthält zusätzlich auch noch eine Definition der sog. selbstständigen und dauernden Rechte (s. dazu S. 95 ff.):

ZGB 655

A. Gegenstand
I. Grundstücke

1 Gegenstand des Grundeigentums sind die Grundstücke.

2 Grundstücke im Sinne dieses Gesetzes sind:

1. die Liegenschaften;
2. die in das Grundbuch aufgenommenen selbstständigen und dauernden Rechte;
3. die Bergwerke;
4. die Miteigentumsanteile an Grundstücken.

3 Als selbstständiges und dauerndes Recht kann eine Dienstbarkeit an einem Grundstück in das Grundbuch aufgenommen werden, wenn sie:

1. weder zugunsten eines berechtigten Grundstücks noch ausschliesslich zugunsten einer bestimmten Person errichtet ist; und
2. auf wenigstens 30 Jahre oder auf unbestimmte Zeit begründet ist

ZGB 943

2. Aufnahme
a. Gegenstand

1 Als Grundstücke werden in das Grundbuch aufgenommen:

1. die Liegenschaften;
2. die selbstständigen und dauernden Rechte an Grundstücken;
3. die Bergwerke;
4. die Miteigentumsanteile an Grundstücken.

2 Über die Voraussetzungen und über die Art der Aufnahme der selbstständigen und dauernden Rechte, der Bergwerke und der Miteigentumsanteile an Grundstücken setzt eine Verordnung des Bundesrates das Nähere fest.

14 Siehe dazu auch Deschenaux, § 6.

1.2.2 Die Eintragungen im Grundbuch im Überblick

Ausschlaggebend für die *Eintragungen*[15] *im Grundbuch* ist ZGB 958:

ZGB 958

B. Eintragung
I. Grundbucheinträge
1. Eigentum und dingliche Rechte

In das Grundbuch werden folgende Rechte an Grundstücken eingetragen:

1. das Eigentum;
2. die Dienstbarkeiten und Grundlasten;
3. die Pfandrechte.

Dazu kommen noch die in ZGB 959–961 geregelten Vormerkungen sowie die Anmerkungen (ZGB 962–962a).[16]

1.2.3 Der numerus clausus der eintragbaren Rechte

Im Grundbuch sind nur diejenigen Rechte eintragbar, die im Gesetz vorgesehen sind (sog. *numerus clausus der eintragbaren Rechte*). Folglich können nur die obgenannten Rechte im Grundbuch eingetragen werden (*Grundsatz der Typengebundenheit*).

> **Beispiel:** Das ZGB kennt nur zwei Grundpfandarten (s. die Übersicht auf S. 113). Andere Grundpfandarten können im Grundbuch nicht (mehr[17]) eingetragen werden.

Die im Gesetz vorgesehenen Rechte dürfen inhaltlich nicht verändert werden, sofern ihr Inhalt zwingend vom Gesetz umschrieben wird, was im Sachenrecht häufig der Fall ist (*Grundsatz der Typenfixierung*).

> **Beispiel:** A (Grundeigentümer) und B (Vorkaufsberechtigter) schliessen einen Vorkaufsvertrag ab und wollen diesen im Grundbuch vormerken lassen. Im genannten Vertrag haben sie vereinbart, dass B auch dann das Vorkaufsrecht ausüben können soll, wenn A das betreffende Grundstück verschenkt. Gemäss OR 216c Abs. 1 kann das Vorkaufsrecht geltend gemacht werden bei einem Verkauf sowie bei jedem Rechtsgeschäft, das wirtschaftlich einem Verkauf gleichkommt. Die Schenkung ist kein Verkauf und stellt deshalb *keinen Vorkaufsfall* dar. Zwar ist es gestützt auf

15 Die Autoren unterscheiden in der Folge nicht zwischen den Begriffen «Einschreibung» und «Eintragung» (s. dazu PFÄFFLI, 2 f.). Im Text wird durchgehend der Begriff «Eintragung» für alle Grundbuchoperationen verwendet.

16 Dazu DESCHENAUX, § 7. Zu den Vormerkungen s. S. 129 ff. u. zu den Anmerkungen S. 139 ff.

17 Vor dem 1. Januar 2012 gab es noch die Grundpfandart der Gült. Diese ist seit dem genannten Datum aufgehoben, bestehende Gülten bleiben im Grundbuch eingetragen u. unterstehen weiterhin den Bestimmungen des bisherigen Rechts (SchlT ZGB 33a).

die Vertragsfreiheit[18] zulässig, dass A und B den Kreis der Vorkaufsfälle vertraglich erweitern, allerdings kann ein solches Vorkaufsrecht nicht im Grundbuch vorgemerkt werden, weil es dem Grundsatz der Typenfixierung (und auch der Typengebundenheit) widerspricht. Zulässig wäre unter Umständen die Vormerkung als *bedingtes Kaufsrecht*, allerdings nur für 10 anstatt für 25 Jahre (OR 216a).

1.3 Das Grundbuch als Publizitätssystem

1.3.1 Allgemeines

Ziel des Grundbuchs ist es, *dingliche Rechte an Grundstücken* nach aussen *erkennbar* zu *machen*.

Dingliche Rechte sind Rechte an Sachen. Sie wirken als sog. *absolute Rechte* gegenüber jedermann. Im Gegensatz dazu wirken *obligatorische Rechte* (Forderungen, sog. *relative Rechte*) nur zwischen den beteiligten Parteien (etwa zwischen den Vertragspartnern).

Die dinglichen Rechte werden unterteilt in das *dingliche Vollrecht* (Eigentum) und die *beschränkten dinglichen Rechte* (Dienstbarkeiten, Grundlasten und Grundpfandrechte).

Beispiele:

Eigentum ist ein absolutes, dingliches Recht. Wenn A Eigentümer des Buchs «Grundbuchrecht für die Praxis» ist, kann er dieses von jedem, der es ihm vorenthält, herausverlangen (ZGB 641 Abs. 2), das Recht wirkt gegenüber jedermann. Wenn A das Buch dem B verkauft, so schuldet nur der B dem A den Kaufpreis (OR 184 Abs. 1). Das Recht, den Kaufpreis zu verlangen, ist ein obligatorisches und somit ein relatives Recht, es wirkt nur zwischen den Vertragsparteien.

Der Eigentümer einer Liegenschaft kann jeden Störer von seinem Grundstück weisen (absolutes, dingliches Recht; vgl. ZGB 641 Abs. 2).

Bezahlt der Mieter seinen Mietzins für die Wohnung nicht, kann der Vermieter seine Forderung nur gegenüber diesem geltend machen (obligatorisches, relatives Recht zwischen den Mietvertragsparteien).

Die dinglichen Rechte können aber nur dann von jedermann beachtet werden, wenn sie äusserlich erkennbar sind. Das Erkennbarmachen erfolgt mit sog. *Publizitätsmitteln*. Die Funktion des Publizitätsmittels erfüllt bei Fahrnisgegenständen der *Besitz* und bei Grundstücken das *Grundbuch*.[19]

18 Siehe dazu die Ausführungen S. 69, Fn 72.

19 Schmid/Hürlimann-Kaup, § 8 Rz 364 ff.; Zobl, § 3 Rz 11 ff.

1.3.2 Das absolute und das relative Eintragungsprinzip

Absolutes Eintragungsprinzip heisst, das dingliche Recht entsteht nur, wenn es im Grundbuch (Hauptbuch; s. S. 44) eingetragen ist (*konstitutive Wirkung* des Grundbucheintrags, ZGB 971 Abs. 1).

> **Beispiele:** Grundstückkauf (ZGB 656 Abs. 1), vertragliches Pfandrecht (ZGB 799 Abs. 1).

Relatives Eintragungsprinzip heisst, das dingliche Recht entsteht auch ohne Eintrag im Grundbuch (Einleitungssatz von ZGB 971 Abs. 1). Das Recht entsteht «ausserbuchlich», der Grundbucheintrag hat nur *deklaratorische Wirkung*.

> **Beispiele:** Erbgang (ZGB 656 Abs. 2), gesetzliche Grundpfandrechte des kantonalen Rechts (ZGB 836 Abs. 2).

Das dingliche Recht kann oder muss aber im Grundbuch nachgetragen werden.[20] Solange das ausserbuchlich entstandene Recht im Grundbuch nicht nachgetragen ist, hat dies je nachdem, um welches Recht es sich handelt, unterschiedliche Konsequenzen. So können etwa im Falle des Erbgangs die Erben so lange nicht über das Grundstück verfügen (z.B. nicht verkaufen), als der Erbgang nicht im Grundbuch nachgetragen wird (ZGB 656 Abs. 2). In anderen Konstellationen muss mit der Nachführung verhindert werden, dass eine noch im Grundbuch zu Unrecht eingetragene Person über das Grundstück oder dingliche Rechte daran verfügt und ein gutgläubiger Dritter kraft ZGB 973 in seinem Erwerb geschützt wird (s. S. 38 ff.). So droht im Falle des obgenannten Pfandrechts der Verlust desselben, wenn das Grundstück ohne (rechtzeitige) Eintragung des Pfandrechts an einen gutgläubigen Dritten veräussert wird.[21]

1.3.3 Die positive und negative Rechtskraft

Positive Rechtskraft bedeutet, derjenige, der sich gutgläubig auf einen Eintrag im Grundbuch verlassen hat und gestützt darauf Eigentum oder andere dingliche Rechte erworben hat, ist in seinem Erwerb zu schützen (ZGB 973 Abs. 1). Die positive Rechtskraft kommt auch zur Anwendung, wenn der Grundbucheintrag nachträglich unrichtig wird, etwa bei Vorliegen einer ausserbuchlichen Eigentumsänderung.

Negative Rechtskraft bedeutet, der gutgläubige Dritte darf davon ausgehen, dass der Grundbucheintrag vollständig ist. Wenn z.B. eine Dienstbarkeitslast im Grundbuch eingetragen sein sollte, faktisch jedoch nicht eingetragen ist, so erwirbt der gutgläubige Erwerber das Grundstück ohne diese Last.

20 Schmid/Hürlimann-Kaup, § 11 Rz 576 ff.; Zobl, § 11 Rz 93 ff.

21 Siehe dazu auch S. 125 f.

Soweit der Dritte in seinem guten Glauben geschützt wird, spricht man auch vom *Prinzip des öffentlichen Glaubens*.[22]

a) Das Verhältnis von positiver und negativer Rechtskraft mit den Eintragungsprinzipien

	Positive Rechtskraft	Negative Rechtskraft
Absolutes Eintragungs-prinzip	Der gutgläubige A kauft vom fälschlicherweise als Eigentümer im Grundbuch eingetragenen B ein Grundstück. A ist in seinem Erwerb zu schützen (ZGB 973 Abs. 1).	Auf dem von A erworbenen Grundstück des B lastet ein Wegrecht zugunsten des C. Dieses wurde allerdings nie im Grundbuch eingetragen. A erwirbt das Grundstück lastenfrei, das Wegrecht kann ihm nicht entgegengehalten werden (ZGB 971 Abs. 1).
Relatives Eintragungsprinzip	Im Rahmen einer Vermögensübertragung nach Fusionsgesetz bringt der im Handelsregister eingetragene Einzelunternehmer B sein Grundstück in die X. AG ein. Bevor der ausserbuchliche Eigentumsübergang im Grundbuch angemeldet wird, kauft der gutgläubige A von B das Grundstück. A ist in seinem Erwerb zu schützen.	Auf dem von A erworbenen Grundstück des B lastet ein unmittelbares gesetzliches Grundpfandrecht im Betrag von CHF. 900.–[23] zur Sicherung der Grundstückgewinnsteuer. Das Pfandrecht ist nicht im Grundbuch eingetragen. A erwirbt das Grundstück nicht lastenfrei und muss sich das Grundpfandrecht entgegenhalten lassen, die negative Rechtskraft gilt nicht im Rahmen des relativen Eintragungsprinzips.

22 SCHMID/HÜRLIMANN-KAUP, § 1 Rz 69. Zur positiven u. negativen Rechtskraft sowie zum absoluten u. relativen Eintragungsprinzip s. SCHMID/HÜRLIMANN-KAUP, § 11 Rz 572 ff.; TUOR/SCHNYDER/SCHMID/JUNGO, § 95 Rz 26 ff.; ZOBL, § 11 Rz 104 ff. Grundsätzlich zu den einzelnen Facetten der Wirkung des Grundbuchs DESCHENAUX, § 27–38.

23 Wäre das Pfandrecht über CHF 1'000.–, so könnte es dem gutgläubigen Dritterwerber nicht entgegengehalten werden, sofern es nach Ablauf der in ZGB 836 Abs. 2 festgelegten Fristen nicht im Grundbuch eingetragen worden wäre. ZGB 836 stellt eine Ausnahme vom oben dargelegten Grundsatz dar.

b) *Überblick über den öffentlichen Glauben der Grundbucheintragungen*

Nachfolgende Übersicht zeigt auf, welchen Eintragungen im Grundbuch öffentlicher Glaube zukommt (s. dazu auch S. 38) und welchen nicht.

	Positive Rechtskraft	**Negative Rechtskraft**
	Ja = der gutgläubige Erwerber wird geschützt, obwohl der Eintrag zu Unrecht besteht.	*Ja = der gutgläubige Erwerber erwirbt «lastenfrei», das nicht eingetragene Recht geht unter.*
Eigentum	Ja	Fall von ZGB 662 Abs. 2
Dienstbarkeitslast	Nein bei Erwerb des belasteten Grundstücks, guter Glaube wirkt nur zugunsten des Erwerbers. Ja bei Erwerb des berechtigten Grundstücks, wenn die Dienstbarkeit auch auf dem belasteten Grundstück eingetragen ist.	Ja
Dienstbarkeitsrecht	Nein, wenn der Eintrag auf dem belasteten Grundstück fehlt, bei Grunddienstbarkeiten[24] ist nur der Eintrag auf dem belasteten Grundstück massgebend. Der Eintrag auf dem berechtigten Grundstück hat die Rechtsnatur einer Anmerkung.	Nein, Fall, wo die Dienstbarkeitslast eingetragen ist, nicht aber das Recht; es ist nur der Eintrag auf dem belasteten Grundstück massgebend, das Fehlen des Eintrags auf dem berechtigten Grundstück führt nicht dazu, dass bei dessen Erwerb die Dienstbarkeit auf dem belasteten Grundstück dahinfällt.
Grundlast	Ja, wenn das durch die Grundlast berechtigte Grundstück erworben wird.	Ja, sofern Erwerber das Grundstück erwirbt, auf welchem die Last (und nicht das Recht) eingetragen sein sollte.
Grundpfandverschreibung	*Bei Erwerb der Forderung*: Ja, aber nur für Pfandrecht, nicht auch für Forderung und Gläubiger. *Bei Erwerb des Grundstücks*: Nein, guter Glaube wirkt nur zugunsten des Erwerbers.	Ja, sofern es nicht ein unmittelbar gesetzliches Pfandrecht ist.

24 Siehe S. 95. Bei Personaldienstbarkeiten stellt sich die Frage, ob es bezüglich der berechtigten Person eine positive Rechtskraft gibt. Mit anderen Worten: Darf der gutgläubige Erwerber darauf beharren, dass der zu Unrecht im Grundbuch eingetragene A u. nicht der an sich richtige Dienstbarkeitsberechtigte B die Dienstbarkeit ausübt? Aus BSK-Schmid, ZGB 973 N 18 könnte man dies für unübertragbare Personaldienstbarkeiten ableiten, nach Meinung der Schreibenden ist diese Frage nicht abschliessend geklärt.

Papier-Schuldbrief	*Bei Erwerb des Schuldbriefs*: Ja, für Pfandrecht und Schuldbriefforderung, nicht für Gläubiger. *Bei Erwerb des Grundstücks*: Wie Grundpfandverschreibung.	Ja
Register-Schuldbrief	*Bei Erwerb des Schuldbriefs*: Ja für Pfandrecht, Schuldbriefforderung und Gläubiger. *Bei Erwerb des Grundstücks*: Wie Grundpfandverschreibung.	Ja
Vormerkung	Nein	Ja
Anmerkung	Nein	Nein

1.3.4 Die Öffentlichkeit des Grundbuchs

Das Ziel des Grundbuchs besteht darin, als Publikationsmittel die *dinglichen Rechte* an Grundstücken nach aussen *erkennbar* zu *machen*. Das *Grundbuch* muss daher, wenn es diese Aufgabe erfüllen soll, *öffentlich zugänglich* sein.[25] Dazu ist ein *Auskunfts- und Einsichtsrecht* notwendig, welches sich zumindest auf die dinglichen Rechte bezieht. Dieses ist in ZGB 970 und GBV 26 geregelt.

Danach sind öffentlich zugänglich:

- Bezeichnung des Grundstücks (Grundstückbeschreibung);
- Name des Eigentümers, Eigentumsform und Erwerbsdatum;
- Dienstbarkeiten;
- Grundlasten;
- sämtliche Anmerkungen mit Ausnahme von
  - Grundbuchsperren;
  - Veräusserungsbeschränkungen nach BVG;
  - Eigentumsbeschränkungen im Zusammenhang mit der Wohneigentumsförderung.

Das bedeutet, dass jede Person *ohne Nachweis* eines *Interesses* in Erfahrung bringen kann, wer Eigentümer eines Grundstücks ist und welche Dienstbarkeiten und Grundlasten auf einem Grundstück lasten. Dies gilt auch für die meisten Anmerkungen (für Details vgl. GBV 26). Wer ein Interesse glaubhaft macht, hat zudem Anspruch darauf, dass ihm für weitere Angaben Einsicht in das

25 Zur Öffentlichkeit des Grundbuches s. DESCHENAUX, § 10; SCHMID/HÜRLIMANN-KAUP, § 10 Rz 448 ff.; TUOR/SCHNYDER/SCHMID/JUNGO, § 94 Rz 38 ff.; ZOBL, § 21 u. 22.

Grundbuch gewährt wird, insb. für Auskünfte über Grundpfandrechte und Vormerkungen. Wer Anspruch auf eine Auskunft hat, kann in diesem Rahmen auch einen Grundbuchauszug verlangen.

Die Kantone können überdies die Veröffentlichung des Erwerbs von Grundeigentum vorsehen. Nicht veröffentlichen dürfen sie die Gegenleistung bei einer Erbteilung, einem Erbvorbezug, einem Ehevertrag oder einer güterrechtlichen Auseinandersetzung (ZGB 970a). Veröffentlichungen erfolgen i.d.R. durch *Publikation* in den kantonalen Amtsblättern.

> **Bemerkung:** Der Kanton Bern kennt keine solchen Publikationen mehr. In einigen Kantonen werden Handänderungen noch publiziert, meistens in den Amtsblättern. Darunter finden sich z.B. BL und GE (mit Publikation des Kaufpreises) sowie BS und FR (ohne Publikation des Kaufpreises).

Durch die *Fiktion* (= gesetzliche, unwiderlegbare Vermutung) der Kenntnis des Eintrags wird das *Prinzip der Öffentlichkeit des Grundbuchs* gesichert. Niemand kann sich darauf berufen, einen Eintrag nicht gekannt zu haben (ZGB 970 Abs. 4).

> **Beispiele:**
>
> Ein Ehegatte kann jederzeit gestützt auf das Eherecht Auskunft über das Vermögen des anderen verlangen (ZGB 170), was auch eine Auskunft über die betreffenden Grundbuchdaten beinhaltet. Fraglich ist, ob diese Auskunft nur gestützt auf eine gerichtliche Verfügung erfolgen darf (Wortlaut von ZGB 170 Abs. 2 im Gegensatz zu ZGB 970 Abs. 1).
>
> Pflichtteilsgeschützte Erben haben Anspruch darauf, den Abtretungsvertrag (Beleg) einer zu Lebzeiten erfolgten Abtretung von einem Elternteil auf einen Miterben einzusehen, um so überprüfen zu können, ob mit dieser Abtretung ihr Pflichtteilsrecht verletzt wurde.[26]

1.4 Die Bestandteile des Grundbuchs

1.4.1 Allgemeines

Das Grundbuch umfasst folgende *Bestandteile*[27]:

26 BGE 132 III 603 und Hinweise dazu in BN 2015, 176; für die Rechtsprechung der Kantone Graubünden u. Bern ZBGR 2003, 17 ff.; JGK v. 21. Dezember 2011 32.13-09.72/32.13-09.75/32.13-10.7, <http://www.jgk.be.ch/jgk/de/index/direktion/organisation/gba/entscheide.assetref/dam/documents/JGK/GBA/de/GBA_Entscheid-32.13-09.72_20111221_de.pdf> [besucht am: 11. Oktober 2015], wobei dort im Resultat das Einsichtsbegehren abgewiesen wurde, weil kein Zusammenhang zwischen dem Pflichtteilsrecht u. der aus dem Grundbuch verlangten Information erkennbar war.

27 Zum Ganzen Deschenaux, § 5; Schmid/Hürlimann-Kaup, § 10 Rz 437 ff.; Tuor/Schnyder/Schmid/Jungo, § 94 Rz 2 ff.; Zobl, § 16 Rz 222 ff.

- das Hauptbuch;
- das Tagebuch;
- die Belege;
- den Plan für das Grundbuch.

Bei der Führung in Papierform kommen noch die *Hilfsregister* dazu:

- das Gläubigerregister;
- das Eigentümerregister;
- eventuell zusätzliche kantonale Hilfsregister wie Gebäuderegister.

Die Hilfsregister sollen die Grundbuchführung erleichtern, entfalten jedoch *keine Grundbuchwirkung*.

> **Beispiel:** Im Grundbuch ist die *Zugehör* angemerkt (z.B. das Mobiliar bei einem Hotel, ZGB 644 ff. und 805). Soll diese Anmerkung gelöscht werden, muss die Zustimmung der Grundpfandgläubiger eingeholt werden, da die Pfandhaft auch die Zugehör umfasst (ZGB 805 Abs. 1). Zur Überprüfung des Gläubigerrechts müssen dem Grundbuchamt die Papier-Schuldbriefe eingereicht werden, weil das Gläubigerregister möglicherweise nicht nachgeführt ist und somit nicht mehr den richtigen Gläubiger ausweist. Anders wäre dies bei Register-Schuldbriefen.

Die Hilfsregister spielen weiter eine Rolle bei der *Avisierung* nach ZGB 969. Der Grundbuchverwalter hat seine Pflicht erfüllt, wenn er die laut Gesetz und Verordnung vorgeschriebenen Mitteilungen an den im Gläubigerregister verzeichneten Gläubiger vornimmt. Der Grundbuchverwalter hat nicht zu prüfen, ob die im Gläubigerregister geführte Person tatsächlich (noch) Gläubigerin des entsprechenden Pfandrechts ist. Beim Register-Schuldbrief hingegen muss und darf davon ausgegangen werden, dass die eingetragene Person Gläubigerin der Grundpfandforderung ist.[28]

Bei der Grundbuchführung mittels Informatik (informatisiertes Grundbuch) werden die Daten des Hauptbuchs und des Tagebuchs im gleichen System bearbeitet und zueinander in Beziehung gesetzt. Die Daten sind sowohl über die Grundstücksbezeichnung als auch über weitere Suchkriterien wie die Personennamen abrufbar. Im informatisierten Grundbuch werden deshalb keine Hilfsregister mehr geführt. Bestimmte Eintragungen im Hauptbuch haben allerdings wie bei den Hilfsregistern nur eine eingeschränkte rechtliche Bedeutung (z.B. Gläubigerbezeichnungen bei Papier-Schuldbriefen analog dem Gläubigerregister).[29]

28 Zum «SIX Nominee System», wo die eingetragene Person «SIX SIS AG» gerade nicht Gläubigerin der Grundpfandforderung ist ZOBL/KRAMER, ZBGR 2013, 217 ff.

29 Siehe dazu auch S. 38 ff.

Merke: Qualitativ macht es keinen Unterschied, ob ein Grundbuch in informatisierter Weise oder in Papierform geführt wird. Lediglich die Darstellung der Eintragungen ist teilweise eine andere.

1.4.2 Das Hauptbuch

Für jedes Grundstück wird ein Hauptbuchblatt angelegt (auch Grundbuchblatt genannt). Eine Ausnahme besteht bei Miteigentum. Für die einzelnen Anteile erfolgt nicht immer zwingend die Anlage eines Grundbuchblattes. Das *Hauptbuch* ist die *Gesamtheit aller Daten* über die rechtswirksamen und die gelöschten dinglichen Rechte, Vormerkungen und Anmerkungen an den im Grundbuch aufgenommenen Grundstücken.

Das Hauptbuch ist für den Bestand der Rechte von zentraler Bedeutung. *Rechte* und *Lasten entstehen* in aller Regel *mit* dem *Hauptbucheintrag* (rückwirkend auf den Zeitpunkt des Tagebucheintrags; ZGB 972 Abs. 1 und 2).

1.4.3 Das Tagebuch

Alle Grundbuchanmeldungen müssen sofort in der Reihenfolge ihres Eingangs beim Grundbuchamt in das *Tagebuch* aufgenommen werden. Dieses ist das chronologische Protokoll über die Behandlung der Geschäftsfälle und hat die Funktion einer *Geschäftskontrolle*. Der Grundbuchverwalter ist verpflichtet, jede Eintragung im Hauptbuch später in der Reihenfolge des Tagebucheintrags vorzunehmen. Dabei erfolgen die Eintragungen im Hauptbuch immer mit den Daten des Tagebucheintrags; sie werden auf den Zeitpunkt der Eintragung im Tagebuch zurückbezogen. Das *Tagebuch sichert* folglich den *Rang der angemeldeten Geschäfte* und damit den Rang der dinglichen Rechte. Frühere Rechte gehen normalerweise späteren Rechten vor (vgl. S. 70 ff.).

1.4.4 Die Belege

Alle *Belege* (Akten), die dem Grundbuchamt eingereicht werden, bilden zusammen die *Belegsammlung*. Die Hauptbucheintragungen (und vorher auch die Tagebucheintragungen) erfolgen stets nur stichwortartig. Innerhalb der Grenzen dieser Stichworte dienen die Belege der Auslegung der eingeschriebenen Rechte (Spezialfall: Dienstbarkeiten, vgl. S. 103 f.). Sie enthalten den Ausweis über den Rechtsgrund für die Eintragungen und ergänzen somit das Hauptbuch im Rahmen der erfolgten Eintragung.

1.4.5 Der Plan für das Grundbuch

Der *Plan für das Grundbuch* ist ein Auszug aus den Daten der amtlichen Vermessung nach VAV 7. Gemeint sind diejenigen Pläne für das Grundbuch, welche die geometrische Darstellung der Liegenschaften (und der in das Grundbuch aufgenommenen selbstständigen und dauernden Baurechte) enthalten.

Massgeblich sind *nur die Grenzen* der darin dargestellten Grundstücke. Diese Pläne sind öffentliche Urkunden und werden durch den Nachführungsgeometer erstellt.

1.5 Das informatisierte Grundbuch

1.5.1 Allgemeines

Der Bund hat die Grundlagen geschaffen, damit die Kantone das *Grundbuch auf Basis* der *Informatik* führen können (sog. informatisiertes Grundbuch, auch elektronisches Grundbuch oder EDV-Grundbuch).[30] Die zentralen Gesetzesbestimmungen sind ZGB 942 Abs. 3 und 4 und 949a sowie GBV 8 ff.

Die Kantone benützen zur Führung des Grundbuchs mittels Informatik praktisch ausschliesslich eines der beiden Programme «Capitastra» oder «TERRIS».[31]

Rechtswirkung des Hauptbuchs entfalten im informatisiert geführten Grundbuch diejenigen Daten, die ordnungsgemäss gespeichert sind und auf den Geräten des Grundbuchamts gelesen werden können.

1.5.2 Capitastra

Capitastra ist Teil eines umfassenden *Boden-Informationssystems*, bestehend aus den folgenden Teilbereichen:

- Teilbereich Steuerverwaltung: Amtliche Bewertung;
- Teilbereich Nachführungsgeometer / Vermessungswesen;
- Teilbereich Grundbuchführung mittels Informatik.

Wie bisher beim Papiergrundbuch sind für Auskunftssuchende im Kanton Bern aus organisatorischen (z.B. Zugang zu den Belegen) und datenschützerischen Gründen auf dem Grundbuchamt nur die Daten der Grundstücke des jeweiligen Grundbuchkreises und nicht aller Grundstücke des Kantons einsehbar. Verschiedenen Anwendern, insb. den Urkundspersonen, steht jedoch das Programm GRUDIS zur Verfügung, über welches online kantonsweit Grundstückdaten bezogen werden können.

30 Siehe dazu SCHMID/HÜRLIMANN-KAUP, § 8 Rz 382 ff.; TUOR/SCHNYDER/SCHMID/JUNGO, § 94 Rz 22 ff.

31 *Capitastra* kommt in folgenden Kantonen zum Einsatz: AG, BS, BE, FR, GE, JU, SH, SO, VD, VS u. ZG. Die andere grosse Applikation ist *TERRIS*. Sie wird in AI, AR, BL, GL, LU, NE, NW, OW, SG, SZ, TG, UR sowie dem Fürstentum Liechtenstein verwendet. GR hat eine Sonderstellung, da die dortigen Grundbuchbezirke je selber wählen können, mit welchem Betriebssystem sie arbeiten wollen. Dies führt in der Praxis dazu, dass sowohl TERRIS wie auch Capitastra im Bündnerland zum Einsatz kommen. TI hat mit SIFTI ein eigenes Grundbuchinformationssystem. ZH ist derzeit daran, eine eigenes Grundbuchsystem zu entwickeln. Das Projekt läuft derzeit unter dem Namen eGBZH.

Capitastra zeigt – namentlich auf Grundbuchauszügen – nur den aktuellen Rechtszustand an. Historische Daten können am Auskunftsbildschirm des Grundbuchamts und in GRUDIS durch Wählen der entsprechenden Option im Menü «Ansicht» aufgerufen und eingesehen werden.

Die Vornahme von Gegeneinträgen bei der Bearbeitung von Geschäften und die Erstellung sowie der Ausdruck von Grundpfandtiteln erfolgt weitgehend automatisch, was häufige Fehlerquellen eliminiert.[32]

Capitastra weist gegenüber dem Papiergrundbuch insb. folgende Besonderheiten auf:

- Die Art des Grundstücks wird z.B. im Titel des Grundbuchauszugs und im Papier-Schuldbrief ausdrücklich genannt: LIG (Liegenschaft), MIT (Miteigentumsanteil), STW (Stockwerkeigentumsanteil), SDR (selbstständiges und dauerndes Recht).
- Die Angaben bei der Grundstückbeschreibung (GBV 20) sind reine Geometerdaten. Die Bereinigung von Gebäudedaten durch das Grundbuchamt ist nicht möglich, vielmehr ist dies Sache des Nachführungsgeometers.
- Die Eigentumsform (Alleineigentum, Miteigentum, Gesamteigentum) wird detailliert angegeben.
- Nachrückungsrechte für Grundpfandrechte werden nicht mehr als Vormerkungen dargestellt, sondern neu bei den entsprechenden Grundpfandrechten aufgeführt.
- Rangregelungen (etwa von Dienstbarkeiten gegenüber Pfandrechten) finden sich in Grundbuchauszügen nicht mehr in der Spalte Bemerkungen, sondern direkt beim jeweiligen geänderten Recht, für welches ein Rangrücktritt besteht. In Capitastra können sie über die Pfandrechte im Menü «Bearbeiten» unter dem Menüpunkt «Rangregelungen» detailliert eingesehen werden.
- Ein «Gläubigerregister» im bisherigen Sinne ist nicht mehr vorhanden. Der letzte im Gläubigerregister eingetragene Gläubiger erscheint direkt beim Pfandrecht.
- «Anmerkungsgrundstücke» werden neu als dominierte Grundstücke geführt. Sie erscheinen auf Grundbuchauszügen von dominierenden Grundstücken in der Spalte «Grundstückbeschreibung» (s. zum Ganzen S. 87 f.).

32 Zum Eintrag einer Dienstbarkeitslast gehört der Eintrag des entsprechenden Dienstbarkeitsrechts. Hier kam es im Rahmen des Papiergrundbuches vor, dass der Gegeneintrag vergessen ging, im informatisierten Grundbuch ist dies technisch nicht mehr möglich.

- Dienstbarkeiten (DI), Grundlasten (GL), Grundpfandrechte (PF), Vormerkungen (VO) und Anmerkungen (AN) erhalten eine eindeutige Identifikationsnummer. Dies vermindert Verwechslungsgefahren bei mehreren gleichlautenden Eintragungen (z.B. mehrere Lasten «Fuss- und Fahrwegrecht»).

1.5.3. TERRIS

TERRIS ist ein modular aufgebautes *System zur Führung des Grundbuchs*. Im Jahr 1991 war es in der Schweiz das erste elektronische System, mit dem die produktive Grundbuchführung möglich war.

Es verfügt über Schnittstellen zur amtlichen Vermessung (Geometer) und zum Geoinformationssystem (GIS). Externe Stellen wie etwa Gemeinde- und Steuerbehörden können über Webservices Zugriff auf Grundbuchdaten erhalten. Der Umfang der Berechtigungen lässt sich individualisiert steuern.

Die Anbindung von Auskunftsportalen an TERRIS ist möglich. Sämtliche Anforderungen an die Datenmodelle der technischen Grundbuchverordnung werden erfüllt.

Im Vergleich zum Papiergrundbuch können folgende Besonderheiten erwähnt werden:

- Bei Grundstückabfragen wird der Beschrieb als nach Abteilungen gegliederter Auszug dargestellt. Die Art des Grundstücks (Liegenschaft, Stockwerkeigentum, Miteigentum, selbstständiges und dauerndes Recht) wird ausgewiesen.
- Historische Daten lassen sich bei Bedarf ein- und ausblenden, was der Übersichtlichkeit dient.
- Die Beschriebe der Liegenschaften können durch den Geometer oder in herkömmlicher Weise durch das Grundbuchamt geführt werden.
- Das Tagebuch ist in TERRIS integriert. Papierbelege inklusive Planbeilagen können elektronisch eingelesen und mit dem Tagebuch verknüpft werden. Über den Grundstückbeschrieb lassen sich die Belege direkt aufrufen. Mit einer zusätzlichen Erweiterung können Servituten-Protokolle angelegt und geführt werden.
- An- und Vormerkungen, Dienstbarkeiten, Grundlasten sowie Grundpfandrechte verfügen über eindeutige ID-Nummern. Die Recht-/Last-Beziehungen werden als Einheit erfasst, wodurch die Vollständigkeit der Gegenbuchungen gewährleistet ist.
- In der Auszugsanzeige können über die ID-Nummern weitere Informationen zum entsprechenden Recht eingesehen werden.

- Mit dem elektronischen Geschäftsverkehr lassen sich im Bereich Grundpfandrechte verschiedene Geschäftsfälle automatisiert abwickeln.
- Für die Bearbeitung von Papier-Grundpfandrechten steht die Titelkontrolle zur Verfügung. Mit ihr werden die Ein- und Ausgänge überwacht und Grundpfandtitel elektronisch generiert.
- Grundbuchdaten können in die Textverarbeitung ausgegeben werden. Es bestehen Funktionalitäten für die Auszugs- und Urkundengenerierung sowie das Meldewesen (Anzeigen und Gesuche).
- Die Gläubiger sind direkt beim Grundpfandrecht aufgenommen und ersichtlich. Die Führung eines separaten Gläubigerregisters entfällt.
- Nachrückungsrechte werden beim Grundpfandrecht erfasst. Im Auszug erscheinen sie unter den Vormerkungen und zusätzlich wird beim betreffenden Grundpfandrecht darauf hingewiesen.
- Rangregelungen und Abhängigkeiten zwischen Rechten werden im Auszug in eigenen Abschnitten aufgeführt und gegliedert.
- Besteht an einem Grundstück subjektiv-dingliches Eigentum (Anmerkungsgrundstück), erscheint auf dem berechtigten Grundstück der Vermerk hierzu beim Grundstückbeschrieb.

Nebst den Lösungen im Grundbuchwesen bestehen weitere Module für die Gebührenbuchhaltung sowie die Registerführung von Notariaten und Erbschaftsämtern.

1.6 Die Organisation der Grundbuchführung

1.6.1 Die Organisation im Allgemeinen

Die Kantone sind zuständig für die *Einrichtung des Grundbuchs* (ZGB 953). Zur Führung desselben werden Kreise gebildet. Grundstücke werden in das Grundbuch des Kreises aufgenommen, in dem sie liegen (ZGB 951).[33]

Die Geschäftsführung der Grundbuchämter unterliegt der administrativen *Aufsicht* der Kantone, der Bund übt die Oberaufsicht aus (ZGB 956).[34]

33 Die Website des Verbandes Schweizerischer Grundbuchverwalter (VSGV) – www.grundbuchverwalter.ch – bietet einen Service zur Auffindung des für einen gesuchten Ort zuständigen Grundbuchamts. Siehe im Übrigen zur Organisation der Grundbuchführung DESCHENAUX, § 8 ff.

34 Die Oberaufsicht wird durch das EGBA ausgeübt.

1.6.2 Die Organisation in den Kantonen

Die *Organisation* in den einzelnen Kantonen kann stark *variieren*. Die nachfolgend aufgeführten Kantonsbeispiele mögen dies verdeutlichen.[35]

a) *Kanton Bern*

Im Kanton Bern wird das Grundbuch in fünf Kreisen geführt. Es bestehen fünf Grundbuchämter, wovon eines zudem über zwei Dienststellen verfügt.[36] Die Anlage des Grundbuchs erfolgt nach Einwohnergemeinden (EG ZGB/BE 121). Einige Einwohnergemeinden sind zusätzlich in Kreise eingeteilt. Der Grund dafür kann in der Grösse der Einwohnergemeinde liegen (z.B. Bern) oder geht auf Gemeindefusionen zurück (z.B. Herzogenbuchsee und Oberönz, Twann und Tüscherz, Ober- und Niederwichtrach etc.).

Die Grundbuchämter des Kantons Bern stehen unter der Aufsicht der Justiz-, Gemeinde- und Kirchendirektion (JGK).

b) *Kanton Freiburg*

Im Kanton Freiburg wird das Grundbuch bezirksweise geführt. Es gibt in jedem der sieben Bezirke ein Grundbuchamt.[37] Die Anlage des Grundbuchs erfolgt dabei ebenfalls nach den Einwohnergemeinden (vgl. GBG/FR 46).

Die Grundbuchämter sind der Finanzdirektion zugeteilt. Die Aufsichtsbehörde ist fachlich dem Justizrat unterstellt (vgl. GBG/FR 8).

c) *Kanton Nidwalden*

Im Kanton Nidwalden gibt es für den ganzen Kanton einen Grundbuchkreis (vgl. GBG/NW 1). Das Grundbuch wird vom Grundbuchamt und Notariat in der Justiz- und Sicherheitsdirektion geführt.[38] Die Anlage des Grundbuchs erfolgt auch hier nach Einwohnergemeinden (GBG/NW 2). Als Amtsnotariat ist diese Dienststelle auch für die Beurkundungen zuständig.

Aufsichtsbehörde über die Grundbuchführung im Kanton Nidwalden ist der Regierungsrat.

35 Siehe zu den verschiedenen Systemen insb. bezüglich des Notariats auch S. 53 f.

36 Es sind dies die Grundbuchämter der Regionen Berner Jura (in Courtelary), Bern-Mittelland (in Ostermundigen), Emmental-Oberaargau (in Wangen an der Aare), Oberland (in Thun u. Dienststellen in Frutigen sowie Interlaken) u. Seeland (in Nidau).

37 Die Grundbuchämter der Bezirke sind Saane (in Freiburg), Sense (in Tafers), Greyerz (in Bulle), See (in Murten), Glane (in Romont), Broye (in Estavayer-le-Lac) u. Vivisbach (in Châtel-Saint-Denis).

38 Das Grundbuchamt u. Notariat befindet sich in Stans.

Grundbuch

d) *Kanton St. Gallen*

Im Kanton St. Gallen ist die Grundbuchführung den Gemeinden übertragen. Das Grundbuch wird nach Kreisen geführt, wobei jede politische Gemeinde einen Kreis bildet (vgl. EG ZGB/SG 176 i.V.m. 177 Abs. 1). Derzeit bestehen 77 Grundbuchämter im Kanton St.Gallen. In Grundbuchsachen besteht auch hier ein Amtsnotariat.

Aufsichtsbehörde über die Grundbuchämter im Kanton St. Gallen ist das Departement des Innern.

e) *Kanton Thurgau*

Im Kanton Thurgau ist das Grundbuchwesen in 20 Kreisen organisiert, die Anlage erfolgt nach Gemeinden (vgl. EG ZGB/TG 71). Die Grundbuchämter führen das Grundbuch und besorgen die öffentlichen Beurkundungen im Zusammenhang mit Grundstücksgeschäften.

Das Aufsichts- und Notariatsinspektorat beaufsichtigt für das Departement für Justiz und Sicherheit die Grundbuchämter und Notariate.

f) *Kanton Zürich*

Im Kanton Zürich fungieren die Notariate als Grundbuchämter und übernehmen die Führung des Grundbuchs für die in ihrem Amtskreis gelegenen Grundstücke. Die Anlage erfolgt auch hier nach Gemeinden (EG ZGB/ZH 217). Die 44 Notariatskreise umfassen i.d.R. mehrere Gemeinden.

Die Notariate unterstehen der Aufsicht des Obergerichtes. Dessen Notariatsinspektorat übt die unmittelbare Aufsicht aus.

1.7 Die Haftung für die Grundbuchführung

Die *Haftung* für die *Grundbuchführung* ist in ZGB 955 normiert.[39]

ZGB 955 Abs. 3

III. Haftung

1 Die Kantone sind für allen Schaden verantwortlich, der aus der Führung des Grundbuches entsteht.

2 Sie haben Rückgriff auf die Beamten und Angestellten der Grundbuchverwaltung sowie die Organe der unmittelbaren Aufsicht, denen ein Verschulden zur Last fällt.

3 Sie können von den Beamten und Angestellten Sicherstellung verlangen.

39 Siehe zur Verantwortlichkeit für die Führung des Grundbuchs DESCHENAUX, § 12.

Wie an anderer Stelle bereits erwähnt,[40] handelt es sich bei dieser Bestimmung um eine *Staatshaftung*. Der aus der Grundbuchführung Geschädigte muss sich direkt an den Kanton halten, und zwar im für den entsprechenden Kanton vorgesehenen Staatshaftungsverfahren.[41] Denkbar ist ein Klageverfahren oder das Erwirken einer anfechtbaren Verfügung. Die Haftung setzt eine rechtswidrige Verursachung des Schadens sowie einen adäquaten Kausalzusammenhang, nicht aber ein Verschulden voraus.[42] Der Anspruch auf Schadenersatz verjährt nach den Grundsätzen von OR 60. Die rechtswidrig im Grundbuch erfolgte Eintragung setzt dabei unweigerlich die absolute Verjährungsfrist von zehn Jahren in Gang.[43] Dies kann dazu führen, dass der Schadenersatzanspruch verjährt ist, bevor der Geschädigte von diesem überhaupt Kenntnis hatte.

Muss der Kanton Schadenersatz leisten, so kann er auf die fehlbaren Beamten und Behörden *Rückgriff* nehmen, sofern diesen ein Verschulden zur Last fällt.

> **Beispiel:** Bei Bereinigungsarbeiten anlässlich einer Parzellierung löscht der Grundbuchverwalter aus Versehen das einem Gastwirt auf dem Nachbargrundstück zustehende Parkplatzrecht. Der Rechtsnachfolger des Nachbarn will – mangels Grundbucheintrag – das Parkieren durch die Gäste des Wirts nicht mehr dulden. Weil hier ein Fehler in der Grundbuchführung vorliegt, kann der Wirt bei der zuständigen kantonalen Stelle seine Schadenersatzforderung geltend machen. Erfolgt allerdings der den Streit auslösende Erwerb des Nachbargrundstücks mehr als zehn Jahre nach der vorgenommenen Löschung, wäre der Schadenersatzanspruch verjährt, selbst wenn der Wirt während der ganzen Zeit keine Kenntnis von der Löschung der Dienstbarkeit hatte.

1.8 Das Eintragungsverfahren

1.8.1 Vorbemerkung zu den Vertragsformen

a) Die Vertragsformen im Allgemeinen

Im grundbuchlichen Eintragungsverfahren spielt die Frage der *Vertragsform* eine bedeutende Rolle, weshalb hier einige allgemeine Ausführungen zu diesem Problemkreis vorangestellt werden.

Im schweizerischen Vertragsrecht gilt der *Grundsatz der Formfreiheit*. Das bedeutet, dass eine Form nur dann erforderlich ist, wenn das Gesetz eine solche

40 Siehe dazu S. 33.
41 Dazu TUOR/SCHNYDER/SCHMID/JUNGO, § 94 Rz 36 f.
42 Siehe TUOR/SCHNYDER/SCHMID/JUNGO, § 94 Rz 36 f.
43 BGE 119 II 216.

vorschreibt. Im täglichen Leben wird die überwiegende Zahl der Geschäfte (Verträge) mündlich geschlossen.

Beispiele:

X gibt eine Runde Bier aus (Schenkungsvertrag).

Y kauft ein Päckli Zigaretten am Kiosk (Kaufvertrag).

A, B und C kaufen gemeinsam ein Glückslos und gewinnen (Gesellschaftsvertrag, einfache Gesellschaft).

Wenn aber eine Form vorgeschrieben ist, so ist sie Gültigkeitserfordernis für den Vertrag (OR 11). Eine solche hat unter anderem zum Zweck, die Vertragsschliessenden vor einem *übereilten Vertragsabschluss* zu schützen oder eine *sichere Rechtsgrundlage* sowohl für die Vertragsparteien als auch für Dritte zu schaffen. Letzteres ist gerade für Rechtsgeschäfte, die in ein Register wie Grundbuch oder Handelsregister eingetragen werden sollen, von besonderer Bedeutung.

Im schweizerischen Recht gibt es drei Formen:

- *Einfache Schriftlichkeit*: Der Vertragsinhalt wird schriftlich abgefasst und muss von denjenigen, die sich durch den Vertrag verpflichten, unterzeichnet werden (OR 13). Wie die Unterzeichnung aussehen muss oder kann (eigenhändig, elektronisch), regelt OR 14.
- *Qualifizierte Schriftlichkeit*: Zur einfachen Schriftlichkeit müssen weitere Elemente hinzutreten, damit die Form gewahrt ist. Diese können darin bestehen, dass gewisse Vertragsbestandteile eigenhändig geschrieben werden müssen (z.B. OR 493 Abs. 2), oder das Gesetz kann vorschreiben, dass bestimmte Angaben im Vertrag enthalten sein müssen (z.B. bei Verträgen, die dem Konsumkreditgesetz unterliegen), oder es besteht ein Formularzwang (z.B. OR 269d).
- *Öffentliche Beurkundung*

b) Die öffentliche Beurkundung im Besonderen

Öffentliche Beurkundung bedeutet nach der Definition des Bundesgerichts Folgendes:

> «Die öffentliche Beurkundung eines Vertrags bedeutet nach dem üblichen Wortsinn das Herstellen eines Schriftstücks, das den Vertrag enthält, durch eine vom Staat mit dieser Aufgabe betraute Person, in der vom Staate geforderten Form und in dem von ihm vorgeschriebenen Verfahren. Wo das Bundesrecht die öffentliche Beurkundung eines Vertrags fordert, verfolgt es damit den Zweck, die Vertragsparteien vor unüberlegten Entschlüssen zu bewahren und dafür zu sorgen, dass sie die Tragweite ihrer Verpflichtungen erkennen und dass ihr Wille klar und vollständig zum Ausdruck

kommt. Die öffentliche Beurkundung bewirkt nach ZGB 9, dass die Urkunde für die durch sie bezeugten Tatsachen vollen Beweis erbringt, solange nicht die Unrichtigkeit ihres Inhalts nachgewiesen ist. Im Hinblick auf diesen Zweck und diese Wirkung gehört nach Bundesrecht zur öffentlichen Beurkundung eines Vertrags, dass die Urkundsperson in der von ihr errichteten Urkunde die Tatsachen und Willenserklärungen feststellt, die für das infrage stehende Geschäft wesentlich sind.»[44]

Für Rechtsgeschäfte über dingliche Rechte an Grundstücken ist sehr oft die Vertragsform der öffentlichen Beurkundung im Gesetz vorgesehen (z.B. ZGB 657, 732 Abs. 1, 799 Abs. 2). Das *Verfahren* der öffentlichen Beurkundung – die Frage also, wie die Beurkundung ablaufen soll – ist grundsätzlich[45] Gegenstand des *kantonalen Rechts* (SchlT ZGB 55 Abs. 1). Die Notariate in den Kantonen sind dementsprechend auch verschieden organisiert. Man kann grob drei verschiedene Systeme unterscheiden:

- Das *System des freien Berufsnotariates*: Hier sind die Urkundspersonen selbstständig erwerbend mit eigenem Büro. Die Grundbuchämter nehmen selber keine Beurkundungen vor, sondern prüfen die von den freien Berufsnotaren beim Grundbuchamt abgegebenen Urkunden auf ihre Eintragungsfähigkeit und tragen diese bei positivem Prüfungsergebnis schliesslich im Grundbuch ein.

  Beispiele: Das freie Berufsnotariat kommt in folgenden Kantonen vor: AG, BE, BS, BL[46], FR, GE, NE, JU, TI, UR, VD, VS.

- Das *System der Amtsnotariate*: Hier erfolgt der Beurkundungsakt direkt auf dem Grundbuchamt. Die Urkundsperson ist gleichzeitig Grundbuchverwalter und von der öffentlichen Hand (Gemeinde oder Kanton) angestellt.

  Beispiele: Das Amtsnotariat kommt in folgenden Kantonen vor: AR, SH, TG, ZH.

- *Mischsysteme*: Hier werden die Elemente der oben beschriebenen Systeme in verschiedener Weise gemischt (sog. gemischtes Notariat).

  Beispiele: Mischsysteme kommen in folgenden Kantonen vor: AI, GL, GR, LU, NW, OW, SG, SO, SZ, ZG.

Das *grundbuchrechtliche Eintragungsverfahren* hat seine Grundlage im ZGB und somit im *Bundesrecht*. Insofern richtet sich dieses Verfahren in allen drei «Notariats- bzw. Beurkundungssystemen» nach den gleichen Grundsätzen.

44 BGE 90 II 274 E. 6.

45 Es gibt Ausnahmen, s. z.B. ZGB 499 ff.

46 Der Kanton Basel-Landschaft hat zum freien Berufsnotariat gewechselt. Die Amtsnotariate wurden am 31. Dezember 2013 definitiv aufgehoben.

Dennoch stellen sich in den Systemen des Amtsnotariates und des gemischten Notariats gewisse Fragen und Probleme in anderer Form als im System des freien Notariats.

> **Beispiel:** Die Prüfung der Handlungsfähigkeit der Vertragsparteien fällt im System des Amtsnotariates für Verpflichtungs- und Verfügungsgeschäft (s. dazu S. 55) zeitlich zusammen. Im System des freien Berufsnotariates ist dies gerade nicht der Fall, was dann Probleme eigener Art aufwerfen kann, wenn die Handlungsfähigkeit einer Partei in der Zeit zwischen Verpflichtungs- und Verfügungsgeschäft wegfällt, denn die Handlungsfähigkeit muss auch im Zeitpunkt des Verfügungsgeschäfts – also der Grundbuchanmeldung – gegeben sein. Zu denken ist hier etwa an den Verkäufer, der verstirbt, bevor der Kaufvertrag beim Grundbuchamt abgegeben wurde,[47] oder an die Konstellation, dass vor der Anmeldung des bereits beurkundeten Kaufvertrags der Konkurs auf dem zu verkaufenden Grundstück angemerkt wird. In diesen Fällen wird der Grundbuchverwalter im System des freien Berufsnotariates das Geschäft ohne Zustimmung der Erben bzw. der Konkursverwaltung im Grundbuch nicht eintragen können. Analoge Situationen sind im System des Amtsnotariates eher undenkbar. Ist ein Konkurs angemerkt, wird der Amtsnotar gar nicht erst zur Beurkundung schreiten.

Die nachfolgenden Ausführungen beziehen sich grundsätzlich auf die Verhältnisse im Rahmen des freien Berufsnotariats. Da aber – wie erwähnt – die bundesrechtlichen Grundsätze des Grundbuchrechts für alle Notariats- bzw. Beurkundungssysteme gelten, sind die nachstehenden Aussagen auch für diese relevant, selbst wenn sich gewisse Fragen, wie gezeigt, allenfalls gar nicht oder anders stellen als nachfolgend beschrieben.

Ein *besonderes Beurkundungsverfahren* ist die Beglaubigung von Schriftstücken und Unterschriften. Sie kommt insb. bei einfach-schriftlichen Rechtsgrundausweisen zur Anwendung. Dabei kann es sich um einen Vertrag (z.B. einfach-schriftlicher Erbteilungsvertrag) oder um einseitige Erklärungen (z.B. Löschung einer Dienstbarkeit) handeln. Ihre Funktion besteht darin, gegenüber Dritten den Nachweis zu erbringen, dass die auf dem betreffenden Rechtsgrundausweis angebrachten Unterschriften tatsächlich von der über das Grundstück oder das grundbuchliche Recht verfügenden Person stammen.[48] Mit der Beglaubigung durch die zuständige Urkundsperson wird somit die Echtheit der Unterschrift auf einem Dokument bestätigt. Die verfügende Person muss die Unterschrift entwe-

47 BGE 111 II 39.

48 Siehe zu Frage der Beglaubigung von Unterschriften auch Handbuch Ziff. 2.2. Vgl. auch MUSA Nrn. 211.1 ff. (Unterschriften natürlicher Personen) sowie MUSA Nrn. 212.1 ff. (Firmaunterschriften).

der vor der Urkundsperson vornehmen oder bei ihr anerkennen.[49] Die Person, welche ihre Unterschrift beglaubigen lassen will, muss also persönlich vor dem Notar erscheinen und sich entsprechend über ihre Identität ausweisen können. Dies geschieht i.d.R. mit einem Pass oder einer Identitätskarte.[50]

Merke: Für Dokumente, die für das Ausland bestimmt sind, verlangt die ausländische Behörde im Normalfall zusätzlich zur Unterschriftenbeglaubigung eine *Apostille* (auch Überbeglaubigung genannt) der zuständigen Behörde (in Bern z.B. die Staatskanzlei). Es handelt sich dabei um eine Bestätigung der Echtheit der Unterschrift des Notars sowie seiner Eigenschaft als Urkundsperson und der Echtheit des Siegels auf der Urkunde.

1.8.2 Die Grundlagen des Eintragungsverfahrens

Rechtsgrundlage für das *Eintragungsverfahren* bilden ZGB 963–966 und GBV 46 ff.[51] Das Eintragungsverfahren soll anhand des nachfolgenden Beispiels geschildert werden.

Beispiel: Der nachgenannte Ablauf beschreibt einen Grundstückkauf, gilt aber in den Grundsätzen für jedes Grundbuchgeschäft.

Verpflichtungsgeschäft: Die Parteien unterzeichnen beim Notar einen Grundstückkaufvertrag in öffentlicher Urkunde. Der Notar prüft die Identität und Handlungsfähigkeit der Parteien. Er ist durch die Notariatsgesetzgebung dazu verpflichtet. Der Käufer hat nun einen klagbaren Anspruch auf Übertragung des Grundeigentums, der Verkäufer einen klagbaren Anspruch auf Bezahlung des Kaufpreises.

Eintragungsbewilligung: Der bisherige Eigentümer erklärt im Kaufvertrag sein Einverständnis, dass die sich aus dem öffentlich beurkundeten Kaufvertrag ergebenden Eintragungen im Grundbuch vorgenommen werden dürfen.

Verfügungsgeschäft: Der Notar meldet das von ihm beurkundete Geschäft v.A.w. beim Grundbuchamt an, wozu er durch die Notariatsgesetzgebung des entsprechenden Kantons ermächtigt ist (vgl. für den Kanton Bern EG ZGB/BE 128). Alle vorzunehmenden Eintragungen sind stichwortartig auf der Grundbuchanmeldung aufzuführen (z.B. Eigentum, Verkäuferpfandrecht; vgl. GBV 47; sog. Anmeldungs-

49 Die Beglaubigung kann sich nicht auf den Inhalt des unterzeichneten Dokumentes beziehen. Sie sagt folglich nichts darüber aus, ob der Unterzeichnende mit dem Inhalt einverstanden ist oder nicht. Darin liegt ein wesentlicher Unterschied zu der öffentlichen Beurkundung eines Vertrags oder einer Erklärung.

50 Je nach kantonalem Beurkundungsrecht bzw. Beurkundungspraxis ist nicht ausgeschlossen, dass die zuständige Urkundsperson auch weitere Ausweise zum Nachweis der Identität akzeptiert, so z.B. Ausländerausweise (der C-Ausweis) oder sogar bloss den Führerschein. Entscheidend ist, dass sich die betreffende Urkundsperson zuverlässig Gewissheit über die Identität der um eine Unterschriftsbeglaubigung nachsuchenden Person verschafft.

51 Siehe zum Ganzen Deschenaux, § 13–26; Zobl, § 19 Rz 389 ff.

prinzip).[52] Die unterzeichnete Grundbuchanmeldung bildet zusammen mit der für das Grundbuchamt bestimmten Ausfertigung des Kaufvertrags den Rechtsgrundausweis.

Bemerkung: Bei einfach-schriftlichen Rechtsgeschäften ist grundsätzlich nur der Inhaber des nämlichen Rechts (z.B. Grundeigentümer, Dienstbarkeitsberechtigter) befugt, das Geschäft beim Grundbuchamt anzumelden. Erfolgt die Anmeldung durch einen Notar oder andere Dritte, muss der Anmeldende dazu bevollmächtigt sein, wobei die Vollmacht bereits im entsprechenden Vertrag enthalten sein kann.

1.8.3 Die Grundbuchanmeldung

Für eine Änderung im Grundbuch gilt das *Antragsprinzip* (*Anmeldungsprinzip*). Der Grundbuchverwalter darf *Eintragungen* in das Grundbuch *nur auf Anmeldung* bzw. auf Antrag *hin* vornehmen. Er stellt hierzu auf die «Grundbuchanmeldung» ab (s. dazu S. 186 f.).

Die *Grundbuchanmeldung* muss von einer bestimmten Person ausgehen und bestimmte formelle und inhaltliche *Anforderungen* erfüllen:

- Die Anmeldung muss von der *verfügungsberechtigten Person* ausgehen. Dies ist i.d.R. die im Grundbuch als Inhaberin des entsprechenden Rechts eingetragene Person.
- Die Anmeldung muss *schriftlich* erfolgen.
- Die Anmeldung muss die vom Gesetz geforderten inhaltlichen Anforderungen erfüllen:
    - Sie muss *unbedingt* und *vorbehaltlos* sein.
    - Jede vorzunehmende *Eintragung* muss *einzeln aufgeführt* werden.
    - Werden gleichzeitig mehrere miteinander in Zusammenhang stehende Anmeldungen eingereicht, muss der Anmelder die *Reihenfolge*, in der sie behandelt werden sollen, angeben.

1.8.4 Der doppelte Ausweis

Damit ein Grundbuchgeschäft (Eintragung, Änderung, Löschung) vollzogen werden kann, sind folgende Punkte unabdingbar (ZGB 965):

- ein Ausweis über das Verfügungsrecht sowie
- ein Ausweis über den Rechtsgrund, der die Eintragung oder Löschung rechtfertigt.

52 Siehe dazu das Formular Grundbuchanmeldung Ziff. 17.1, Anhang 2 S. 202.

Der *Ausweis über das Verfügungsrecht* liegt in dem Nachweis, dass der Gesuchsteller die nach Massgabe des Grundbuchs verfügungsberechtigte Person ist oder von dieser eine Vollmacht erhalten hat.

Der *Ausweis über den Rechtsgrund* liegt in dem Nachweis, dass die für dessen Gültigkeit erforderliche Form erfüllt ist.

> **Merke:** Es ist zu prüfen, ob die für dieses Geschäft gültigen Formvorschriften eingehalten sind. Das Geschäft dürfte überdies nicht vollzogen werden, wenn es geltendes Recht klar verletzt.

Weitergehende Ausführungen und eine detaillierte Übersicht, welche Punkte das Grundbuchamt wie prüft, finden sich auf S. 185 ff.

1.8.5 Die Prüfung der Anmeldung

Der Grundbuchverwalter prüft, ob der *doppelte Ausweis* erbracht ist. Sind alle Eintragungsvoraussetzungen erfüllt, so wird der Eintrag ins Hauptbuch vorgenommen (zum «Prüfungsprogramm» des Grundbuchverwalters s. auch S. 185 ff.).

> **Beispiel:** Folgende Fragen müssen im Zusammenhang mit dem Grundstückkauf mit Ja beantwortet werden können.
>
> - *Ausweis über das Verfügungsrecht:* Stimmt die Identität des Verkäufers mit derjenigen des im Grundbuch Eingetragenen überein (GBV 83 ff.)? Ist die Eintragungsbewilligung durch den bisherigen Eigentümer erteilt?
> - *Ausweis über den Rechtsgrund:* Ist der Kaufvertrag von einem zuständigen Notar öffentlich beurkundet?
>
> Hinzu kommen gegebenenfalls weitere gesetzliche Anforderungen, die zum Vollzug des Kaufvertrags erfüllt sein müssen (z.B. Feststellung, dass die erwerbende juristische Person nicht ausländisch beherrscht wird, Zustimmung der Steuerverwaltung gemäss DBG 172, wenn der Verkäufer Wohnsitz im Ausland hat, etc.).

Sind die *Eintragungsvoraussetzungen nicht erfüllt*, so hat der Grundbuchverwalter das Geschäft *abzuweisen* (GBV 87 Abs. 1). In gesetzlich vorgesehenen Spezialfällen wird die Eintragung aufgeschoben und dem Anmeldenden eine Frist zur Erwirkung einer Bewilligung oder eines Entscheids über die Bewilligungspflicht angesetzt (z.B. die Einholung einer «Lex Koller»-Bewilligung nach BewG oder einer Erwerbsbewilligung nach BGBB, vgl. auch GBV 88).[53]

Gegen die *Abweisung* der Anmeldung durch den Grundbuchverwalter können der Anmeldende sowie alle Übrigen, die von einer Abweisung berührt sind, in-

53 Siehe für das Verfahren nach BGBB S. 172; für das Verfahren nach BewG S. 176.

nert 30 Tagen bei der kantonalen Aufsichtsbehörde *Beschwerde* führen (ZGB 956a und 956b).

Beispiel: Im Kanton Bern ist Aufsichtsbehörde die Justiz-, Gemeinde- und Kirchendirektion (EG ZGB/BE 124 Abs. 1).

Eine von dieser Behörde abgewiesene Beschwerde kann wiederum innert 30 Tagen an die obere kantonale Instanz weitergezogen werden.

Beispiel: Im Kanton Bern ist dies das Obergericht (EG ZGB/BE 124 Abs. 2).

Danach steht innert 30 Tagen die *Beschwerde* in Zivilsachen beim *Bundesgericht* zur Verfügung (BGG 72 Abs. 2 Bst. b Ziff. 2 i.V.m. 100 Abs. 1). BGG 75 legt fest, dass Vorinstanzen des Bundesgerichts obere Gerichte sein müssen. Von Bundesrechts wegen gilt also, dass in Grundbuchsachen stets ein Gericht und nicht eine verwaltungsinterne Stelle als letzte kantonale Instanz entscheiden muss.

Gemäss dem «Fundamentalsatz der Grundbuchführung» müssen *sämtliche Eintragungsvoraussetzungen im Zeitpunkt der Grundbuchanmeldung erfüllt* sein, d.h., sämtliche notwendigen Genehmigungen, Zustimmungserklärungen, Pfandentlassungsbewilligungen, Löschungsbewilligungen etc. haben vorzuliegen.

Bemerkung: In der Praxis wird häufig die Gelegenheit gegeben, notwendige kleinere Verbesserungen eines Geschäfts innert einer Frist von 30 Tagen nachzureichen (z.B. mittels eines öffentlich beurkundeten Nachtrags zum Rechtsgrundausweis oder einer Feststellungsurkunde). Eine Verpflichtung des Grundbuchamts dazu bzw. ein Rechtsanspruch des Notars oder der Parteien darauf besteht jedoch nicht. Für die Beibringung von fehlenden Belegen sieht die Grundbuchverordnung dieses Vorgehen ausdrücklich vor (GBV 87 Abs. 2).

1.8.6 Das Eintragungsverfahrens in der Übersicht

Die nachfolgende Übersicht zeigt den *Ablauf* eines grundbuchlichen *Eintragungsverfahrens* am Beispiel des Kantons Bern. Abweichungen in anderen Kantonen ergeben sich zum einen daraus, dass je nach Kanton eine andere Praxis herrschen wird, ob und wie eine Gelegenheit zur Nachbesserung eines mangelhaften Grundbuchgeschäfts besteht, und zum anderen bei den durch die Kantone eingesetzten Rechtsmittelinstanzen, wobei – wie erwähnt – die obere Instanz von Bundesrechts wegen stets ein Gericht sein muss (BGG 75).[54]

54 Die Kantone haben jedoch ein Ermessen, welches Gericht sie einsetzen wollen. Im Kanton Bern war z.B. bis am 31. Dezember 2008 das Verwaltungsgericht Beschwerdeinstanz.

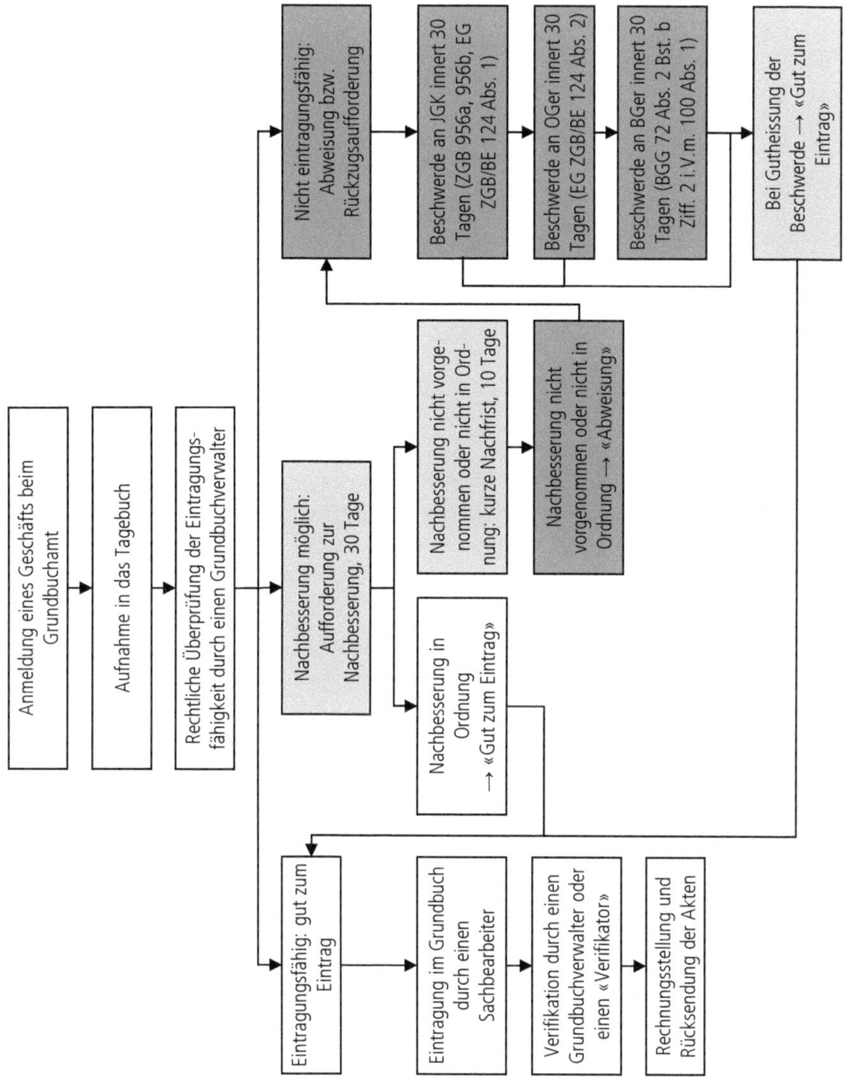
Anmeldung eines Geschäfts beim Grundbuchamt
Aufnahme in das Tagebuch
Rechtliche Überprüfung der Eintragungsfähigkeit durch einen Grundbuchverwalter
Nicht eintragungsfähig: Abweisung bzw. Rückzugsaufforderung
Beschwerde an JGK innert 30 Tagen (ZGB 956a, 956b, EG ZGB/BE 124 Abs. 1)
Beschwerde an OGer innert 30 Tagen (EG ZGB/BE 124 Abs. 2)
Beschwerde an BGer innert 30 Tagen (BGG 72 Abs. 2 Bst. b Ziff. 2 i.V.m. 100 Abs. 1)
Bei Gutheissung der Beschwerde → «Gut zum Eintrag»
Nachbesserung möglich: Aufforderung zur Nachbesserung, 30 Tage
Nachbesserung nicht vorgenommen oder nicht in Ordnung: kurze Nachfrist, 10 Tage
Nachbesserung nicht vorgenommen oder nicht in Ordnung → «Abweisung»
Nachbesserung in Ordnung → «Gut zum Eintrag»
Eintragungsfähig: gut zum Eintrag
Eintragung im Grundbuch durch einen Sachbearbeiter
Verifikation durch einen Grundbuchverwalter oder einen «Verifikator»
Rechnungsstellung und Rücksendung der Akten

2 Ausgewählte sachenrechtliche Begriffe

2.1 Allgemeines

Das Sachenrecht kennt eine Vielzahl von Begriffen.[55] An dieser Stelle seien zunächst einige Begriffe aufgeführt, die für das Immobiliarsachenrecht und damit für das Grundbuchrecht zentrale Bedeutung haben. Im Übrigen sei auf die Begriffe unter den jeweiligen Kapiteln verwiesen.[56]

2.2 Die Rechtssubjekte

Auf der einen Seite stellt sich die Frage, wer *Rechte und Pflichten* haben kann. Hier wird nach dem sog. *Rechtssubjekt* gefragt. Um Träger von Rechten und Pflichten sein zu können, ist Rechtsfähigkeit erforderlich, sie kommt allen natürlichen Personen, also allen Menschen zu (ZGB 11). Rechtsfähig sind aber auch die sog. juristischen Personen[57], denen die Fähigkeit, Träger von Rechten und Pflichten zu sein, von der Rechtsordnung zuerkannt wird (vgl. ZGB 52 f.). *Berechtigter* oder *Verpflichteter* im Rahmen des Sachenrechts sind somit die *natürlichen* und *juristischen Personen*.[58]

Das Eigentum hat – wie alle anderen dinglichen und obligatorischen Rechte – einen oder mehrere Berechtigte.

Beispiele:

Für das Mobiliarsachenrecht: Der Eigentümer des Fussballs; der Nutzniesser des Sparkontos; der Gläubiger der Lohnforderung.

Für das Immobiliarsachenrecht: Der Eigentümer einer Liegenschaft. Der Wohnrechtsberechtigte im Rahmen eines Wohnrechts. Der Gläubiger eines Grundpfandrechts.

55 Siehe dazu SCHMID/HÜRLIMANN-KAUP, § 1 Rz 3 ff.

56 Für das Eigentum s. S. 75; für die Dienstbarkeiten S. 93; für die Grundlasten S. 107; für die Grundpfandrechte S. 111 f.; für die Vormerkungen S. 129; für die Anmerkungen S. 139 sowie für die Begriffe im Zusammenhang mit dem BGBB S. 165.

57 Die juristischen Personen des schweizerischen Rechts sind: Verein (ZGB 60 ff.); Stiftung (ZGB 80 ff.); Aktiengesellschaft (AG) (OR 620 ff.); Kommanditaktiengesellschaft (OR 764 ff.); Gesellschaft mit beschränkter Haftung (GmbH) (OR 772 ff.); Genossenschaft (OR 828 ff.). Die Personengesellschaften (einfache Gesellschaft [OR 530 ff.], Kollektivgesellschaft [OR 552 ff.], Kommanditgesellschaft [OR 594 ff.]) sind keine juristischen Personen.

58 Neben den genannten kommen auch noch juristische Personen des öffentlichen Rechts sowie des Völkerrechts (internationale u. supranationale Organisationen) infrage.

Handeln im Sinne des Gesetzes und damit Rechte und Pflichten begründen können nur Personen, die *handlungsfähig* sind (ZGB 12).

Natürliche Personen sind nach ZGB 13 handlungsfähig, wenn sie volljährig und urteilsfähig sind. Volljährig sind sie, wenn sie das 18. Lebensjahr zurückgelegt haben (ZGB 14). Urteilsfähig sind sie, wenn sie vernunftgemäss handeln können (ZGB 16). Ist eine natürliche Person handlungs*un*fähig (ZGB 17 ff.), so braucht es i.d.R. die Zustimmung des legitimierten Vertreters (z.B. Eltern) oder es kommen Massnahmen der KESB infrage, s. dazu S. 159 ff.

Die juristischen Personen sind handlungsfähig, wenn sie im Handelsregister eingetragen sind (ZGB 52)[59] und sie die nach Gesetz und Statuten erforderlichen Organe bestimmt haben (ZGB 54). Die Unterschriftsberechtigungen ergeben sich aus dem Handelsregister.

2.3 Die Rechtsobjekte

2.3.1 Allgemeines

Auf der anderen Seite stellt sich die Frage, an welchen Sachen *Rechte begründet* werden können. Hier wird nach dem sog. *Rechtsobjekt* gefragt. *Gegenstand* eines *Rechts* kann grundsätzlich jede Sache im Sinne des Gesetzes sein.[60]

2.3.2 Die Grundstücke

Gegenstand des *Grundeigentums* sind die *Grundstücke* (ZGB 655 Abs. 1). *Darunter fallen* gemäss ZGB 655 Abs. 2:

- die Liegenschaften;
- die in das Grundbuch aufgenommenen selbstständigen und dauernden Rechte;
- die Bergwerke;
- die Miteigentumsanteile an Grundstücken.[61]

An diesen Grundstücken können *beschränkte dingliche Rechte* (z.B. Dienstbarkeiten) begründet werden (ZGB 655 Abs. 3).[62]

59 Vereine, die nicht wirtschaftliche Zwecke verfolgen, sowie kirchliche Stiftungen u. Familienstiftungen müssen nicht im Handelsregister eingetragen werden. Die juristischen Personen des öffentlichen Rechts (z.B. Einwohnergemeinde, Burgergemeinde, Kanton, Schweizerische Eidgenossenschaft) werden nicht im Handelsregister eingetragen.

60 Vgl. dazu die Übersicht u. die Ausführungen zum Spezialitätsprinzip S. 71.

61 Zum Ganzen DESCHENAUX § 6 70 ff.

62 Siehe dazu die Ausführungen zum Spezialitätsprinzip S. 71.

a) *Die Liegenschaften*

Unter dem Begriff *Liegenschaft* versteht man jede Bodenfläche mit genügend bestimmten Grenzen (GBV 2 Bst. a). Die Fläche wird geometrisch durch Abgrenzung gegenüber den Nachbarliegenschaften bestimmt. Jede Liegenschaft ist im Plan des Nachführungsgeometers ersichtlich.

Das Eigentumsrecht an einer Liegenschaft erstreckt sich

- in *vertikaler Richtung* so weit in den Luftraum bzw. in das Erdinnere, als für den Eigentümer ein Interesse vorhanden ist (ZGB 667 Abs. 1);
- in *horizontaler Richtung* bis zu den Grenzen der Liegenschaft (Marksteine gegenüber den Nachbarliegenschaften; ZGB 668 Abs. 1).

Massgebend bei Unklarheiten über den Grenzverlauf ist grundsätzlich der *Geometerplan*[63] und nicht die Vermarkung im Gelände (vgl. ZGB 668).

Dem Eigentümer des Bodens gehören alle sich darauf befindlichen Bauwerke (vorbehalten bleibt eine besondere Vereinbarung durch eine Dienstbarkeit[64]) sowie die auf der Liegenschaft wachsenden Pflanzen. Dasselbe gilt für Quellen; sie sind Bestandteil der Liegenschaft, auf der sie entspringen.[65]

Öffentlichen Sachen[66] (Strassen, Flüsse, Bäche) stehen unter staatlicher Hoheit und werden im Grundbuch aufgenommen. Besondere Regeln gelten für grosse Seen, Gletscher und Firnen.

Zur Entstehung des Eigentums an Liegenschaften durch Vertrag s. die Ausführungen S. 83 ff.

Zur grundbuchlichen Darstellung von Liegenschaften s. Anhang 1 S. 195 ff.

b) *Die selbstständigen und dauernden Rechte*

Selbstständige und dauernde Rechte sind speziell ausgestaltete Dienstbarkeiten. Der Berechtigte kann verlangen, dass für das selbstständige und dauernde Recht ein selbstständiges Grundbuchblatt eröffnet wird (ZGB 943 Abs. 1 Ziff. 3 i.V.m. GBV 22).

Für die grundbuchliche Darstellung des Bezugsgrundstücks[67] (Bodengrundstück) bei selbstständigen und dauernden Rechten sowie für weitere Ausführungen s. S. 96.

63 Eine Ausnahme besteht für die vom Kanton bezeichneten Gebiete mit Bodenverschiebungen (ZGB 668 Abs. 3).

64 Siehe dazu S. 69 und 95 ff.

65 Siehe dazu auch die Ausführungen zum Akzessionsprinzip S. 69.

66 Zu den öffentlichen Sachen s. S. 31 f.

67 Vgl. zu den Bezugsgrundstücken MUSA Nr. 611, Ziff. IV/1.

c) *Die Bergwerke*

Unter *Bergwerk* versteht man das Recht zur Ausbeutung von Rohstoffen im Erdinneren. Dieses Recht wird durch eine staatliche Konzession erteilt. Für das Bergwerk wird auf Begehren des Berechtigten ein separates Grundbuchblatt eröffnet (vgl. auch GBV 22 und 71).[68]

d) *Die Miteigentumsanteile an Grundstücken*

Jeder *Miteigentumsanteil* an einem Grundstück stellt für sich wiederum ein Grundstück dar (ZGB 655 Abs. 2 Ziff. 4). Wenn es im Interesse der Klarheit und Übersichtlichkeit liegt, werden für die einzelnen Miteigentumsanteile separate Grundbuchblätter angelegt (vgl. GBV 23).

> **Beispiel:** Im Interesse der Übersichtlichkeit werden separate Grundbuchblätter angelegt, wenn einzelne Miteigentumsanteile z.B. mit Dienstbarkeiten belastet sind. Bei Belastung der Miteigentumsanteile mit Pfandrechten oder bei Stockwerkeigentum ist die Eröffnung separater Grundbuchblätter zwingend (GBV 23 Abs. 1).

Das Verhältnis des Bezugsgrundstücks[69] (hier einer Liegenschaft) zu den Miteigentumsanteilen wird grundbuchlich folgendermassen dargestellt:

68 Zu den Bergwerken DESCHENAUX § 6 75.

69 Es wird auch etwa vom gemeinschaftlichen Blatt gesprochen, vgl. MUSA Nr. 611, Ziff. IV/1.

Musterdorf / 13

Grundstückbeschreibung

Gemeinde	345 Musterdorf	
Grundstück-Nr.	13	
Grundstückart	Liegenschaft	
E-GRID	CH 33400 13500 20	
Fläche	1'066 m², Aus Koordinaten berechnete Fläche, Definitiv anerkanntes Vermessungswerk	
Plan-Nr.	2344	
Belastete Teilflächen		
Lagebezeichnung	Blumenfeld Blumenfeld	
Bodenbedeckung	Gebäude, 191 m² Strasse, Weg, 2 m² Gartenanlage, Hofraum, 873 m²	
Gebäude / Bauten	Wohnhaus, 160 m² Waschhaus, 13 m² Schopf, 18 m²	Blumenfeldstrasse 115, 3087 Musterdorf Blumenfeldstrasse 115a, 3087 Musterdorf Blumenfeldstrasse 115b, 3087 Musterdorf
Anmerkungen amtl. Vermessung		
Bemerkungen		

Dominierte Grundstücke

Keine

Amtliche Bewertung

Amtlicher Wert CHF	Ertragswert gemäss BGBB CHF	Gültig ab Steuerjahr
(433'900) 0		2002

Eigentum

MIT Musterdorf 345/13-1 zu 1/2	04.11.1987 025-v.A.w. Anlage besonderer Blätter 07.11.2002 025-2002/6097/0 Abänderung
MIT Musterdorf 345/13-2 zu 1/2	04.11.1987 025-v.A.w. Anlage besonderer Blätter 07.11.2002 025-2002/6097/0 Abänderung

---

Anmerkungen

07.11.2002 025-2002/6097/0 Nutzungsordnung ID.025-2002/006411

Sachen-
recht

Die Miteigentumsanteile sehen wie folgt aus:

Musterdorf / 13-1

Grundstückbeschreibung

Gemeinde	345 Musterdorf	
Grundstück-Nr.	13-1	
Grundstückart	Miteigentum	
E-GRID	CH 84354 69594 91	
Stammgrundstück	LIG Musterdorf 345/13	
Wertquote	1/2	
Bemerkungen		

Dominierte Grundstücke

Keine

Amtliche Bewertung

Amtlicher Wert CHF	Ertragswert gemäss BGBB CHF	Gültig ab Steuerjahr
216'950		2002

Eigentum

Gesamteigentum	
Einfache Gesellschaft	
de Pablo Maria, 12.11.1979	07.11.2002 025-2002/6097/0 Kauf
Manning Michael, 08.07.1968	07.11.2002 025-2002/6097/0 Kauf

Zur Entstehung des Eigentums (Miteigentums) durch Vertrag s. die Ausführungen S. 83 ff.

Stockwerkeigentum ist eine besondere Ausgestaltung von Miteigentum. Es wird als Grundstück in das Grundbuch aufgenommen (GBV 23)

Das Verhältnis des Stammgrundstücks (Bezugsgrundstück, hier eine Liegenschaft)[70] zu den Stockwerkeinheiten wird grundbuchlich folgendermassen dargestellt:

Musterdorf / 2343

Grundstückbeschreibung

Gemeinde	345 Musterdorf	
Grundstück-Nr.	2343	
Grundstückart	Liegenschaft	
E-GRID	CH 96704 63594 03	
Fläche	5'125 m², Aus Koordinaten berechnete Fläche, Definitiv anerkanntes Vermessungswerk	
Plan-Nr.	1327	
Belastete Teilflächen		
Lagebezeichnung	Grünmatt Dorf Musterdorf	
Bodenbedeckung	Gebäude, 813 m² Strasse, Weg, 375 m² Übrige befestigte Fläche, 98 m² Gartenanlage, Hofraum, 3'839 m²	
Gebäude / Bauten	Wohnhaus, 406 m² Einstellhalle Wohnhaus, 407 m²	Grünmattweg 3, 3087 Musterdorf Grünmattweg 3a, 3087 Musterdorf Grünmattweg 5, 3087 Musterdorf
Anmerkungen amtl. Vermessung		
Bemerkungen		

Dominierte Grundstücke

Keine

Amtliche Bewertung

Amtlicher Wert CHF	Ertragswert gemäss BGBB CHF	Gültig ab Steuerjahr
(55'000) 0		2003

Eigentum

STW Musterdorf 345/2343-1 zu 135/1'000	21.12.1989 023-1989/2500/0 Begründung STWE 17.10.1991 023-1991/1600/0 Kauf
STW Musterdorf 345/2343-2 zu 125/1'000	21.12.1989 023-1989/2500/0 Begründung STWE 17.10.1991 023-1991/1600/0 Kauf
STW Musterdorf 345/2343-3 zu 135/1'000	21.12.1989 023-1989/2500/0 Begründung STWE 17.10.1991 023-1991/1600/0 Kauf
STW Musterdorf 345/2343-4 zu 125/1'000	21.12.1989 023-1989/2500/0 Begründung STWE 17.10.1991 023-1991/1600/0 Kauf
STW Musterdorf 345/2343-5 zu 135/1'000	21.12.1989 023-1989/2500/0 Begründung STWE 17.10.1991 023-1991/1600/0 Kauf
STW Musterdorf 345/2343-6 zu 125/1'000	21.12.1989 023-1989/2500/0 Begründung STWE 17.10.1991 023-1991/1600/0 Kauf
STW Musterdorf 345/2343-7 zu 150/1'000	21.12.1989 023-1989/2500/0 Begründung STWE 17.10.1991 023-1991/1600/0 Kauf
STW Musterdorf 345/2343-8 zu 70/1'000	21.12.1989 023-1989/2500/0 Begründung STWE

Anmerkungen

21.12.1989 023-1989/2500/0	Begründung von Stockwerkeigentum vor Erstellung des Gebäudes ID.023-1999/024741
21.12.1989 023-1989/2500/0	Reglement der Stockwerkeigentümergemeinschaft ID.023-1999/024742
21.12.1989 023-1989/2500/0	Stockwerkanteile verpfändet ID.023-1999/024743

70 Vgl. für die Bezugsgrundstücke MUSA Nr. 611, Ziff. IV/1.

Die Stockwerkeinheiten werden wie folgt dargestellt:

Musterdorf / 2343-7

Grundstückbeschreibung

Gemeinde	345 Musterdorf
Grundstück-Nr.	2343-7
Grundstückart	Stockwerkeigentum
E-GRID	CH 55984 67935 70
Stammgrundstück	LIG Musterdorf 345/2343
Wertquote	150/1'000
Sonderrecht	Wohnung im Dachgeschoss, mit Nebenraum
Bemerkungen	

Dominierte Grundstücke

Keine

Amtliche Bewertung

Amtlicher Wert CHF	Ertragswert gemäss BGBB CHF	Gültig ab Steuerjahr
490'000		2014

Eigentum

Gesamteigentum
Einfache Gesellschaft

Faber Walter, 22.02.1957	24.10.2008 023-2008/2000/0 Kauf
Faber Hanna, 20.05.1962	24.10.2008 023-2008/2000/0 Kauf

Anmerkungen

21.12.1989 023-1989/2457/0 Reglement der Stockwerkeigentümergemeinschaft ID.023-1999/024742

Im Übrigen sei für das Stockwerkeigentum als eine besondere Ausgestaltung von Miteigentum auf S. 75 und für die Entstehung des Eigentums durch Vertrag generell auf S. 83 verwiesen.

2.4 Das Publizitätsprinzip

Da dingliche Rechte gegenüber jedermann wirken (s. S. 37), müssen sie auch von Aussenstehenden wahrgenommen und erkannt werden können. Daher müssen die dinglichen Rechte sichtbar gemacht werden. Als *Publizitätsmittel* für die beweglichen Sachen dient der *Besitz*, für die unbeweglichen Sachen das *Grundbuch*.[71] Im Übrigen wird auch auf die Ausführungen S. 37 ff. verwiesen.

71 Dazu auch Zobl, § 13 Rz 123 ff.

2.5 Das Prinzip der Typengebundenheit und der Typenfixierung

Dingliche Rechte müssen von jedermann wahrgenommen und verstanden werden können. Deshalb sieht das Sachenrecht nur eine beschränkte Anzahl von zulässigen dinglichen Rechten vor (*numerus clausus der dinglichen Rechte*), was unmittelbar der Rechtssicherheit dient (*Grundsatz der Typengebundenheit*). Diese Rechte dürfen auch inhaltlich nicht verändert werden, sofern ihr Inhalt zwingend vom Gesetz umschrieben wird (*Grundsatz der Typenfixierung*).[72] Im Übrigen wird auf die Ausführungen S. 36 ff. verwiesen.

2.6 Das Akzessionsprinzip

Das *Akzessionsprinzip* besagt, dass die Bestandteile einer Sache das Schicksal der Hauptsache teilen. Für Liegenschaften heisst das, dass alles, was fest darauf gebaut oder eingepflanzt worden ist, ins Eigentum des Grundeigentümers übergeht (vgl. ZGB 667 Abs. 2).[73]

Das *Prinzip* kann etwa mit einer Baurechtsdienstbarkeit *durchbrochen* werden. Diese zeichnet sich gerade dadurch aus, dass das im Baurecht erstellte Gebäude in das Eigentum des Baurechtsberechtigten fällt (s. dazu S. 95 ff.).

2.7 Das Kausalitätsprinzip

Das *Kausalitätsprinzip* besagt, dass eine sachenrechtliche Verfügung – z.B. ein Eintrag im Grundbuch – nur aufgrund eines gültigen Rechtsgrunds erfolgen kann. Der Rechtsgrund ist eben *kausal* (ursächlich) für die sachenrechtliche Verfügung. In diesem Zusammenhang steht auch der Unterschied zwischen Verpflichtungs- und Verfügungsgeschäft (s. S. 55).[74]

> **Beispiel:** K kauft von V ein Grundstück. Gestützt auf den öffentlich beurkundeten Kaufvertrag wird K im Grundbuch eingetragen. Es stellt sich heraus, dass der Kaufvertrag aufgrund fehlender Handlungsfähigkeit von V (V leidet unter einer geistigen Behinderung, die nach aussen nicht erkennbar ist) nichtig ist. Aufgrund des Kausalitätsprinzips ist K nicht Eigentümer des Grundstücks geworden, da es an einem gültigen Rechtsgrund fehlt. V bzw. dessen Vertreter kann von K die Rück-

72 Die Rechtslage ist im Sachenrecht anders als im Vertragsrecht, wo Verträge grundsätzlich mit beliebigem Inhalt ausgestaltet werden können. Deshalb sind auch Verträge zulässig, die nicht im Obligationenrecht definiert sind, wie z.B. der Leasing- oder der Lizenzvertrag (Grundsatz der Vertragsfreiheit, OR 19). Siehe zum Ganzen SCHMID/HÜRLIMANN-KAUP, § 1 Rz 71 ff.

73 Zum Akzessionsprinzip SCHMID/HÜRLIMANN-KAUP, § 1 Rz 79 f.

74 Zum Kausalitätsprinzip SCHMID/HÜRLIMANN-KAUP, § 1 Rz 74 ff.

übertragung des Grundeigentums gestützt auf das nach wie vor bestehende Eigentumsrecht des V verlangen, K kann die Rückzahlung des Kaufpreises gestützt auf die Bestimmungen der ungerechtfertigten Bereicherung verlangen.

2.8 Das Prinzip der Alterspriorität

Das *Prinzip der Alterspriorität* besagt, dass sich die *Rangordnung* unter den beschränkten dinglichen Rechten *nach dem Errichtungsdatum* bestimmt, das i.d.R. dem Datum der Tagebuchanmeldung entspricht. Das früher errichtete Recht geht dem später errichteten vor.[75]

Dieses *Prinzip* wird in zwei Punkten *relativiert*:

- Zum einen bestimmt sich innerhalb der *Grundpfandrechte* die Reihenfolge derselben nach den im Pfandvertrag oder durch Gesetz definierten Rängen (ZGB 813). Die Reihenfolge richtet sich also nicht notwendigerweise nach dem Errichtungsdatum. Die Rangreihenfolge innerhalb der Grundpfandrechte ist wichtig bei der Zwangsverwertung von Grundstücken; die Verteilung des Erlöses erfolgt nach dem Rang des Pfandrechts (ZGB 817). Hingegen ist für die Rangreihenfolge zwischen den Grundpfandrechten und den anderen dinglichen Rechten wiederum das Prinzip der Alterspriorität massgebend.

  Beispiel: Im Grundbuch finden wir in zeitlicher Hinsicht folgende Situation: Schuldbrief X, eingetragen am 3. März 1997, Nutzniessung, eingetragen am 3. März 1999, Schuldbrief Y, eingetragen am 3. März 2000.

  In der Pfandrechtsspalte besteht folgende Situation: Erste Pfandstelle Schuldbrief Y, zweite Pfandstelle Schuldbrief X. Demnach geht innerhalb der Pfandrechte der zeitlich später errichtete Schuldbrief dem zeitlich früher errichteten vor. Diese Situation ist durchaus möglich, wenn der Gläubiger X gegenüber dem Gläubiger Y eine Nachgangserklärung (s. dazu sogleich) abgegeben hat.

  Im Verhältnis zwischen Pfandrechten und Dienstbarkeiten gilt jedoch das Prinzip der Alterspriorität. In unserem Beispiel geht also das Nutzniessungsrecht dem Schuldbrief X nach, dem Schuldbrief Y jedoch vor (ausser der Nutzniessungsberechtigte hätte gegenüber dem Schuldbrief Y auch eine Nachgangserklärung abgegeben), ungeachtet der Ränge innerhalb des Pfandrechtsbestandes. Diese Situation wird als relativer Rang bezeichnet und wird vom Bundesgericht zugelassen.[76]

75 Zum Prinzip der Alterspriorität SCHMID/HÜRLIMANN-KAUP, § 1 Rz 77 f.; ZOBL, § 12 Rz 110 ff.

76 BGE 119 III 32 = Pra 1994, 413 ff. = ZBGR 1993, 367 ff., im konkreten Fall insofern jedoch in einer anderen Konstellation, als die Berechtigte einer zeitlich drei Pfandrechten vorgehenden Nutzniessung nur gegenüber einem (und nicht allen) Pfandrechten den Nachgang erklärte. Im Resultat läuft es aber auf dasselbe hinaus. Zur Frage, wie diese relativen Ränge in der Zwangsvollstreckung behandelt werden s. LOOSER, AJP 2004, 445 ff. (mit Berechnungsbeispielen).

- Zum anderen können die an beschränkten dinglichen Rechten Berechtigten auch sog. Nachgangserklärungen abgeben. Dies ist eine rechtsgeschäftliche Willenserklärung, mit welcher der Berechtigte (z.B. ein Nutzniessungsberechtigter) gegenüber dem Inhaber eines anderen Rechts (z.B. gegenüber einem Grundpfandgläubiger) erklärt, er setze sein Recht in den Nachgang zu jenem anderen Recht. So geht das zeitlich früher errichtete Nutzniessungsrecht dem zeitlich später errichteten Pfandrecht im Rang nach. Das hat zur Folge, dass im Verfahren des Doppelaufrufes (s. nachfolgend) das Nutzniessungsrecht dem Pfandrecht nachgeht, obwohl es früher im Grundbuch eingetragen wurde. Die Nachgangserklärung muss nicht öffentlich beurkundet werden, es reicht eine einfach-schriftliche Erklärung.[77]

Beim *Doppelaufruf* (s. ZGB 812 Abs. 2 und SchKG 142)[78] geht es um das Verhältnis zwischen den Grundpfandrechten und den anderen beschränkten dinglichen Rechten sowie den Vormerkungen, für welche grundsätzlich – vorbehältlich den soeben erläuterten Nachgangserklärungen – das Prinzip der Alterspriorität gilt.

> **Beispiel:** Wird im Nachgang zu einem Pfandrecht (also zeitlich später) ein Nutzniessungsrecht errichtet und vermindert dieses Nutzniessungsrecht in einer allfälligen Zwangsvollstreckung den Wert der Liegenschaft, so kann der Grundpfandgläubiger die Liegenschaft zweimal ausrufen (versteigern) lassen, einmal mit und einmal ohne das Nutzniessungsrecht. Ergibt dieses Verfahren für die Liegenschaft ohne Nutzniessungsrecht einen höheren Preis, so kann der Grundpfandgläubiger die Nutzniessung im Grundbuch löschen lassen. Diese Löschung erfolgt durch das Betreibungs- oder Konkursamt und bedarf nicht der Zustimmung des Nutzniessungsberechtigten.

2.9 Das Spezialitätsprinzip

Das *Spezialitätsprinzip* (auch *Individualitätsprinzip* genannt) sieht vor, dass dingliche Rechte grundsätzlich nur an einzelnen individualisierten Sachen bestehen können (vgl. ZGB 797). Davon gibt es gewisse Ausnahmen, wie das z.B. beim Gesamtpfandrecht (ZGB 798) der Fall ist.

77 Eigentlich sieht das Gesetz keine Formvorschrift vor, der Nachgang könnte also formfrei erklärt werden. Grundbuchrechtlich ist jedoch für die Anmeldung eines Nachgangs Schriftlichkeit erforderlich (GBV 48 Abs. 1).

78 Für die Frage der Pfandverwertung s. STUDER/ZÖBELI, 127 ff.; zum Doppelaufruf im Speziellen ZOBL, § 12 Rz 112.

Grundstücke sind individualisierte Sachen im Sinne des Spezialitätsprinzips, das bedeutet, dass sich die Verfügung zur Begründung von dinglichen Rechten an Grundstücken immer auf das Ganze bezieht.

Beispiele:

Eine Liegenschaft ist eine Einzelsache. Befinden sich auf der Liegenschaft Bauten, Pflanzen etc., so haben diese gemäss dem Akzessionsprinzip (s. S. 69) Bestandteilscharakter.

Ein landwirtschaftliches Gewerbe[79] kann aus mehreren Grundstücken bestehen. Das Gewerbe als solches hat keine Sachqualität. Besteht es aus mehreren Grundstücken, so müssen diese je einzeln übertragen oder belastet werden.

Das Spezialitätsprinzip ist sodann wichtig für die Frage, wie mehrere Sachen miteinander verbunden sind und ob es zur Verfügung über diese miteinander in Zusammenhang stehenden Sachen einen oder mehrere Rechtsakte (z.B. Verträge) braucht.[80]

79 Siehe zum landwirtschaftlichen Gewerbe S. 166.
80 Zum Spezialitätsprinzip SCHMID/HÜRLIMANN-KAUP, § 1 Rz 70.

Die Sachen lassen sich im schweizerischen Recht wie folgt einteilen:

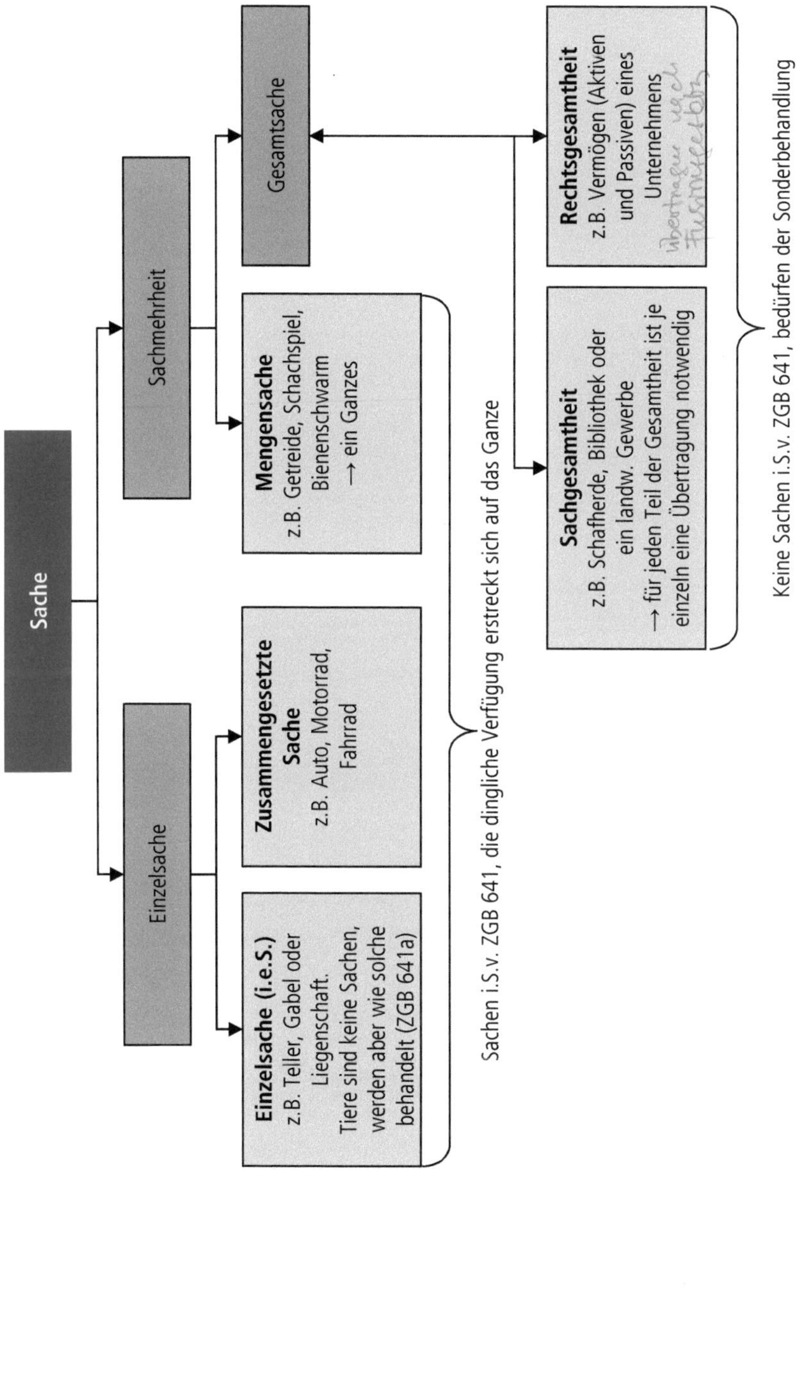

3 Das Eigentum

3.1 Der Begriff

Gemäss ZGB 641 kann der Eigentümer einer Sache in den *Schranken der Rechtsordnung* beliebig über dieselbe verfügen sowie die Sache von jedem, der sie ihm vorenthält, herausverlangen und jede ungerechtfertigte Einwirkung abwehren. Das *Eigentum* ist somit das *umfassende Herrschaftsrecht* an einer Sache.[81] Es ist das *absolute dingliche Recht* (auch etwa *dingliches Vollrecht genannt*) und verleiht dem Berechtigten «absolute» oder eben umfassende Verfügungsbefugnis über die Sache.

Für das *Grundeigentum* sieht die schweizerische Rechtsordnung mannigfache *Einschränkungen* vor[82], die hier nicht alle behandelt werden können. Diese Einschränkungen bestehen grundsätzlich auch ohne Eintrag im Grundbuch. Es kann in den entsprechenden Bestimmungen vorgesehen sein, dass diese im Grundbuch abgebildet werden sollen, wofür oft die Form der Anmerkung vorgeschrieben ist (z.B. ZGB 696 oder 962; zu letztgenannter Bestimmung s. S. 140 f.).

In der täglichen Grundbuchpraxis häufig und deshalb hier besonders erwähnenswert sind die gesetzlichen Vorkaufsrechte im Miteigentums- und Baurechtsverhältnis (ZGB 682). Diese lösen die Avisierungspflicht des Grundbuchverwalters nach ZGB 969 aus (zu den Wirkungen eines Vorkaufsrechts allgemein s. das Beispiel auf S. 130 f.).

3.2 Die Arten

3.2.1 Die Eigentumsarten im Überblick

Im schweizerischen Sachenrecht gibt es *drei Eigentumsarten:* das Alleineigentum, das Gesamteigentum und das Miteigentum. Letzteres teilt sich auf in gewöhnliches Miteigentum und Stockwerkeigentum.

81 Zum Eigentum im Allgemeinen SCHMID/HÜRLIMANN-KAUP, § 12–14. Zum Grundeigentum im Besonderen SCHMID/HÜRLIMANN-KAUP, § 15–19; s. dazu auch Handbuch Ziff. 3.

82 Zum Beispiel schon nur die Bestimmungen des Nachbarrechts (ZGB 684–698).

Gemeinsamkeiten und Unterschiede können wie folgt dargestellt werden:

	Alleineigentum	Gesamteigentum	Miteigentum	Stockwerkeigentum
Entstehung	Vertrag oder Gesetz (z.B. ZGB 661 und 662).	Nur wenn Eigentümer durch Gesetz oder Vertrag zu einer Gemeinschaft zusammengeschlossen sind. *Beispiele*: Erben- und Gütergemeinschaft, Gemeinderschaft, einfache Gesellschaft, Kommandit- und Kollektivgesellschaft.	Vertrag oder Gesetz (z.B. ZGB 200).	Einseitige Willenserklärung oder Vertrag (ZGB 712d).
Darstellung im Grundbuch	Personalien gem. GBV 90, weitere Angaben gem. GBV 94.	Wie Alleineigentum, unter Angabe des Rechtsverhältnisses, das die Gemeinschaft begründet (GBV 96 Abs. 3).	Wie Alleineigentum, zusätzlich Anteil jedes Miteigentümers (GBV 96 Abs. 1). Eventuell Anlage spezieller Blätter gem. GBV 23.	Wie Miteigentum, Anlage spezieller Blätter ist zwingend.
Verwaltung	Allein.	Nach Massgabe des zugrundeliegenden Gemeinschaftsverhältnisses (z.B. OR 535).	Nach Massgabe der vereinbarten Nutzungs- und Verwaltungsordnung, subsidiär nach Gesetz (ZGB 647a–647e). Zwingende Bestimmung von ZGB 647 Abs. 2 beachten.	Gemeinschaftlicher Teil: Grundsätzlich wie Miteigentum (ZGB 712g), besondere Regeln gem. ZGB 712m ff. Sonderrecht: Alleinige Verwaltung durch Eigentümer.

	Alleineigentum	Gesamteigentum	Miteigentum	Stockwerkeigentum
Verfügungsrecht	Allein.	Nach Massgabe des zugrundeliegenden Gemeinschaftsverhältnisses. Fehlt eine Regelung, kann grundsätzlich nur gemeinsam und einstimmig verfügt werden (ZGB 653 Abs. 2).	Jeder für seinen Anteil (ZGB 646 Abs. 3), aber: geteilt ist das Recht, nicht die Sache. Über die Sache selber gemeinsam und einstimmig, sofern nicht anders vereinbart (ZGB 648 Abs. 2).	Miteigentum ist örtlich ausgeschieden. Über Sonderrecht kann der jeweilige Eigentümer verfügen, über gemeinschaftliche Teile so wie bei Miteigentum.
Untergang	Gem. ZGB 666 und durch Dereliktion[83].	Wie Alleineigentum, ferner durch Liquidation des Gemeinschaftsverhältnisses (ZGB 654).	Miteigentumsanteil gem. ZGB 666 und durch Verzicht, Miteigentum an der Sache selber durch Aufhebung gem. ZGB 650–651a.	Sonderrecht wie Miteigentum, Stockwerkeigentum an der Sache selber gem. ZGB 712f.

3.2.2 Das Stockwerkeigentum im Besonderen

Stockwerkeigentum ist eine *besondere Ausgestaltung* von *Miteigentum*. Es gibt dem Miteigentümer das *Sonderrecht*, bestimmte Teile eines Gebäudes ausschliesslich zu benutzen und innen auszubauen (ZGB 712a Abs. 1). Gegenstand des Sonderrechts können einzelne Stockwerke oder Teile davon sein. Sie müssen als Wohnungen oder als Einheiten von Räumen zu geschäftlichen oder anderen Zwecken mit eigenem Zugang in sich abgeschlossen sein. Sie können getrennte Nebenräume umfassen (ZGB 712b Abs. 1). Die Gesamtheit aller durch ein Sonderrecht vereinten Teile nennt man Stockwerkeinheit. Diese ist sodann Gegenstand der dinglichen Verfügungen und hat zwingend ein eigenes Grundbuchblatt.[84]

Soweit die Begründung von Sonderrecht nicht möglich ist, können allenfalls im Rahmen eines Reglements[85] *Sondernutzungsrechte* eingeräumt werden. Die Zuteilung solcher ausschliesslichen Nutzungsrechte kann nur mit Zustimmung

83 Siehe dazu S. 85 f.
84 Für die Darstellung im Grundbuch s. S. 67.
85 Siehe dazu S. 79 ff.

des direkt betroffenen Miteigentümers abgeändert werden. Es entsteht für ihn eine dem dinglichen Sonderrecht ähnliche Rechtsstellung (vgl. ZGB 647 Abs. 1bis).

Alle Teile des Gebäudes, die nicht durch ein Sonderrecht eines Stockwerkeigentümers erfasst werden, sind gemeinschaftlicher Natur (vgl. ZGB 712b Abs. 2 und 3).

Zwingend zu den *gemeinschaftlichen Teilen* gehören:

- der Boden der Liegenschaft und das Baurecht, kraft dessen gegebenenfalls das Gebäude erstellt wird (ZGB 712b Abs. 2 Ziffer 1);
- die Bauteile, die für den Bestand, die konstruktive Gliederung und Festigkeit des Gebäudes oder der Räume anderer Stockwerkeigentümer von Bedeutung sind oder die äussere Gestalt und das Aussehen des Gebäudes bestimmen (ZGB 712b Abs. 2 Ziffer 2);

  Beispiele: Fundament, tragende Mauern, tragende Decken, Dach, Fenster, Fassade, Sonnenstoren (umstritten).

- die Anlagen und Einrichtungen, die auch den anderen Stockwerkeigentümern für die Benutzung ihrer Räume dienen (ZGB 712b Abs. 2 Ziffer 3).

  Beispiele: Hauseingangstüre, Treppenhaus, Lift, Zentralheizung, Waschküche, Trockenraum.

Im *Begründungsakt* ist die Ausscheidung der Sonderrechte, der gemeinschaftlichen Teile und der reglementarischen Sondernutzungsrechte klar und unmissverständlich vorzunehmen. Die entsprechenden Teile sind in den Aufteilungsplänen eindeutig einzuzeichnen.

Wenn eine Stockwerkeinheit verkauft wird, besteht kein gesetzliches Vorkaufsrecht zugunsten der übrigen Stockwerkeigentümer. Durch Vereinbarung kann jedoch ein Vorkaufsrecht begründet und im Grundbuch vorgemerkt werden (ZGB 712c Abs. 1).[86] Dieses Vorkaufsrecht unterliegt *nicht* der Maximaldauer von OR 216a.[87]

Die *Wertquote* stellt den Miteigentumsanteil jedes Stockwerkeigentümers am gesamten Grundstück (Liegenschaft oder Baurecht) dar (ZGB 712e Abs. 1). Sie bemisst sich in erster Linie nach der Grösse der Stockwerkeinheiten, wobei für die Lage (Etage, Besonnung, Immissionen) sowie für besondere Vorteile (Grösse und Anzahl von Nebenräumen, Gartensitzplätzen, Parkplätzen oder anderen reglementarischen Sondernutzungsrechten) entsprechende Zu- oder Abschläge

86 Siehe zu den Vormerkungen im Rahmen des Stockwerkeigentums auch S. 130 ff.

87 SCHMID/HÜRLIMANN-KAUP, § 19 Rz 1038 mit weiteren Hinweisen.

vorgenommen werden können. Die Wertquoten sind in Bruchteilen mit einem gemeinsamen Nenner anzugeben (ZGB 712e Abs. 1).

Stockwerkeigentum wird durch Eintragung im Grundbuch begründet. Die Eintragung kann aufgrund eines Vertrags der Miteigentümer über die Ausgestaltung ihrer Anteile zu Stockwerkeigentum oder aufgrund einer Erklärung des Eigentümers der Liegenschaft oder des Inhabers eines selbstständigen und dauernden Baurechtes über die Bildung von Miteigentumsanteilen und deren Ausgestaltung zu Stockwerkeigentum verlangt werden (ZGB 712d Abs. 1 und 2). Das Rechtsgeschäft bedarf zu seiner Gültigkeit der öffentlichen Beurkundung oder, wenn es eine Verfügung von Todes wegen oder ein Erbteilungsvertrag ist, der im Erbrecht vorgeschriebenen Form (ZGB 712d Abs. 3).[88]

Siehe zur Entstehung des Eigentums durch Vertrag die Ausführungen S. 83 ff.

3.3 Die Nutzungs- und Verwaltungsordnung beim Mit- und Stockwerkeigentum

3.3.1 Allgemeines

Die Miteigentümer können eine von den gesetzlichen Bestimmungen abweichende *Nutzungs- und Verwaltungsordnung* vereinbaren (ZGB 647 Abs. 1).Der *Erlass* dieser Nutzungs- und Verwaltungsordnung muss *einstimmig* durch alle Miteigentümer erfolgen. In der Praxis geschieht dies in aller Regel in der öffentlichen Urkunde, mit welcher das Miteigentum begründet wird.

In Bezug auf die *Abänderung* der Nutzungs- und Verwaltungsordnung kann gestützt auf ZGB 647 Abs. 1 vereinbart werden, dass diese mit Zustimmung der Mehrheit der Miteigentümer erfolgen kann.[89] Diese «Vereinbarung der Abänderbarkeit durch Mehrheitsbeschluss» wird anlässlich des Erlasses der Nutzungs- und Verwaltungsordnung getroffen und erfordert demnach die Zustimmung aller Miteigentümer. Wird dies bei Erlass der genannten Ordnung vergessen und soll eine entsprechende Bestimmung später eingeführt werden, so bedarf auch dies – obwohl formell eine Änderung der Nutzungs- und Verwaltungsordnung vorliegt – der Zustimmung aller Miteigentümer.

88 Zur Begründung von Stockwerkeigentum vgl. MUSA Nr. 641 (Bildung von Miteigentumsanteilen mit Ausgestaltung zu Stockwerkeigentum), für das das Reglement MUSA Nr. 642 (Reglement der Stockwerkeigentümer-Gemeinschaft).

89 Diese Rechtslage gilt seit dem 1. Januar 2012, vorher unterlag gemäss bundesgerichtlicher Rechtsprechung auch die nachträgliche Änderung der Nutzungs- und Verwaltungsordnung dem Einstimmigkeitsprinzip (vgl. zum Ganzen SCHMID/HÜRLIMANN-KAUP, § 14 Rz 747 mit Hinweis auf BGE 103 Ib 76 sowie auf weitere Literatur).

Sollen Bestimmungen über die *Zuteilung ausschliesslicher Nutzungsrechte* geändert werden, bedarf dieser Beschluss ausserdem der Zustimmung der direkt betroffenen Miteigentümer (ZGB 647 Abs. 1bis).

> **Beispiel:** Eine Autoeinstellhalle mit der Grundbuchblatt-Nr. 100 ist in Miteigentum aufgeteilt. Die räumliche Zuteilung der konkreten Parkplätze ist in der Nutzungs- und Verwaltungsordnung geregelt. Frau A hat demnach das Recht auf den Parkplatz Nr. 100-1. Nun soll der Parkplatz Nr. 100-1 künftig zum Abstellen von Velos benutzt werden; Frau A soll künftig den neu erstellten Parkplatz Nr. 100-50 benutzen können, was durch eine Änderung der Nutzungs- und Verwaltungsordnung rechtlich abgesichert werden soll. Zu dieser Änderung muss nicht nur die Mehrheit der Miteigentümer (bei entsprechender reglementarischer Grundlage, sonst Zustimmung aller Miteigentümer), sondern auch Frau A als direkt betroffene Miteigentümerin zustimmen.

Für das Stockwerkeigentum gelten im Wesentlichen[90] dieselben Regeln (ZGB 712g). Namentlich bedarf auch hier eine Änderung der reglementarischen Zuteilung ausschliesslicher Nutzungsrechte der Zustimmung der direkt betroffenen Stockwerkeigentümer (ZGB 712g Abs. 4).

> **Beispiel:** Im Reglement einer Stockwerkeigentümergemeinschaft ist vorgesehen, dass Frau A, Eigentümerin der Stockwerkeinheit 100-1, ein reglementarisches Sondernutzungsrecht an einem Aussenparkplatz hat. Dieser Aussenparkplatz grenzt unmittelbar an den Kinderspielplatz. Ein neues Umgebungskonzept sieht vor, diesen Aussenparkplatz aufzuheben und als zusätzliche Fläche dem Kinderspielplatz einzuverleiben. Frau A soll einen neuen Aussenparkplatz zugewiesen erhalten, der aber viel ungünstiger liegt. (Frau A muss einen wesentlich längeren Fussmarsch als bisher von der Wohnung zum neuen Aussenparkplatz zurücklegen.) Zu der hierfür notwendigen Änderung des Reglements muss nicht nur die dafür vorgesehene Mehrheit der Stockwerkeigentümer, sondern zusätzlich auch Frau A als direkt betroffene Stockwerkeigentümerin zustimmen.

Soll die im obgenannten Beispiel beschriebene Reglementsänderung im Grundbuch angemerkt werden und soll dazu lediglich das Protokoll der Stockwerkeigentümerversammlung eingereicht werden (GBV 80 Abs. 3; s. S. 81 f.), so ist dem Grundbuchamt nachzuweisen, dass Frau A der Reglementsänderung zugestimmt hat. Am praktischsten wird dies mit einer am Ende des Protokolls angebrachten und von Frau A unterzeichneten Zustimmungserklärung zu bewerkstelligen sein. Bei Miteigentum stellt sich die Frage nicht, weil hier dem Grund-

90 Etwas anders sind die Quoren, die zur Beschlussfassung nötig sind. Siehe dazu die nützliche Tabelle in MUSA Nr. 642.1.

buchamt das von allen Miteigentümern unterzeichnete Reglement eingereicht werden muss (s. dazu die kritischen Ausführungen S. 82).

Für Rechtsnachfolger eines Miteigentümers sowie für Erwerber von dinglichen Rechten an einem Miteigentumsanteil ist die vereinbarte Nutzungs- und Verwaltungsordnung verbindlich. Ebenso müssen sich diese Personen die von den Miteigentümern gefassten Verwaltungsbeschlüsse sowie Urteile und Verfügungen, die die Nutzung und Verwaltung des Miteigentums betreffen, entgegenhalten lassen (ZGB 649a Abs. 1). Diese Bestimmung gilt auch für Stockwerkeigentum.[91]

3.3.2 Die Anmerkung im Grundbuch im Besonderen

Die *Nutzungs- und Verwaltungsordnung* kann im Grundbuch *angemerkt* werden (ZGB 649a Abs. 2 und 712g Abs. 3).[92] Die Anmerkung hat reinen *Informationscharakter*; dass die vereinbarte Nutzungs- und Verwaltungsordnung auf allfällige Rechtserwerber übergeht, gilt nämlich schon von Gesetzes wegen (ZGB 649a Abs. 1). Immerhin bewirkt die Anmerkung den Ausschluss der Einwendung, man habe nichts vom Bestehen eines Reglements gewusst.[93] Man muss sich auch vor Augen führen, dass es zweifelhaft ist, ob das Grundbuchamt in seiner Belegsammlung über die jeweils aktuell gültige Fassung des Reglements verfügt. Es ist nicht davon auszugehen, dass alle Reglementsänderungen dem Grundbuchamt zur Anmerkung eingereicht werden.

Wie jede grundbuchliche Operation erfolgt auch die Anmerkung von Nutzungs- und Verwaltungsordnungen durch eine *Grundbuchanmeldung* unter Beilage des entsprechenden *Rechtsgrundausweises*.

Legitimiert zur Vornahme einer entsprechenden Grundbuchanmeldung ist beim Miteigentum jeder Miteigentümer und beim Stockwerkeigentum zusätzlich auch der Verwalter (GBV 54 Abs. 1).[94]

91 BGE 123 III 53 E. 3a = Pra 1997, 477 ff.

92 Siehe dazu MUSA Nrn. 642 (Reglement der Stockwerkeigentümergemeinschaft) u. 643 (Nutzungs- und Verwaltungsordnung einer Miteigentümergemeinschaft).

93 ZGB 970 Abs. 4, so sinngemäss auch TUOR/SCHNYDER/SCHMID/JUNGO, § 95 Rz 13.

94 Die bernische Grundbuchpraxis akzeptiert diesbezüglich auch durch Notare vorgenommene Anmeldungen.

Bezüglich des Rechtsgrunds finden wir in GBV 80 die folgende Regelung:

GBV 80

Anmerkungen

1 Die Belege für Anmerkungen bedürfen der schriftlichen Form, sofern nicht die öffentliche Beurkundung vorgeschrieben ist.

2 Reglemente und Verwaltungsbeschlüsse von Miteigentümergemeinschaften (Art. 649a Abs. 2 ZGB) müssen von allen Miteigentümern und Miteigentümerinnen unterschrieben sein.

3 Reglemente von Stockwerkeigentümergemeinschaften müssen von allen Stockwerkeigentümern und -eigentümerinnen unterschrieben sein. Als Beleg für ihre Anmerkung gilt auch das Protokoll ihrer Annahme durch Beschluss der Stockwerkeigentümergemeinschaft.

4 Der Rechtsgrundausweis für Anmerkungen, die auf einem Entscheid einer Behörde beruhen, besteht im vollstreckbaren Entscheid.

Zwischen den Absätzen 2 und 3 besteht ein gewisser Wertungswiderspruch. Es ist nicht leicht einzusehen, warum beim gewöhnlichen Miteigentum die Unterzeichnung durch alle Miteigentümer notwendig ist, während beim Stockwerkeigentum das Protokoll der Annahme genügt. Es kann auch sein, dass mit dieser Bestimmung die Anmerkung einer rechtsgültig angenommenen Änderung eines Miteigentümerreglements verhindert wird, weil sich ein in der Abstimmung unterlegener Miteigentümer nämlich schlicht weigert, die Unterschrift zu leisten. Nach Ansicht der Autoren wäre die Regel von GBV 80 Abs. 3 zweiter Satz auch bei gewöhnlichem Miteigentum sachgerecht.

3.4 Der Erwerb

3.4.1 Allgemeines

Eigentum kann durch *vertragliche Vereinbarung* oder durch *Gesetz* erworben werden.

Beispiele:

Vertragliche Vereinbarung: Kauf, Tausch, Schenkung, Erbvorbezug, Erbteilung.

Kraft Gesetz: Erbgang, Enteignung, Zwangsvollstreckung, Urteil.

Aus grundbuchrechtlicher Sicht ist dabei die Frage zentral, ob der Grundbucheintrag für den Erwerb des Grundeigentums notwendig ist (ZGB 656 Abs. 1; *konstitutiv*) oder ob das Eigentum auch ausserbuchlich übergehen kann, wobei anschliessend das Grundbuch nachgeführt wird (ZGB 656 Abs. 2[95], *deklaratorisch*).[96] Je nachdem ist für die Eintragung des neuen Eigentümers ins Grund-

95 Die Aufzählung der Erwerbstatbestände in ZGB 656 Abs. 2 ist nicht abschliessend.

96 Siehe dazu auch S. 38.

buch die Zustimmung des alten, noch eingetragenen Eigentümers notwendig, oder der neue Eigentümer kann seine Eintragung im Grundbuch ohne die Zustimmung des alten Eigentümers erwirken (ZGB 665, 963). Bei den Eigentumsübertragungen durch Vertrag ist i.d.R. die Zustimmung des alten Eigentümers unabdingbar, während bei den Eigentumsübertragungen kraft Gesetz die Anpassung des Grundbuchs auch ohne die Einwilligung des alten Eigentümers erwirkt werden kann.

Beispiel: Bei einem Kaufvertrag muss der Verkäufer als Grundeigentümer eine Einwilligung zum Eintrag des Käufers als neuen Eigentümer erteilen.[97] Wird in einem Ehescheidungsurteil dem Mann das Eigentum an der vormals gemeinsamen ehelichen Liegenschaft zugesprochen, kann er sich ohne Einwilligung der Ehefrau im Grundbuch als neuen Alleineigentümer eintragen lassen; er muss dazu das entsprechende Urteil, versehen mit der Rechtskraftbescheinigung, vorlegen.

Eigentum

3.4.2 Die Entstehung durch Vertrag

Ist der *Rechtsgrund* ein *Vertrag*, so muss dieser i.d.R. *öffentlich beurkundet* werden.[98] Eine für die Praxis wichtige Ausnahme von diesem Grundsatz findet sich in ZGB 634 Abs. 2. Gestützt auf diese Bestimmungen kann ein Erbteilungsvertrag auch dann *einfach-schriftlich* abgefasst sein, wenn Grundstücke oder dingliche Rechte daran Gegenstand der Erbteilung bilden.[99]

Inhaltlich sind aus grundbuchlicher Sicht folgende Punkte besonders zu beachten:

- Das Verfügungsrecht muss ausgewiesen sein.[100]

  Beispiele: Namen und Geburtsdaten müssen stimmen, Vertretungsverhältnisse sind klar auszuweisen etc. Stimmt der Name z.B. infolge Heirat nicht mehr, so bedarf es einer (vorgängigen)[101] Richtigstellung der Personalien im Grundbuch.

- Die Zuweisung des Eigentums muss klar sein, d.h., der Grundbuchverwalter muss klar wissen, wen er als Eigentümer einzutragen hat. Ebenso muss die Art des Eigentums beim Erwerb durch mehrere Personen klar ausgewiesen sein (Mit- oder Gesamteigentum).

97 Vgl. dazu MUSA Nr. 621.1, Ziff. IV/1.

98 Siehe dazu unter anderem MUSA Nrn. 431 u. 433 (Eheverträge bei Gütergemeinschaft); MUSA Nrn. 511 ff. (Verfügungen von Todes wegen); MUSA Nrn. 521 u. 522 (Abtretungsverträge); MUSA Nrn. 621 ff. (Kaufverträge).

99 Handbuch Ziff. 3.3.2.

100 Siehe dazu S. 187 ff.

101 Vgl. dazu MUSA Nr. 691 (Namensänderung) sowie für Unternehmen MUSA Nr. 692 (Firmaänderung).

- Die Gegenleistung muss – bei öffentlicher Beurkundung – notwendigerweise Bestandteil des Vertrags sein, sonst ist dieser zivilrechtlich nicht zustande gekommen.

  Beispiel: Dem Grundbuchamt wird ein Kaufvertrag abgegeben, in dem die folgende Klausel steht: «Die Parteien einigen sich ausserhalb dieses Vertrags über den Kaufpreis.» Dieses Vorgehen macht den Vertrag zivilrechtlich ungültig, der Kaufpreis muss öffentlich beurkundet werden.[102] Im konkreten Fall musste das Geschäft zurückgezogen werden. Achtung: Anders ist es, wenn die Parteien den Kaufpreis definieren (z.B. CHF 500'000.–), dann aber festhalten, dass über die Tilgung des Kaufpreises ausserhalb des Vertrags eine Einigung stattfindet. Dieses Vorgehen ist ohne Weiteres zulässig.

- Bei Gesamteigentum muss das Rechtsverhältnis angegeben werden, das die Gemeinschaft begründet. Es gibt kein abstraktes Gesamteigentum (d.h. ohne gesetzliche Grundlage).

  Beispiele:

  Die Ehegatten erwerben als *einfache Gesellschaft* zu Gesamteigentum. Falsch wäre hingegen, wenn stehen würde, die Ehegatten erwerben zu Gesamteigentum. Das Rechtsverhältnis, die einfache Gesellschaft, fehlt.

  Die Ehegatten stehen unter dem Güterstand der allgemeinen Gütergemeinschaft (ZGB 221 ff.). Das erworbene Grundstück fällt, wenn es Gesamtgutscharakter[103] aufweist, kraft Güterrechts ins Gesamteigentum beider Ehegatten (ZGB 222 Abs. 2).

  Merke: Im zweiten Beispiel wäre das Grundstück ausserbuchlich selbst dann im Gesamteigentum beider Ehegatten, wenn z.B. nur die Frau als Alleineigentümerin ins Grundbuch eingetragen worden wäre und der Mann am Erwerbsgeschäft nicht beteiligt war. In diesem Fall kann der Ehemann unter Vorlage des Ehevertrags die Eintragung beider Ehegatten als Gesamthänder im Grundbuch verlangen (ZGB 665 Abs. 3 ZGB).

- Bei Miteigentum müssen die Anteile der Miteigentümer angegeben werden.

  Beispiele: A und B erwerben je zu einem Zweitel oder A erwirbt 3/5 und B erwirbt 2/5.

- Allenfalls müssen separate Zustimmungserklärungen von Dritten beigebracht werden.

102 Dazu Schmid/Hürlimann-Kaup, § 16 Rz 846 mit weiteren Hinweisen.

103 Eigengut sind hier nur die persönlichen Gebrauchsgegenstände (ZGB 225 Abs. 2). Folglich sind bei der allgemeinen Gütergemeinschaft grundsätzlich alle Vermögensbestandteile u. alle Einkünfte der Ehegatten Gesamtgut (ZGB 222 Abs. 1).

Beispiele:

- Zustimmung der KESB nach ZGB 416 Abs. 1 Ziff. 4
- Erwerbsbewilligung nach BGBB oder nach BewG
- Zustimmung des Ehegatten nach ZGB 169
- Zustimmung der Steuerverwaltung nach DBG 172, wenn einer der Veräusserer seinen Wohnsitz im Ausland hat

- Auf der Grundbuchanmeldung müssen alle von einer grundbuchlichen Operation betroffenen Grundstücke aufgeführt werden.[104]

3.4.3 Die Entstehung durch Gesetz

Liegt ein *gesetzlicher Entstehungsgrund* vor, muss je nach anwendbarer Gesetzesbestimmung der entsprechende *Rechtsgrundausweis* vorgelegt werden.

Beispiele:

- Entscheid der zuständigen Behörde bei Enteignung
- Steigerungsprotokoll bei Zwangsvollstreckung
- Ehescheidungsurteil
- Erbenschein (ZGB 559) bei Tod des Eigentümers[105]
- Verfügung des Gerichts bei ausserordentlicher Ersitzung (ZGB 662 Abs. 3)[106]
- Aneignung (ZGB 658, s. S. 86)

3.5 Der Untergang

Gemäss ZGB 666 geht das Grundeigentum mit der *Löschung* des Eintrags sowie mit dem vollständigen *Untergang* des Grundstücks unter.

Mit Untergang des Grundstücks ist ein tatsächlicher Untergang (z.B. durch dauerhafte Überschwemmung einer Liegenschaft) gemeint.

Die Löschung des Eintrags erfolgt i.d.R., wenn gleichzeitig ein neuer Eigentümer kraft eines oben dargelegten Entstehungsgrunds im Grundbuch eingetragen wird. Das heisst, das alte Eigentum geht unter, das neue entsteht.

Möglich, wenn auch im Gesetz nicht erwähnt, ist auch die sog. *Dereliktion* von Liegenschaften. Dabei handelt es sich um einen Verzicht auf Eigentum: Der

104 Vgl. zur Grundbuchanmeldung die Ausführungen auf S. 56 f. sowie S. 186 f.

105 In ZGB 559 sind nur die eingesetzten Erben erwähnt, die Praxis anerkennt aber auch Erbenscheine für gesetzliche Erben, vgl. zu den Erbenscheinen auch MUSA Nrn. 551 ff.

106 Bei der ordentlichen Ersitzung (ZGB 661) gibt es keine Änderung im Grundbuch, sondern der ungerechtfertigte Grundbucheintrag wird kraft Zeitablauf unanfechtbar.

Grundeigentümer erklärt, er wolle sein Eigentum aufgeben, ohne dass er es auf ein neues Rechtssubjekt überträgt.[107] Es reicht eine schriftliche Dereliktionserklärung an das Grundbuchamt, die Unterschrift muss beglaubigt sein. Allenfalls ist zu prüfen, ob zur Dereliktion noch die Zustimmung von an der Liegenschaft beteiligten Dritten eingeholt werden muss.[108] Bei einem Verzicht auf einen Miteigentumsanteil wächst dieser Anteil den übrigen Miteigentümern im Verhältnis ihrer Anteile ohne Weiteres an. Es entsteht somit für den Anteil des Verzichtenden kein herrenloses Grundstück.

Solche derelinquierten oder eben *herrenlose Liegenschaften* können gestützt auf ZGB 658 von anderen angeeignet werden, wozu grundsätzlich die Abgabe einer einfach-schriftlichen Grundbuchanmeldung genügt. Dabei gilt es zwei Schwierigkeiten zu beachten: Zum einen gibt es gewisse Kantone, in denen eine solche Aneignung ausgeschlossen ist, weil das derelinquierte Grundstück kraft kantonalen Rechts an den Staat fällt. Die Zulässigkeit solcher Regelungen ist juristisch umstritten. Zum anderen darf diese Art der Herrenlosigkeit nicht mit der in ZGB 664 erwähnten verwechselt werden. In ZGB 664 geht es um Grundstücke, die aufgrund ihrer natürlichen Beschaffenheit im Gemeingebrauch stehen und deren Schicksal deshalb vom öffentlichen Recht bestimmt wird (vgl. S. 31 f.).

3.6 Die richterlichen Massnahmen bei fehlendem Verfügungsrecht

Gestützt auf ZGB 666a und 666b kann das Gericht bei *unauffindbarem Eigentümer* oder bei *Fehlen der vorgeschriebenen Organe* auf Antrag hin die erforderlichen Massnahmen treffen, wozu auch die Bestellung eines Vertreters gehört.

> **Beispiel:** Wenn eine Aktiengesellschaft keinen Verwaltungsrat mehr hat, also niemanden, der für die Aktiengesellschaft handeln würde, kann man nach ZGB 666b das Gericht anrufen.

107 Vgl. zur Dereliktion SCHMID/HÜRLIMANN-KAUP, § 16 Rz 868.

108 Dazu SCHMID/HÜRLIMANN-KAUP, § 16 Rz 868; s. zur Dereliktion von Mit- oder Stockwerkeigentumsanteilen BGE 129 III 216 = Pra 2003, 1071 ff.

ZGB 666a

D. Richterliche Massnahmen
I. Bei unauffindbarem Eigentümer

[1] Lässt sich der im Grundbuch eingetragene Eigentümer nicht identifizieren, ist sein Wohnort unbekannt oder ist von einem oder mehreren seiner Erben der Name oder Wohnort unbekannt, so kann das Gericht auf Antrag die erforderlichen Massnahmen anordnen.

[2] Insbesondere kann das Gericht einen Vertreter ernennen. Es legt auf Antrag den Umfang der Vertretungsmacht fest. Bestimmt es nichts anderes, so beschränkt sich diese auf erhaltende Massnahmen.

[3] Antrag auf Anordnung von Massnahmen stellen kann:

1. jede Person, die ein schutzwürdiges Interesse hat;
2. das Grundbuchamt am Ort des Grundstücks.

[4] Die Anordnung von Massnahmen unterbricht die Frist für eine ausserordentliche Ersitzung nicht.

ZGB 666b

II. Bei Fehlen der vorgeschriebenen Organe

Verfügt eine im Grundbuch als Eigentümerin eingetragene juristische Person oder andere Rechtsträgerin nicht mehr über die vorgeschriebenen Organe, so kann jede Person, die ein schutzwürdiges Interesse hat, oder das Grundbuchamt am Ort des Grundstücks dem Gericht beantragen, die erforderlichen grundstücksbezogenen Massnahmen anzuordnen.

Beispiel: Auf einem Grundbuchamt ging die Anfrage einer Gemeinde ein, welche im Zusammenhang mit steuerrechtlichen Fragen herausgefunden hatte, dass Eigentümer des Grundstücks Nr. 100 ein Schützenverein X war, welcher bereits vor über fünfzig (!) Jahren liquidiert wurde. Die Anfrage lautete dahingehend, wie sachenrechtlich nun das weitere Vorgehen sei. Seit dem 1. Januar 2012 kann das Grundbuchamt der Gemeinde nun mitteilen, dass dieser Fall unter ZGB 666b fällt und dass die Gemeinde eine antragsberechtigte Person i.S.v. ZGB 666a Abs. 3 Ziff. 1 ist. Welche Massnahmen nun das Gericht konkret anordnen soll, ist fraglich. Denkbar wäre z.B. die Ernennung eines Vertreters, der das Grundstück verkauft.[109] Denkbar wäre auch die Abgabe einer Dereliktionserklärung des vom Gericht ernannten Vertreters oder des Gerichtes selber; damit würde die Liegenschaft herrenlos.

3.7 Sonderfall: dominierte Grundstücke

Bei den *dominierten Grundstücken* – auch *Anmerkungsgrundstücke* genannt – handelt es sich um Grundstücke, die im Eigentum der jeweiligen Eigentümer der *dominierenden Grundstücke* stehen (sog. subjektiv-dingliche Verknüpfung von

109 Es stellt sich alsdann die Frage, was mit dem Verkaufserlös passiert. Die bundesrätliche Botschaft sieht zwingend eine Hinterlegung vor (BBl 2007 5304). Die kantonale Gerichtspraxis folgt dieser Lösung nicht in jedem Fall, s. dazu ZBGR 2014, 54 ff.

Grundstücken). Sie teilen das Schicksal des oder der Hauptgrundstücke und können nicht gesondert verpfändet oder belastet werden (ZGB 655a).[110]

Beispiel: Gegeben seien fünf Grundstücke mit den Nrn. 100 bis 500 in der Gemeinde Musterdorf, je überbaut mit einem Einfamilienhaus. Das Grundstück Nr. 1'000 ist als dominiertes Grundstück ausgestaltet und steht im Miteigentum der jeweiligen Eigentümer der Nrn. 100 bis 500. Graphisch lässt sich die Situation wie folgt darstellen:

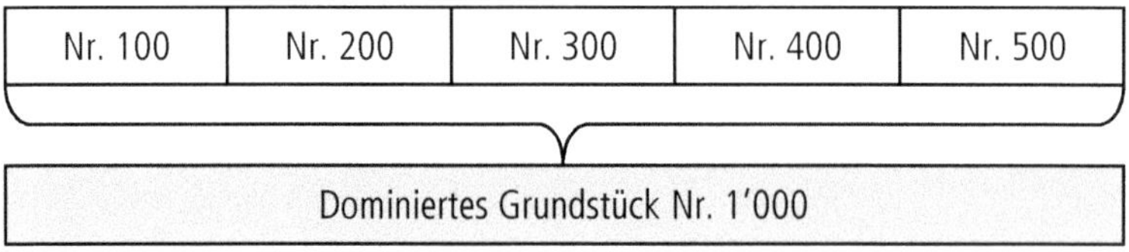

Die Eigentümerspalte des Grundstücks Nr. 1'000 lautet wie folgt:

- LIG Musterdorf 100 Anteil 1/5 (Dominierendes Grundstück)
- LIG Musterdorf 200 Anteil 1/5 (Dominierendes Grundstück)
- ... usw. für Nrn. 300 bis 500

Verkauft nun der Eigentümer des Grundstücks Nr. 200 seine Liegenschaft an einen Dritten, so geht automatisch 1/5 Anteil des Grundstücks Nr. 1'000 in das Eigentum des Dritten über, ohne dass das Grundbuch für das Grundstück Nr. 1'000 geändert werden müsste. Hingegen kann der Eigentümer des Grundstücks Nr. 300 ein Grundpfandrecht nur auf dieses Grundstück legen. Ein Gesamtpfandrecht mit dem Grundstück Nr. 1'000 ist nicht möglich und auch nicht nötig, der Anteil von 1/5 gilt automatisch als mitverpfändet, ohne dass dies auf dem Grundbuchblatt von Nr. 1'000 ersichtlich wäre. Ebenso wäre automatisch 1/5 des Grundstücks Nr. 1'000 von einem auf Grundstück Nr. 400 eingetragenen Nutzniessungsrecht erfasst. Hingegen ist es möglich, dass die Eigentümer der Nrn. 100 bis 500 auf dem Grundstück Nr. 1'000 ihrem Nachbarn mit der Nr. 600, dessen Grundstück durch dieselbe Strasse erschlossen wird, der aber nicht zur Miteigentümergemeinschaft der Nr. 1'000 gehört, ein Wegrecht einräumen. In diesem Fall würde in der Spalte Dienstbarkeiten auf dem Grundstück Nr. 1'000 der Eintrag «Wegrecht zugunsten Nr. 600» zu finden sein.[111]

110 Siehe dazu auch Handbuch Ziff. 3.2.1.2 u. 3.8.

111 Nach Ansicht der Schreibenden ist eine solche Dienstbarkeit trotz des (hier zu absolut geratenen) Wortlautes von ZGB 655a Abs. 1 letzter Satz möglich. So auch Handbuch, Ziff. 3.2.1.2 u. 3.8.7; BGE 130 III 306 sowie PFÄFFLI/BYLAND, SJZ 2011, 226 f; SCHMID, ZBGR 2010, 375.

Grundbuchtechnisch sieht das Ganze auf der Seite des dominierenden Grundstücks wie folgt aus:

Dominierte Grundstücke
Musterdorf 345/3093 zu 1/7

Auf der Seite des dominierten Grundstücks sieht es folgendermassen aus:

Musterdorf / 3093

Grundstückbeschreibung

Gemeinde	345 Musterdorf	
Grundstück-Nr.	3093	
Grundstückart	Liegenschaft	
E-GRID	CH 28654 63548 66	
Fläche	613 m², Aus Koordinaten berechnete Fläche, Definitiv anerkanntes Vermessungswerk	
Plan-Nr.	1253	
Belastete Teilflächen	Belastet mit	Musterdorf 345/2259, 613 m² Musterdorf 345/2260, 613 m²
Lagebezeichnung	Florastrasse Rindermatte Schoren	
Bodenbedeckung	Strasse, Weg, 441 m² Gartenanlage, Hofraum, 172 m²	
Gebäude / Bauten	Fernheizzentrale Gebäude steht nur zum Teil auf LIG 3093 Gebäude gehört zu BR 2259	Florastrasse 14a, 3087 Musterdorf
Anmerkungen amtl. Vermessung		
Bemerkungen		

Dominierte Grundstücke
Keine

Amtliche Bewertung

Amtlicher Wert CHF	Ertragswert gemäss BGBB CHF	Gültig ab Steuerjahr
(0) 0		2015

Eigentum

(Dominierendes Grundstück) Musterdorf 345/1507 zu 1/7	03.09.1964 002-IV/2000 Begründung Anmerkungsparzelle
(Dominierendes Grundstück) Musterdorf 345/3555 zu 1/7	03.09.1964 002-IV/2000 Begründung Anmerkungsparzelle
(Dominierendes Grundstück) Musterdorf 345/3556 zu 1/7	03.09.1964 002-IV/2000 Begründung Anmerkungsparzelle
(Dominierendes Grundstück) Musterdorf 345/3557 zu 1/7	03.09.1964 002-IV/2000 Begründung Anmerkungsparzelle
(Dominierendes Grundstück) Musterdorf 345/3558 zu 1/7	03.09.1964 002-IV/2000 Begründung Anmerkungsparzelle
(Dominierendes Grundstück) Musterdorf 345/3559 zu 1/7	03.09.1964 002-IV/2000 Begründung Anmerkungsparzelle
(Dominierendes Grundstück) Musterdorf 345/3560 zu 1/7	03.09.1964 002-IV/2000 Begründung Anmerkungsparzelle

3.8 Die Darstellung im Grundbuch

Alleineigentümer werden im Grundbuch mit den folgenden Angaben eingetragen (vgl. GBV 90 Abs. 1 Bst.a und b i.V.m. GBV 94):

- Natürliche Personen (ZGB 11 ff.): Name, Vorname und Geburtsdatum;[112]
- Juristische Personen (ZGB 52 ff.) sowie Kollektiv- und Kommanditgesellschaften (OR 552 ff. bzw. 594 ff.): Firma oder Name, Sitz und Rechtsform, wenn diese nicht aus der Firma oder dem Namen hervorgeht, sowie UID;
- Einzelunternehmen (vgl. OR 945): Name, Vorname und Geburtsdatum des Inhabers.

Beispiele:

Eigentum

Alleineigentum Roth Stefan, 11.09.1958	09.11.1990 025-1990/4000/0 Schenkung

Eigentum

Alleineigentum Stucki und Co., vorm. Stucki, Mühlematter und Co., Kommanditgesellschaft in Finsterhennen	17.12.2003 020-2003/2197/0 Kauf
	16.11.2010 037-2010/5079/0 Kauf

Gemeinschaftliches Eigentum wird im Grundbuch unter Angabe des konkreten Rechtsverhältnisses eingetragen (vgl. GBV 90 Abs. 1 Bst.c i.V.m. GBV 94 und 96):

- *Gesamteigentum* (ohne Angabe der internen Anteile, vgl. GBV 96):
  - Gütergemeinschaft (ZGB 221 ff.)
  - Gemeinderschaft (ZGB 336 ff.)
  - Erbengemeinschaft (ZGB 602 ff.)
  - einfache Gesellschaft (OR 530 ff.)[113]

112 Künftig könnte es sein, dass entsprechend der UID bei juristischen Personen die AHV-Versichertennummer bei natürlichen Personen zum Einsatz kommt. Vgl. nZGB 949b sowie BBl 2014 3551 ff.

113 Bei Ehegatten, die als einfache Gesellschaft zu gesamter Hand ein Grundstück erwerben, wird im Kaufvertrag (Rechtsgrundausweis) auch etwa von der sog. «Ehegattengesellschaft» gesprochen. Dabei handelt es sich nicht um eine gesetzlich vorgesehene Art der Gesellschaft, weshalb dies im Grundbuch auch nicht so eingetragen würde. Vielmehr handelt es sich hierbei um einen landläufigen Begriff zur Beschreibung der einfachen Gesellschaft unter Ehegatten.

- *Miteigentum* (ZGB 646 ff., gemäss GBV 96 Abs. 1 ist zusätzlich der Anteil jedes Miteigentümers durch einen entsprechenden Zusatz («zu 1/2», «zu 1/3» usw.) im Grundbuch anzugeben).

Beispiele:

Eigentum

Gesamteigentum	
Erbengemeinschaft Peck Oskar Otto	
Peck Gregory, 05.04.1931	06.01.2015 035-2015/10/0 Erbgang vom 1.10.2013
Peck Patrick, 01.07.1986	06.01.2015 035-2015/10/0 Erbgang vom 1.10.2013
Peck Stefanie, 26.05.1989	06.01.2015 035-2015/10/0 Erbgang vom 1.10.2013

Eigentum

Miteigentum zu 1/2	
Morrison Michael, 24.05.1948	10.08.1982 025-1982/2000/0 Erbgang vom 16.03.1982
Miteigentum zu 1/2	
Widmark Richard, 23.02.1980	28.01.2015 035-2015/100/0 Abtretung auf Rechnung künftiger Erbschaft

Eigentum

Gemeinschaftliches Miteigentum zu 1/2	
Einfache Gesellschaft	
Pooh Winnie, 30.12.1970	27.11.2008 020-2008/2000/0 Kauf
Merida Jasmin, 07.08.1970	27.11.2008 020-2008/2000/0 Kauf
Miteigentum zu 1/2	
Fabius Louie, 14.10.1969	27.11.2008 020-2008/2000/0 Kauf

4 Die Dienstbarkeiten

4.1 Der Begriff

Dienstbarkeiten sind *Nutzungs- und Gebrauchsrechte*, mit denen der jeweilige Eigentümer des belasteten Grundstücks verpflichtet wird, etwas zu *dulden* oder zu *unterlassen* (vgl. ZGB 730 Abs. 1).[114]

Beispiele:

Der Eigentümer des belasteten Grundstücks muss seinem Nachbarn zugestehen, dass er seinen Weg begeht oder befährt, weil ein Wegrecht zugunsten des Nachbargrundstücks besteht (Dulden).

Der Eigentümer eines Grundstücks darf keine Bäckerei betreiben, da auf seinem Grundstück ein Gewerbeverbot lastet (Unterlassen).

Der Betrieb einer Schweinefarm auf dem belasteten Grundstück ist unzulässig, da auf dem Grundstück ein Immissionsverbot liegt. D.h., es darf auf dem belasteten Grundstück kein übelriechendes und/oder lautes Gewerbe betrieben werden (Unterlassen).

Die *Dienstbarkeit* ist ein *beschränktes dingliches Recht*. Das bedeutet, dass die Dienstbarkeit nicht nur zwischen den Parteien des Dienstbarkeitsvertrags gilt, sondern auch gegenüber am Vertrag nicht beteiligten Dritten, sofern sie im Grundbuch eingetragen ist.[115]

Beispiel: Frau X verkauft ihr Grundstück, auf welchem ein Wegrecht zugunsten des Nachbarn eingetragen ist. Auch der Käufer des Grundstücks muss dieses Wegrecht dulden, auch wenn er am Dienstbarkeitsvertrag nicht als Partei beteiligt war. Ebenso müsste in einer Zwangsvollstreckung gegen Frau X der Ersteigerer der Liegenschaft das Wegrecht dulden. Im Zwangsvollstreckungsrecht spricht man davon, dass dem Ersteigerer die Lasten «überbunden» werden (Ausnahme: Doppelaufruf, vgl. S. 71 f.) Näheres zum ganzen Problem, vor allem zur Frage, wie das Stichwort formuliert sein muss, S. 103 f.

114 Die Nutzniessung ist die einzige Dienstbarkeit, die auch an beweglichen Sachen bestellt werden kann.

115 Zu den Dienstbarkeiten SCHMID/HÜRLIMANN-KAUP, § 24–26; s. dazu auch Handbuch Ziff. 4.

4.2 Die Arten

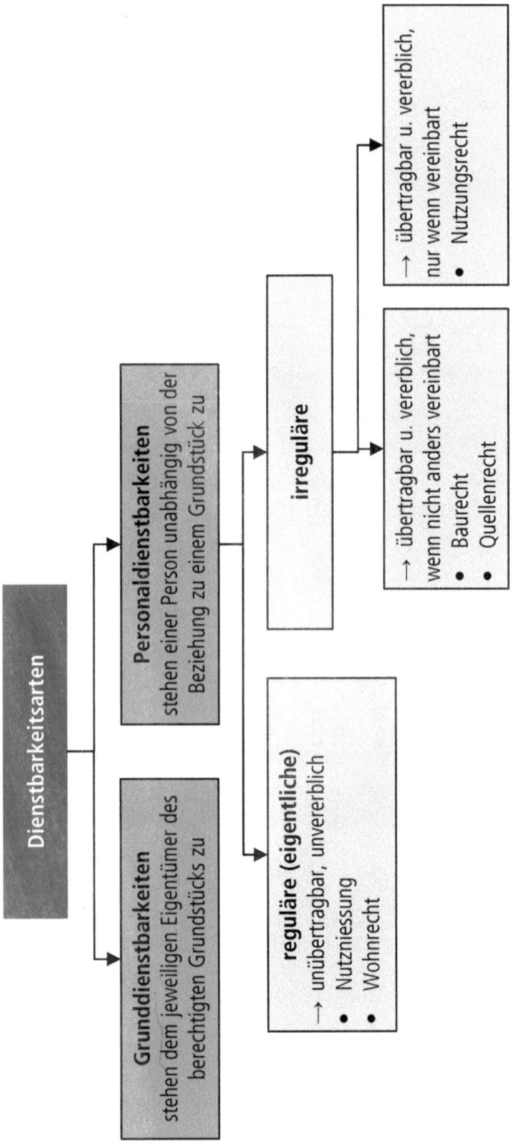
Dienstbarkeitsarten
Grunddienstbarkeiten
stehen dem jeweiligen Eigentümer des berechtigten Grundstücks zu
Personaldienstbarkeiten
stehen einer Person unabhängig von der Beziehung zu einem Grundstück zu
reguläre (eigentliche)
→ unübertragbar, unvererblich
• Nutzniessung
• Wohnrecht
irreguläre
→ übertragbar u. vererblich, wenn nicht anders vereinbart
• Baurecht
• Quellenrecht
→ übertragbar u. vererblich, nur wenn vereinbart
• Nutzungsrecht

4.2.1 Die Grund- und Personaldienstbarkeiten

Dienstbarkeitsberechtigter kann der jeweilige Eigentümer eines anderen Grundstücks sein (*Grunddienstbarkeit*, auch als Realdienstbarkeit bezeichnet) oder eine bestimmte Person (*Personaldienstbarkeit*).

Beispiele:

Grunddienstbarkeiten: Leitungsrecht z.G. LIG Musterdorf 740/1020; Wegrecht z.G. LIG Musterdorf 740/1020.

Personaldienstbarkeiten: Wohnrecht z.G. Emma Müller, geb. 00.00.0000; Nutzniessung an einem Teil z.G. Müller Adelheid, geb. 00.00.0000).

4.2.2 Die regulären und irregulären Personaldienstbarkeiten

Bei den eigentlichen (*regulären*) Personaldienstbarkeiten ist immer eine bestimmte Person berechtigt, daher sind sie *immer unübertragbar und unvererblich*. Hierzu zählen die Nutzniessung und das Wohnrecht.

Die *irregulären* Personaldienstbarkeiten hingegen sind *grundsätzlich übertragbar und vererblich*, wenn es nicht anders vereinbart worden ist, so z.B. das Baurecht (vgl. ZGB 779 Abs. 2) und das Quellenrecht (vgl. ZGB 780 Abs. 2). Bei den übrigen Personaldienstbarkeiten ist es gerade umgekehrt: Wenn es nicht speziell vereinbart wird, sind sie nicht übertragbar und nicht vererblich (vgl. ZGB 781). Wichtigstes Beispiel dafür ist das Nutzungsrecht.

Merke: Wenn irreguläre Personaldienstbarkeiten selbstständig und dauernd ausgestaltet werden sollen, müssen sie zwingend übertragbar und vererblich sein.

4.2.3 Die selbstständigen und dauernden Rechte

Das Gesetz definiert in ZGB 655 Abs. 3 die *selbstständigen und dauernden Rechte (SDR)* wie folgt:

ZGB 655 Abs. 3

A. Gegenstand
I. Grundstücke

1 [...]

2 [...]

3 Als selbstständiges und dauerndes Recht kann eine Dienstbarkeit an einem Grundstück in das Grundbuch aufgenommen werden, wenn sie:

1. weder zugunsten eines berechtigten Grundstücks noch ausschliesslich zugunsten einer bestimmten Person errichtet ist; und
2. auf wenigstens 30 Jahre oder auf unbestimmte Zeit begründet ist.

Bei den *selbstständigen und dauernden Rechten* handelt es sich demnach um *Personaldienstbarkeiten*, die frei übertragbar sein müssen und die auf dreissig Jahre oder länger begründet sind (betreffend Wassernutzungsrechte vgl. nachfolgenden Text).[116]

Beispiel: Der Eigentümer (A) einer Liegenschaft gestattet dem B, auf seinem Bauland ein Haus zu erstellen. D.h., A gewährt B ein «Recht zum Bauen». Dieses Recht wird als Dienstbarkeit (Baurecht) z.G. von B (übertragbar und vererblich; ZGB 779 Abs. 2) auf die Dauer von 50 Jahren (vgl. ZGB 655a Abs. 3 Ziff. 2 i.V.m. 779l Abs. 1) ausgestaltet. Für das Baurecht kann nun im Grundbuch ein separates Grundbuchblatt eröffnet werden (s. dazu nachfolgend).

Merke: Baurechte können als selbstständige und dauernde Rechte höchstens auf 100 Jahre begründet werden (ZGB 779l Abs. 1). Sie können jedoch jederzeit mittels öffentlicher Beurkundung um weitere 100 Jahre verlängert werden (ZGB 779l Abs. 2).

Die selbstständigen und dauernden Rechte können gestützt auf ein schriftliches Begehren der berechtigten Person (GBV 22) als *Grundstücke* in das Grundbuch aufgenommen werden. Sie erhalten so ein eigenes Grundbuchblatt und werden damit zu Objekten des Grundstückverkehrs.[117] Das bedeutet unter anderem, dass sie für die Gewährung eines Kredits mit Grundpfandrechten belastet werden können, was einer der Hauptgründe für die hohe Praxisrelevanz der selbstständigen und dauernden Rechte ist. Auch ist der Dienstbarkeitsberechtigte als «Eigentümer» auf dem Grundbuchblatt des selbstständigen und dauernden Rechts eingetragen.

Beispiel: Ein selbstständiges und dauerndes Baurecht Nr. 200 (Eigentum: Herr Hans Muster) auf dem Bodengrundstück Nr. 100 (Eigentum: Burgergemeinde Musterdorf) wird grundbuchtechnisch wie folgt dargestellt:

Eintrag auf Grundbuchblatt Nr. 100

Dienstbarkeiten

18.12.2009 025-2009/632	(L) SDR Baurecht bis 31.01.2108 ID.025-2009/014961 z.G. SDR Musterdorf 345/200

116 Siehe dazu auch MUSA Nrn. 654 ff. (Baurechtsverträge).

117 Für eine Ausnahme siehe unten bei Fn 123.

Grundbuchblatt von Musterdorf Nr. 200

Musterdorf / 200

Grundstückbeschreibung

Gemeinde	345 Musterdorf	
Grundstück-Nr.	200 (geometrisch definiert)	
Grundstückart	Selbständiges und dauerndes Recht (Baurecht)	
E-GRID	CH 47550 07735 09	
18.12.2009 025-2009/632	(R) SDR Baurecht, bis 31.01.2108 ID.025-2009/014961 z.L. LIG Musterdorf 345/100	
Fläche	1'376 m², Aus Koordinaten berechnete Fläche, Definitiv anerkanntes Vermessungswerk	
Plan-Nr.	2268 2288	
Belastete Teilflächen	Lastend auf	Musterdorf 345/1717 1376 m²
Lagebezeichnung	Jasminweg Eichfeld Musterdorf	
Gebäude / Bauten	Betriebsgebäude	Jasminweg 2, 3087 Musterdorf

Anmerkungen amtl. Vermessung
Bemerkungen

Dominierte Grundstücke
Keine

Amtliche Bewertung

Amtlicher Wert CHF	Ertragswert gemäss BGBB CHF	Gültig ab Steuerjahr
306'470		2009

Eigentum
Alleineigentum
Hans Muster, 22.02.1981 — 18.12.2009 025-2009/632 Baurechtsvertrag

Anmerkungen
Keine

Dienstbarkeiten
Keine

Grundlasten
Keine

Vormerkungen
18.12.2009 025-2009/632 Vereinbarung betreffend Heimfall ID.025-2009/013593

Pfandrechte
18.12.2009 025-2009/632 Namen-Grundpfandverschreibung, Fr. 58'080.00, 1. Pfandstelle, Baurechtszins-Sicherung, Einzelpfandrecht
Grundpfandgläubiger Einwohnergemeinde Musterdorf

Hängige Geschäfte
Geometergeschäfte bis 31.12.2015 Keine
Grundbuchgeschäfte bis 31.12.2015 Keine

Dienstbar-
keiten

Merke: In der Praxis wird oft die Übertragung eines SDR (i.d.R. ein Baurecht) von der Zustimmung des mit dem SDR belasteten Grundeigentümers abhängig gemacht. Dabei stösst man hier und da auf Formulierungen, wonach sinngemäss der belastete Grundeigentümer die Zustimmung grundlos bzw. nach Gutdünken verweigern könne. Solche Vertragsklauseln sind mit der *erforderlichen Selbstständigkeit des SDR nicht vereinbar*. Ein entsprechendes Zustimmungserfordernis kann nur vereinbart werden, wenn die Zustimmung aus genau umschriebenen oder wichtigen Gründen verweigert werden kann, z.B. wenn der Übernehmer eines SDR nicht kreditwürdig ist oder nicht bereit, alle Rechte und Pflichten aus dem bestehenden Vertrag zu übernehmen.[118] Wenn im Baurechtsvertrag in zulässiger Weise die Zustimmung des belasteten Grundeigentümers zur Veräusserung des Baurechts vorbehalten wurde, so ist gemäss bundesgerichtlicher Rechtsprechung das Grundbuchamt beim Vollzug einer solchen Veräusserung weder berechtigt noch verpflichtet, diese Zustimmung zu verlangen. Der Baurechtsnehmer ist allein verfügungsberechtigt, der belastete Grundeigentümer ist durch das ihm zustehende gesetzliche Vorkaufsrecht (ZGB 682 Abs. 2)[119] geschützt.[120] Der soeben erörterte Entscheid erging vor dem Inkrafttreten der Sachenrechtsrevision vom 11. Dezember 2009.[121] Es stellt sich die Frage, ob die Rechtslage eine andere ist, wenn der Zustimmungsvorbehalt zugunsten des belasteten Grundeigentümers im Grundbuch vorgemerkt ist, was nach ZGB 779b Abs. 2 neu möglich ist. Einer solchen Vormerkung könnten zwei Bedeutungen zugemessen werden. Sie kann einerseits so verstanden werden, dass dem Grundbuchverwalter bei Vorhandensein einer entsprechenden Vormerkung die Zustimmung des belasteten Grundeigentümers eingereicht werden muss, ansonsten er keine Handänderung am SDR im Grundbuch eintragen darf. Sie kann aber auch dahingehend verstanden werden, dass – analog zur Rechtslage beim Vorkaufsrecht – die Vormerkung die Verfügungsbefugnis des Baurechtsberechtigten nicht einschränkt, entsprechende Handänderungen vom Grundbuchamt also auch ohne Zustimmung des belasteten Grundeigentümers eingetragen werden dürften. Die Vormerkung hätte bei dieser Auffassung lediglich die Folge, dass das Grundbuchamt den belasteten Grundeigentümer über die erfolgte Handänderung am SDR nach ZGB 969 avisieren müsste. Die Frage ist noch nicht geklärt. Der vorsichtige Grundbuchverwalter wird wohl der ersten Auffassung zugeneigt sein, da hier doch das Verfügungsrecht unklar ist.

118 SCHMID/HÜRLIMANN-KAUP, § 26 Rz 1328 mit weiteren Hinweisen.

119 Wird ein Baurecht (SDR) verkauft, besteht ein gesetzliches Vorkaufsrecht zugunsten des Eigentümers des Bezugsgrundstücks (regelmässig eine Liegenschaft oder ein Baurecht). Umgekehrt besteht ein gesetzliches Vorkaufsrecht des Baurechtsberechtigten am belasteten Grundstück (ZGB 682 Abs. 2). Zu den Vormerkungen im Rahmen des Baurechts s. auch S. 130 ff.

120 BGE 135 III 103; Urteil der Vorinstanz in BVR 2009, 63 ff.

121 BBl 2007 5283 ff.

Gegenstand eines selbstständigen und dauernden Rechts können nebst Baurechten auch andere Rechte sein.

> **Beispiele:** Nutzungsrechte, Quellen- und Wasserrechte, Fischezenrechte[122] etc.

Auch wenn nach dem Wortlaut von ZGB 655 Abs. 2 Ziff. 2 die selbstständigen und dauernden Rechte als Grundstücke gelten, sind doch die Regeln des Eigentums für sie nur analog anwendbar und es ist jeweils zu berücksichtigen, dass sie im Grunde eben Dienstbarkeiten sind. So kann z.B. das Eigentum an einem selbstständigen und dauernden Recht nicht durch Dereliktion aufgegeben werden, weil damit nicht ein herrenloses Grundstück entstehen würde, sondern die Dienstbarkeit als Ganzes unterginge.[123]

Selbstständige und dauernde Rechte können auch gestützt auf Bestimmungen des öffentlichen Rechts entstehen. So können gestützt auf WRG 59 die auf wenigstens 30 Jahre eingeräumten Wassernutzungsrechte (öfters auch Wasserrechte genannt) als selbstständiges und dauerndes Recht im Grundbuch aufgenommen werden. Gegenstand des selbstständigen und dauernden Rechts ist hier also nicht eine Dienstbarkeit, sondern eine gestützt auf öffentliches Recht des Bundes erteilte Konzession[124].

4.3 Die Entstehung

4.3.1 Die Entstehung durch Vertrag

a) Die Form

Seit dem 1. Januar 2012 müssen *Rechtsgeschäfte* über die Errichtung einer Grund- oder Personaldienstbarkeit (Vertrag) *öffentlich beurkundet* werden (ZGB 732 Abs. 1 und 781 Abs. 3).[125] Vorher konnten Dienstbarkeitsverträge grundsätzlich einfach-schriftlich abgeschlossen werden. Ausnahmen bestanden etwa für Nutzniessungen und Wohnrechte sowie für Dienstbarkeiten, mit welchen gesetzliche Eigentumsbeschränkungen geändert wurden, wie z.B. Näherbaurechte (ZGB 680 Abs. 2).

122 Siehe Fn 8.

123 BGE 118 II 115.

124 Unter einer Konzession versteht man die Verleihung eines Rechts zur Ausübung einer wirtschaftlichen Tätigkeit, die nach der rechtlichen Grundordnung dem Gemeinwesen vorbehalten ist (s. dazu TSCHANNEN/ZIMMERLI/MÜLLER, § 45 Rz 15).

125 Siehe dazu MUSA Nrn. 651 ff. (Grund- und Personaldienstbarkeitsverträge).

b) Der Inhalt

Wichtig für den *Rechtsgrundausweis* sind aus grundbuchrechtlicher Sicht folgende Punkte:

- Angabe von Dienstbarkeitsberechtigtem und -belastetem;
- genauer Inhalt des *dinglichen Teils* der Dienstbarkeit (vgl. S. 103);
- genauer Inhalt des *realobligatorischen Teils* der Dienstbarkeit;

  Merke: Die obligatorischen Teile des Vertrags sind aus notarieller Sicht selbstverständlich ebenfalls klar und deutlich abzufassen. Für die Eintragung im Grundbuch hingegen sind sie grundsätzlich irrelevant, selbst dann, wenn sie problematisch sind. Findet sich z.B. in einem Vertrag die Klausel, dass der Nutzniessungsberechtigte den amtlichen Wert der Liegenschaft nicht versteuern werde (was StHG 13 Abs. 2 widerspricht), so hindert das die Eintragung der Nutzniessung im Grundbuch nicht.

- Angabe, auf welchem Grundstück die Dienstbarkeit lasten soll;

  Merke: Die *Last* wird immer auf einem *Grundstück* eingetragen, beim *Recht* kann i.d.R. eine *Person oder* ein *Grundstück* angegeben werden.

- grundbuchliche Eintragungsbewilligung.

4.3.2 Die Entstehung durch Gesetz

Dienstbarkeiten können aber auch durch *Gesetz* entstehen (z.B. das Notwegrecht gemäss ZGB 694). Je nach gesetzlicher Ausgestaltung gilt die Dienstbarkeit ohne Eintrag im Grundbuch (z.B. gewisse Wegrechte nach kantonalem Recht) oder der Berechtigte hat gegenüber dem Verpflichteten einen Anspruch auf Eintrag, der im Streitfall klageweise geltend gemacht werden muss.

Sofern die vom Gesetz berechtigten und verpflichteten Parteien sich nicht einigen können (und entsprechende Verträge abschliessen), werden diese aufgrund des entsprechenden behördlichen Rechtsakts – beim obgenannten Beispiel des Notwegrechts wäre dies ein Urteil des zuständigen Zivilrichters – im Grundbuch eingetragen. Die Anmeldung beim Grundbuchamt erfolgt entweder direkt durch die den genannten Rechtsakt ausstellende Behörde (z.B. das Gericht) oder durch die durch diesen Rechtsakt berechtigte Person. Wenn z.B. im Urteil das Notwegrecht dem Eigentümer des Grundstücks Musterdorf Nr. 100 eingeräumt wurde, kann dieser das Urteil direkt beim Grundbuchamt abgeben. Im letzteren Fall wird die Eintragung im Grundbuch auch ohne Eintragungsbewilligung des belasteten Grundeigentümers vorgenommen (ZGB 963 Abs. 2). Gegenüber dem Grundbuchamt muss nachgewiesen werden, dass der Entscheid vollstreckbar ist. Dieser Nachweis wird i.d.R. mit einer sog. Rechtskraftbescheinigung erbracht.[126]

126 Siehe dazu auch S. 191.

4.4 Der Untergang

4.4.1 Der Untergang durch Löschungsbewilligung des Berechtigten

Der Dienstbarkeitsberechtigte kann auf sein Recht verzichten und dieses im Grundbuch löschen lassen. Die *Löschung* kann – wie generell alle Einträge im Grundbuch – durch *einfach-schriftliche* Erklärung erfolgen.[127] Im Internet finden sich entsprechende Formulare auf den Webseiten der zuständigen Grundbuchämter. Die Unterschriften müssen stets beglaubigt sein.

4.4.2 Der Untergang durch Gesetz

Dienstbarkeiten können von Gesetzes wegen erlöschen. In der Praxis am häufigsten ist der *Untergang* von unvererblichen Dienstbarkeitsrechten bei Tod des Dienstbarkeitsberechtigten, so bei Nutzniessungen und Wohnrechten (ZGB 749 Abs. 1, ZGB 776 Abs. 2). Diese Rechte könnten vom Grundbuchverwalter sogar v.A.w. gelöscht werden, so er denn Kenntnis vom betreffenden Sachverhalt erlangt (ZGB 976 Ziff. 2). In der Praxis wird häufig eine von einer Urkundsperson unterzeichnete Löschungsbewilligung eingereicht, zusammen mit der notariellen Feststellung, dass der Nutzniessungsberechtigte verstorben ist, oder unter Beilage eines entsprechenden Zivilstandsausweises.

Dasselbe gilt für befristete Dienstbarkeiten. Der Grundbuchverwalter kann solche Einträge v.A.w. löschen, wenn die Frist abgelaufen ist und der Eintrag deswegen jede rechtliche Bedeutung verloren hat (ZGB 976 Ziff. 1). Die Frist muss aus dem Eintrag im Grundbuch hervorgehen, eine Befristung nur im Beleg reicht nicht.

> **Beispiel:** Im Grundbuch ist folgende Dienstbarkeit eingetragen: «Nutzniessung bis am 31. Januar 2015 z.G. X». Am 1. Februar 2015 kann der Grundbuchverwalter – sofern er auf diesen Eintrag stösst – v.A.w. die Löschung vornehmen, da mit Fristablauf die Nutzniessung untergegangen ist.

Ist umstritten, ob eine Dienstbarkeit dahingefallen ist, kann eine Löschung auch durch ein Urteil des zuständigen Richters angeordnet werden.

> **Beispiel:** Fällt etwa die Wegnot infolge anderweitiger Erschliessung des dienstbarkeitsberechtigten Grundstücks weg und wird dies vom Berechtigten bestritten, so kann der Belastete die Löschung der seinerzeit wegen der Notsituation eingeräumten Dienstbarkeit gerichtlich verlangen.

127 Vgl. dazu auch die Möglichkeiten, das Eigentum aufzugeben, S. 85.

4.5 Der Dienstbarkeitsplan

ZGB 732 Abs. 2 lautet wie folgt:

ZGB 732 Abs. 2

2. Rechtsgeschäft

1 [...]

2 Beschränkt sich die Ausübung einer Dienstbarkeit auf einen Teil des Grundstücks und ist die örtliche Lage im Rechtsgrundausweis nicht genügend bestimmbar umschrieben, so ist sie in einem Auszug des Planes für das Grundbuch zeichnerisch darzustellen.

Dieser Vorschrift wird durch die Grundbuchführung Nachachtung verschafft, indem fehlende Pläne konsequent verlangt werden, sofern die örtliche Lage im Rechtsgrundausweis nicht anderweitig umschrieben werden kann.

Der *Dienstbarkeitsplan* bildet Bestandteil des Dienstbarkeitsvertrags. Aus grundbuchlicher Sicht wird darauf geachtet,

- dass der Verweis im Vertrag auf den Plan korrekt ist (richtiges Datum, richtiger Aussteller des Planes;
- dass der Verweis auf die eingezeichnete Dienstbarkeit korrekt ist;

  Beispiel: Wenn im Dienstbarkeitsvertrag von einer rot eingezeichneten Leitung die Rede ist und im Plan findet sich nur eine blaue Leitung, ist nicht klar, ob dem Grundbuchamt der richtige Plan eingereicht wurde. Die Farben müssen übereinstimmen.

- dass der Plan von den Vertragsparteien unterzeichnet (oder als Teil der öffentlichen Urkunde ausgefertigt) ist.

  Merke: bei ungünstigen Platzverhältnissen können die Unterschriften auch auf der Rückseite des Planes angebracht werden.

Zu Anfragen auf den Grundbuchämtern Anlass gegeben hat der BGer v. 1. November 2012, 5A_593/2012 = BGE 138 III 742, in welchem das Bundesgericht erkannt hat, dass ein *Architektenplan kein Plan* i.S.v. ZGB 732 Abs. 2 ist. Eine genaue Lektüre und Analyse des Entscheids ergibt folgende Präzisierungen:

- Die Einzeichnungen der diversen Dienstbarkeiten können nach wie vor von den Parteien selber vorgenommen werden.
- Beim Plan muss es sich um einen aktuellen Plan des Nachführungsgeometers mit sichtbaren Grundstückgrenzen und Grundstücknummern handeln.
- Je nach kantonaler Grundbuchpraxis wird eine Bestätigung des zuständigen Geometers bezüglich Richtigkeit des Plans verlangt oder es reicht ein Ausdruck aus einem im Internet zugänglichen Geoportal.

Im konkreten Fall aus dem Kanton Luzern war der entscheidende Punkt der, dass der dem Grundbuchamt eingereichte Plan *keine Gewähr* für den *effektiven Grenzverlauf* geboten hat.

4.6 Die Festlegung des Stichworts

4.6.1 Die Problematik

Eine Dienstbarkeit kann aus mehreren Teilen bestehen:

- dem *dinglichen Teil*, der auch gegenüber Dritterwerbern des berechtigten oder belasteten Grundstücks Geltung hat. Dieser Teil kann gemäss Gesetz nur aus einem Dulden oder Unterlassen bestehen;

  Beispiel: Der Eigentümer X des Grundstücks Nr. 100 muss dulden, dass der Eigentümer Y des Grundstücks Nr. 200 ein Wegrecht über das Grundstück Nr. 100 hat. Verkauft nun X das Grundstück Nr. 100 an Z, so muss Z dasselbe Wegrecht dulden.

- einem *realobligatorischen Teil*, der bedeutet, dass zwar kein dingliches Recht, sondern eine Obligation vorliegt, dass aber der Schuldner oder der Gläubiger durch eine sachenrechtliche Position (hier typischerweise Eigentum am berechtigten oder belasteten Grundstück) bestimmt wird. Dementsprechend geht diese Obligation ebenfalls auf den Erwerber des berechtigten oder belasteten Grundstücks über. Dieser Teil ergibt sich entweder aus einer nebensächlichen Handlungspflicht i.S.v. ZGB 730 Abs. 2 oder aus einer Unterhaltspflicht gemäss ZGB 741;

  Beispiel: Ausgangslage wie oben, Situation vor dem Verkauf; gemäss Dienstbarkeitsvertrag tragen die Eigentümer die Unterhaltskosten des Weges je zur Hälfte. Die Schuldner der Unterhaltskosten sind also durch das Eigentumsrecht an den Grundstücken Nr. 100 und Nr. 200 definiert (deshalb: Realobligation). Verkauft nun X das Grundstück Nr. 100 an Z, so sollte nach dem Wesen der Realobligation auch die Pflicht zur Unterhaltszahlung an Z übergehen.

- einem *obligatorischen Teil*, welcher nur zwischen den vertragsschliessenden Parteien Geltung beanspruchen kann, bei Erwerb des berechtigten oder belasteten Grundstücks also nicht auf den Erwerber übergeht.

  Beispiel: Ausgangslage wie oben, Situation vor dem Verkauf; gemäss Dienstbarkeitsvertrag muss der Y dem X für die Benutzung des Weges ein jährlich wiederkehrendes Entgelt zahlen. Dieses Entgelt kann nicht dingliche oder realobligatorische Wirkung haben (sonst wäre es eine Grundlast). Verkauft nun der Y dem A sein berechtigtes Grundstück, muss er die Schuld dem A ausdrücklich überbinden (Schuldübernahme nach OR). Verkauft der X dem Z sein belastetes Grundstück, muss er dem Z sein Gläubigerrecht an der Forderung abtreten (Zession nach OR).

Die Frage im Rahmen des zweiten oben dargelegten Punkts ist nun, ob die realobligatorische Verpflichtung nur dann auf einen gutgläubigen Erwerber übergeht, wenn sie Bestandteil des Grundbucheintrags (des *Stichworts*) bildet, oder ob es reicht, wenn diese Verpflichtung nur in den Belegen ersichtlich ist.

Beispiel: Anknüpfend an das obige Beispiel müsste der Grundbucheintrag im ersten Fall «Wegrecht mit Unterhaltspflicht» lauten, damit die Pflicht übergeht. Im zweiten Fall würde dazu der Eintrag «Wegrecht» reichen, der Käufer Z müsste – um sich Klarheit über die Rechtslage zu verschaffen – die Belege konsultieren. Die Pflicht ginge im zweiten Fall aber auch dann auf den Käufer über, wenn dieser es unterlässt, die Belege zu konsultieren.

4.6.2 Die neue Regelung des ZGB

Seit dem 1. Januar 2012 sieht das ZGB eine neue Regelung vor. Diese kann tabellarisch wie folgt dargestellt werden:

Realobligation nach ZGB 730 Abs. 2 (nebensächliche Handlungspflicht)	Realobligation nach ZGB 741 (Unterhaltspflicht)
Muss sich aus dem Grundbucheintrag ergeben; z.B. Pflicht zur Regulierung des Wasserabflusses neben der Hauptpflicht, Anlagen zur Sammlung von Wasser zu dulden.[128]	Ist schon dann verbindlich, wenn sie sich (nur) aus den Belegen erschliessen lässt; z.B. Pflicht zum Unterhalt eines Weges, wie Ausbesserung der Schlaglöcher, Schneeräumung etc.

Ob im Einzelfall das eine oder das andere vorliegt, kann manchmal schwer zu beurteilen sein, die Grenze ist fliessend. Im Zweifel empfiehlt es sich, einen entsprechenden Hinweis in den Grundbucheintrag aufzunehmen. Damit die Stichwörter nicht zu schwerfällig werden, behilft man sich in der Praxis oft mit einem Verweis auf den Beleg.

Beispiel: Wegrecht gemäss Beleg, wenn mit dem Wegrecht noch eine Realobligation verbunden ist.

128 Siehe CHK-GÖKSU, ZGB 730 N 5 mit Hinweis auf BGE 45 II 386 E. 4.

4.7 Der unbekannte Dienstbarkeitsberechtigte

Gemäss dem neuen ZGB 781a sind die Bestimmungen von ZGB 666a und 666b auch bei *unbekannten* oder *nicht mehr existierenden Dienstbarkeitsberechtigten* anwendbar (s. dazu die Ausführungen S. 86 f.). In der Grundbuchpraxis stellt sich dieses Problem vor allem dann, wenn man von den Dienstbarkeitsberechtigten Zustimmungserklärungen benötigt (z.B. Zustimmung zur Mehrbelastung bei Vereinigung von Grundstücken oder Teillöschungsbewilligungen bei Abtrennung von Grundstücksteilen; vgl. dazu S. 143 ff.).

5 Die Grundlasten

5.1 Der Begriff

Durch die *Grundlast* (beschränktes dingliches Recht) wird der jeweilige Eigentümer eines Grundstücks zu einer *Leistung an einen Berechtigten* verpflichtet, für die er ausschliesslich mit dem Grundstück haftet. Die Leistung muss sich dabei aus der wirtschaftlichen Natur des belasteten Grundstücks ergeben oder für die wirtschaftlichen Bedürfnisse des berechtigten Grundstücks bestimmt sein (ZGB 782).[129]

Beispiel: Gegeben sei folgende Ausgangssituation: Auf den Grundstücken Nr. 100, 200, 300 und 400 steht je ein Einfamilienhaus. Auf der Nr. 500 befindet sich die allen Grundstücken dienende Heizanlage. Grafisch sieht die Situation wie folgt aus:

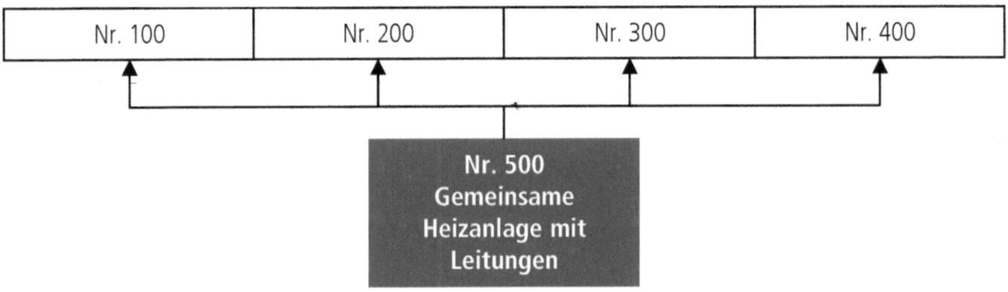

Der Eigentümer des Grundstücks Nr. 500 verpflichtet sich nun gegenüber den Eigentümern der obgenannten Grundstücke, diese mit Wärme zu versorgen. Im Gegensatz zu einer Dienstbarkeit verpflichtet sich hier der Eigentümer des Grundstücks Nr. 500 zu einem Tun. (Lieferung von Wärme ist kein blosses Dulden des Wärmebezuges durch die Berechtigten, sondern der Belastete hat die *Pflicht* zur Lieferung von Wärme.)

Kommt im obgenannten Beispiel der Eigentümer des Grundstücks Nr. 500 seiner Pflicht nicht nach, haben die Berechtigten einen Anspruch auf Befriedigung aus dem Wert des belasteten Grundstücks. Sie können eine *Betreibung auf Grundpfandverwertung* einleiten (ZGB 782 Abs. 1 und 791 Abs. 1 sowie SchKG 37 Abs. 1 und 151 ff.).

129 Zu den Grundlasten SCHMID/HÜRLIMANN-KAUP, § 27. s. dazu auch Handbuch Ziff. 4.

5.2 Die Arten

Wie bei den Dienstbarkeiten ist es bei der Grundlast möglich, als Berechtigten entweder den Eigentümer eines anderen Grundstücks (*Realgrundlast*) oder eine bestimmte Person zu bezeichnen (*Personalgrundlast*).

5.3 Die Entstehung

Entstehungsgrund der Grundlast ist wie bei den Dienstbarkeiten ein *Vertrag* oder ein gesetzlicher Anspruch (Rechtsgrundausweis).

Wie bei den Dienstbarkeiten muss der Vertrag auf Begründung einer Grundlast öffentlich beurkundet werden (ergibt sich aus ZGB 783 Abs. 3, indem auf die Bestimmungen über das Grundeigentum verwiesen wird).[130] Beim Eintrag ist ein bestimmter Betrag als Gesamtwert anzugeben (ZGB 783 Abs. 2).

Im Übrigen gilt für die grundbuchrechtlich zu beachtenden Punkte sowohl für vertragliche als auch für gesetzlich entstehende Grundlasten sinngemäss das zu den Dienstbarkeiten Gesagte (s. S. 99 ff.).

5.4 Der Untergang

Grundlasten können nach den Bestimmungen von ZGB 787–789 *abgelöst* werden. Auf der Schuldnerseite tritt ein *Ablösungsgrund* bereits nach dreissig Jahren ein (ZGB 788 Abs. 1 Ziff. 2), was die Grundlast unattraktiv machen kann, wenn sie länger als dreissig Jahre Bestand haben soll.

> **Beispiel:** Wärmelieferungspflichten im Rahmen eines Heizungsverbundes sollen länger als dreissig Jahre Bestand haben, weil die Lebensdauer der Heizanlage für eine längere Zeit kalkuliert ist. Deshalb ist die Ablösung hier nicht gewünscht.

Für den *Untergang* der Grundlasten gilt sodann sinngemäss das zu den Dienstbarkeiten Gesagte (s. S. 101).

5.5 Die Verbindung der Grundlast mit einer Dienstbarkeit

Die *Ablösung* der Grundlast durch den Schuldner ist *ausgeschlossen*, wenn die Grundlast mit einer (unablösbaren) Dienstbarkeit verbunden ist (ZGB 788 Abs. 3).[131]

130 Siehe dazu auch MUSA Nr. 652 (Grundlast).

131 Vgl. MUSA Nr. 652 (Dienstbarkeitsvertrag mit Grundlast).

Beispiel: Im obgenannten Beispiel wird die Beheizung dadurch sichergestellt, dass die Berechtigten am Grundstück Nr. 500 eine Dienstbarkeit mit dem Inhalt «Nutzungsrecht zum Betrieb einer Heizung» eingeräumt erhalten. Mit dieser Dienstbarkeit wird die Verpflichtung zur Lieferung von Wärme verbunden. In diesem Fall ist die Ablösung der Grundlast ausgeschlossen.

Merke: Zu beachten ist, dass in diesen Konstellationen die Grundlast und die Dienstbarkeit dasselbe Grundstück belasten.[132] Zudem ist die Verbindung mit einer Dienstbarkeit ausgeschlossen, wenn die Leistungspflicht die Hauptsache darstellt. In der Praxis ist diese Abgrenzung nicht einfach vorzunehmen (so könnte man über das soeben geschilderte Beispiel lange streiten), entsprechend besteht ein Ermessensspielraum.

132 BGE 93 II 71, s. dazu auch ZBGR 1969, 261 ff. mit redaktionellen Bemerkungen.

Teilpfandrecht entst. durch den Verkauf!

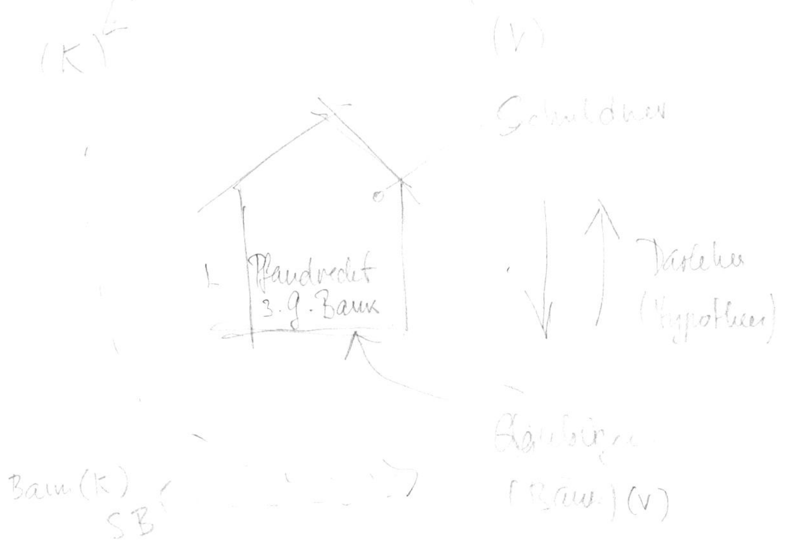

Durch Eintrag ist der G berechtigt:
Einleiten Betreibung auf Grundpfandverwertung.

Wenn S seinen B bezahlen B(V) überträgt SB an Bank (K)
Gläubigerwechsel (Bank nur ... Schuldbrief)

6 Die Grundpfandrechte

6.1 Die vertraglichen Grundpfandrechte

6.1.1 Der Begriff

Mit einem (vertraglichen) *Grundpfandrecht*[133] (beschränktes dingliches Recht) wird eine *Forderung* – i.d.R. aus einem Darlehen – derart *sichergestellt* (sog. Sicherungsrecht), dass dem Gläubiger der Forderung das *Recht* zusteht, im Falle der Nichtzahlung der Schuld die verpfändete Sache – hier ein Grundstück – *zu verwerten* (sog. Verwertungsrecht). Zu diesem Zweck wird der Gläubiger beim zuständigen Betreibungsamt eine Betreibung auf Pfandverwertung (SchKG 151 ff.) einleiten. Die durch das Pfand abgesicherten Schuldpositionen (nebst der Rückzahlung der Darlehenssumme z.B. auch Zinsen) sind in ZGB 818 geregelt.[134]

Der Schuldner des durch das Grundpfandrecht gesicherten Darlehens muss nicht unbedingt auch der Eigentümer des Pfandobjekts sein, sondern das Grundstück kann auch für eine fremde Schuld verpfändet sein (sog. *Drittpfandverhältnis*, ZGB 824 Abs. 2 und 844). Dies kann von Anfang an so vertraglich vereinbart worden sein oder das Drittpfandverhältnis tritt später ein, z.B. durch Veräusserung des Grundstücks (ZGB 832).

Beispiele:

Ein Vater verpfändet sein Grundstück zur Sicherstellung für einen dem Sohn von der Bank zum Aufbau eines eigenen Geschäfts gewährten Unternehmenskredit. Hierbei ist der Vater der Drittpfandgeber und der Sohn der Schuldner der Forderung der Bank.[135]

V verkauft dem K ein Grundstück, auf welchem ein Pfandrecht lastet, das eine im Zeitpunkt des Kaufs noch bestehende Hypothek des V absichert. Wenn die Parteien im Kaufvertrag nichts vereinbaren, bleibt V Schuldner und es haftet gestützt auf ZGB 832 Abs. 1 das neu im Eigentum des K stehende Grundstück für die Darlehensschuld des V. Das bedeutet, dass im schlimmsten Fall K eine Zwangsverwer-

133 Der Begriff «Grundpfandrecht» darf nicht etwa mit dem Begriff «Hypothek» gleichgesetzt werden. Hypothek meint im Bankenwesen regelmässig das Darlehen – nicht etwa das Pfandrecht –, das zur Finanzierung von Liegenschaften vergeben wird.

134 Zu den Pfandrechten im Allgemeinen SCHMID/HÜRLIMANN-KAUP, § 29. Zu den vertraglichen Grundpfandrechten SCHMID/HÜRLIMANN-KAUP, § 30 Rz 1596 ff. u. § 31; s. dazu auch Handbuch Ziff. 5.

135 Vgl. MUSA Nr. 662.

tung seines Grundstücks dulden muss für eine Schuld, die nicht die seine ist.[136] Es bestehen zwei Möglichkeiten, dies zu vermeiden. Entweder wird die Hypothek aus dem Kauferlös zurückbezahlt, worauf V bzw. dessen Grundpfandgläubiger die Pfandrechte anschliessend auf K oder dessen finanzierende Bank überträgt. Oder K übernimmt die bestehende Hypothek des V (Schuldübernahme, vgl. OR 175 ff.). Im letzteren Fall hat die Bank des V ein Jahr Zeit, diesem gegenüber zu erklären, ihn als Schuldner beibehalten zu wollen (ZGB 832 Abs. 2). Die Jahresfrist läuft von der Mitteilung der Schuldübernahme durch K an; diese Mitteilung an die Bank erfolgt durch das Grundbuchamt (ZGB 834, sog. «Gläubigeravis»).

Ein *Drittpfand* kann auch durch Gesetz entstehen, so z.B. beim gesetzlichen Steuergrundpfandrecht zur Sicherung der Grundstückgewinnsteuer. Schuldner der Steuer ist nämlich der Verkäufer, der nicht mehr Eigentümer ist, das Pfandrecht lastet aber auf dem Grundstück, dessen Verkauf den Gewinn ausgelöst hat und das neu im Eigentum des Käufers steht. Hier helfen vertragliche Vereinbarungen, wonach der Notar treuhänderisch einen Teil des Kaufpreises zurückbehält, um damit die Grundstückgewinnsteuer nach Erhalt der Veranlagung durch die Steuerverwaltung zu bezahlen.[137]

136 Wer denkt, dieser Fall sei theoretisch, dem sei die Lektüre von BGE 130 III 681 ff. (= ZBGR 2005, 240 ff.) empfohlen. In diesem Fall wurde anlässlich eines Grundstückkaufs bezüglich eines auf dem Vertragsobjekt lastenden Pfandrechts nichts geregelt, was zwischen dem aktuellen Grundeigentümer u. der Besitzerin des Papier-Schuldbriefs zu einem Prozess führte, dessen Gegenstand die Herausgabe des Schuldbriefs gestützt auf aZGB 873 (heute ZGB 853 Ziff. 2) war. Urteilsbesprechungen in ZBJV 2007, 43 ff., AJP 2005, 247 ff. u. BN 2005, 126 ff.

137 Vgl. zur treuhänderischen Verwaltung der Rückstellung für die Grundstückgewinnsteuern MUSA Nr. 621.3, Ziff. III/9.

6.1.2 Die Arten

Das ZGB kennt die folgenden *Grundpfandarten*:

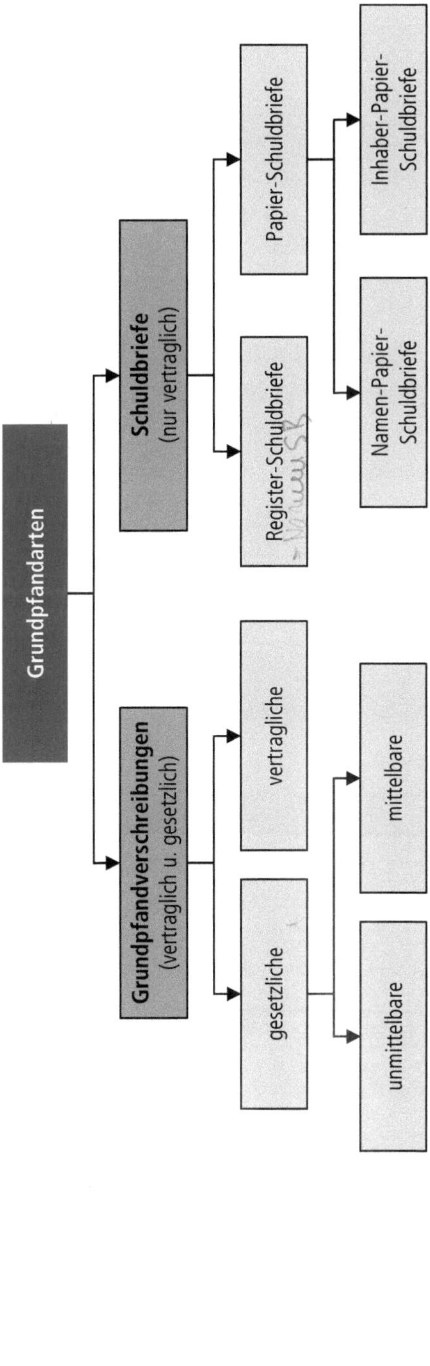

Neu ist das Institut des Register-Schuldbriefs, das erst seit dem 1. Januar 2012 besteht. Im Gegenzug wurde die Pfandrechtsart der Gült auf dieses Datum hin abgeschafft.[138]

Gestützt auf SchlT ZGB 33b können vor dem 1. Januar 2012 ausgestellte Papier-Schuldbriefe mittels einfach-schriftlicher Erklärung in Register-Schuldbriefe umgewandelt werden.

Bemerkung: Die Grundbuchämter des Kantons Bern haben dafür im Internet ein entsprechendes Formular bereitgestellt.[139]

Diese Möglichkeit besteht sowohl für Namen- als auch für Inhaber-Papier-Schuldbriefe oder anders gesagt: Inhaber-Papier-Schuldbriefe müssen vorher nicht in Namen-Papier-Schuldbriefe umgewandelt werden, diese Umwandlung erfolgt quasi gleichzeitig mit der Umwandlung in Register-Schuldbriefe.[140]

Merke: Bei der Umwandlung sind folgende Punkte zu beachten:

- Die umzuwandelnden Schuldbriefe müssen unbedingt beim Grundbuchamt eingereicht werden.
- Die Grundpfandgläubigerin muss zustimmen; ebenso der Grundeigentümer.
- Unterzeichnet die Urkundsperson für den Grundeigentümer und/oder die Gläubigerin, sind die entsprechenden Vollmachten beizulegen.

6.1.3 Die Entstehung

a) Die Form

Rechtsgeschäfte auf Begründung der oben genannten Grundpfandarten müssen *öffentlich beurkundet* werden (ZGB 799 Abs. 2).[141]

b) Das Pfandobjekt

Bei der *Bestellung eines Grundpfands* ist das *Grundstück*, das verpfändet werden soll, bestimmt *anzugeben* (ZGB 797 Abs. 1). Blosse Teile eines Grundstücks können nicht verpfändet werden (ZGB 797 Abs. 2). Ausserdem muss das Grundstück im Grundbuch aufgenommen worden sein (ZGB 796 Abs. 1).[142]

138 Bestehende Gülten bleiben im Grundbuch eingetragen u. unterstehen weiterhin den Bestimmungen des bisherigen Rechts, sie können aber nicht mehr neu begründet werden (vgl. SchlT ZGB 33a).

139 Siehe dazu Anhang 2 S. 203.

140 Register-Schuldbriefe können nur als Namen-Register-Schuldbriefe begründet werden, da der Eintrag des Gläubigers ins Grundbuch konstitutiv ist.

141 Siehe dazu MUSA Nrn. 662–669 u. 673 f. (Schuldbriefe), MUSA Nr. 661 (Grundpfandverschreibung).

142 Ein Grundstück kann z.B. deshalb noch nicht im Grundbuch aufgenommen sein, weil die Vermessung im betreffenden Gebiet noch nicht abgeschlossen ist. Ferner kann es sich um ein dem öffentlichen Gebrauch dienendes Grundstück im Sinne von ZGB 944 handeln.

Für dieselbe Forderung können mehrere Grundstücke mit einem Pfandrecht belastet werden. Dies ist jedoch nur möglich, wenn sie dem oder denselben Eigentümer(n) gehören oder wenn die verschiedenen Eigentümer solidarisch für die Erfüllung der Schuld haften (ZGB 798 Abs. 1). Soll ein Gesamtpfandrecht auf mehreren Grundstücken erstellt werden, muss dies in der Urkunde eindeutig so bezeichnet werden. Die Errichtung eines Gesamtpfandrechts auf Grundstücken, die dem BGBB unterstehen, und solchen, die dem BGBB nicht unterstehen, ist unzulässig (BGBB 74 Abs. 2, s. dazu S. 171f.).

Vermögenswerte eines Gemeinwesens, die unmittelbar der Erfüllung öffentlicher Aufgaben dienen (sog. *Verwaltungsvermögen*), können nicht verpfändet werden (GSchG 9 Abs. 1).

Beispiel: Die Einwohnergemeinde X lässt einen Grundpfandvertrag beurkunden. Das Grundpfandrecht soll auf dem Grundstück lasten, auf welchem sich das Schulhaus befindet. Ein Schulhaus dient der unmittelbaren Erfüllung öffentlicher Aufgaben und steht somit im Verwaltungsvermögen. Der Grundbuchverwalter muss den Grundpfandvertrag abweisen. Dies gilt gemäss der genannten Gesetzesbestimmung auch dann, wenn die Einwohnergemeinde X mit dem Eintrag des Grundpfandrechts einverstanden wäre.

c) *Der Inhalt*

Folgende *Punkte* des *Grundpfandvertrags* sind aus grundbuchrechtlicher Sicht (im Rechtsgrundausweis) besonders wichtig:

- Korrekte Angabe der *Vertragsparteien*. Ein Schuldbrief kann auch gestützt auf eine einseitige Erklärung errichtet werden, wenn der Gläubiger des Grundpfands gleichzeitig der Grundeigentümer ist (sog. Eigentümerschuldbrief). Vor dem 1. Januar 2012 konnten diese Erklärungen in einfach-schriftlicher Form beim Grundbuchamt abgegeben werden, seit dem genannten Datum sind auch diese Erklärungen von ZGB 799 Abs. 2 erfasst und somit ist öffentliche Beurkundung nötig.

  Bemerkung: Im Kanton Bern muss der *Gläubiger* der Pfandforderung bei der öffentlichen Beurkundung des Pfandvertrags *nicht mitwirken* (EG ZGB/BE 110).

- Angabe der *Pfandrechtsart*. Bei Schuldbriefen muss klar sein, ob ein Papier- oder ein Register-Schuldbrief erstellt werden soll.
- Angabe der *Pfandstelle*. In der Regel wird die nächstfreie Pfandstelle für die Begründung eines Pfandrechts gewählt. Soll eine Pfandstelle (oder auch mehrere) übersprungen werden, so muss eine Erklärung bezüglich des vorbehaltenen Vorgangs im Vertrag enthalten sein (ZGB 813 Abs. 2; s. dazu auch S. 120 f.). Möglich ist zudem, dass mehrere Pfandrechte in

der gleichen Pfandstelle (in Rangkonkurrenz) errichtet werden. In diesem Zusammenhang spricht man von den sog. Nebenpfandrechten.

- Angabe der *Pfandsumme*. Schreibt das kantonale Beurkundungsrecht vor, dass die Zahl in Ziffern und Worten wiedergegeben werden muss, müssen diese Angaben in der Urkunde übereinstimmen, weil sonst die Pfandsumme nicht klar ist.[143] Bei Belastung von landwirtschaftlichen Grundstücken oder von mehreren Grundstücken zur Finanzierung eines landwirtschaftlichen Gewerbes ist die *Belastungsgrenze* zu beachten (s. dazu S. 170).
- Zu den nur beim Schuldbrief bestehenden *Nebenvereinbarungen* s. S. 117 f.

Nicht erwähnt werden muss im Grundpfandvertrag der *Vorgang* der bereits bestehenden Pfandrechte. Falls er jedoch erwähnt wird, muss er stimmen, sonst liegt ein Abweisungsgrund vor.[144]

6.1.4 Das Verhältnis zwischen Schuldner und Gläubiger

a) Das Verhältnis bei der Grundpfandverschreibung

Bei der *Grundpfandverschreibung* ist das Pfandrecht akzessorisch (sog. Akzessorietät) zur sichergestellten Forderung; d.h., das Pfandrecht teilt grundsätzlich das Schicksal der Forderung. Wird also die Forderung teilweise zurückbezahlt, nimmt das Pfandrecht automatisch – ohne Eintrag im Grundbuch – um diesen Betrag ab, wird die Forderung getilgt, erlischt grundsätzlich auch das Pfandrecht, obwohl es formell noch im Grundbuch eingetragen ist (vgl. ZGB 826).[145]

Grundpfandrechte

b) Das Verhältnis beim Schuldbrief – die Sicherungsübereignung

Schuldbriefe dienen i.d.R. der Sicherstellung eines dem Schuldner vom Gläubiger gewährten Darlehens. Dabei muss unterschieden werden zwischen der sog. *Grundforderung*, d.h. der Darlehensforderung, und der durch den Schuldbrief entstehenden Forderung. ZGB 842 Abs. 2 bringt dies folgendermassen zum Ausdruck:

143 Siehe dazu auch das Beispiel auf S. 191 f.

144 BGE 116 II 291 E. 2 (italienisch) deutsch in ZBGR 1991, 371 ff. Im Kanton Bern gibt es von dieser Regel im Zusammenhang mit den gesetzlichen Pfandrechten zur Sicherstellung der Handänderungssteuer eine Ausnahme, s. dazu Weisung vom 7. Oktober 2014, Ziffer 3.3.

145 Von diesem Grundsatz gibt es gemäss bundesgerichtlicher Rechtsprechung eine Ausnahme, sofern es um Forderungen mit wechselndem Betrag, insb. Kontokorrentforderungen, geht. Ausserdem kann im Grundpfandvertrag eine spätere Auswechslung der pfandgesicherten Forderung vorgesehen werden (sog. Wiederauszahlungsklausel, vgl. zum Ganzen SCHMID/HÜRLIMANN-KAUP, § 30 Rz 1604a u. 1638a ff.).

ZGB 842 Abs. 2

A. Allgemeine Vorschriften
I. Zweck; Verhältnis zur Forderung aus dem Grundverhältnis

1 [...]

2 Die Schuldbriefforderung tritt neben die zu sichernde Forderung, die dem Gläubiger gegenüber dem Schuldner aus dem Grundverhältnis gegebenenfalls zusteht, wenn nichts anderes vereinbart ist.

3 [...]

Grafisch lässt sich dies wie folgt veranschaulichen:

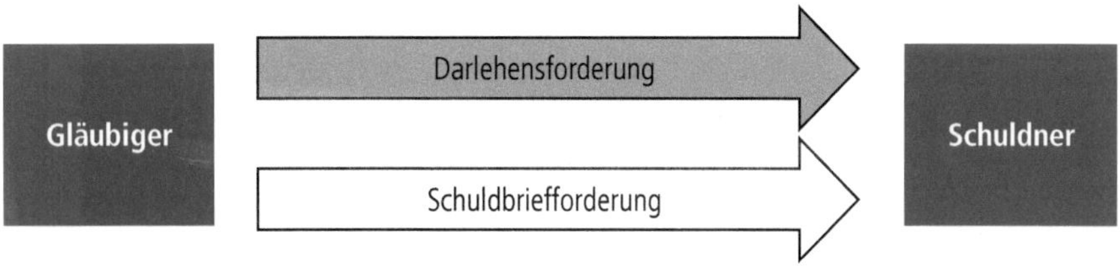

Die *Darlehensforderung* und die *Schuldbriefforderung* haben je eigene Eigenschaften (z.B. in Bezug auf Kündigung, Verzinsung etc.). Die Schuldbriefforderung darf sich weder auf das Grundverhältnis (hier die Darlehensforderung) beziehen, noch darf sie Bedingungen oder Gegenleistungen enthalten (ZGB 846 Abs. 1, hingegen sind schuldrechtliche Nebenvereinbarungen gemäss ZGB 846 Abs. 2 möglich). Nur so ist die sog. *Verkehrsfunktion* der Schuldbriefforderung, d.h. die Möglichkeit der Übertragung auf Dritte, problemlos möglich.

Zur Sicherung der Darlehensforderung erhält der Gläubiger beim Papier-Schuldbrief den Titel zu Eigentum bzw. wird beim Register-Schuldbrief im Grundbuch als Gläubiger eingetragen. Er wird damit Gläubiger der Schuldbriefforderung und könnte nach Belieben über diese verfügen. Da die Schuldbriefforderung aber i.d.R. nur zur Absicherung der Darlehensforderung dient, vereinbaren Gläubiger und Schuldner in einer sog. *Sicherungsabrede*, dass der Gläubiger nur insoweit von der Schuldbriefforderung Gebrauch macht, als es zur Absicherung der Darlehensforderung nötig ist. Oder anders ausgedrückt: Das Verhältnis zwischen der Darlehensforderung und der Schuldbriefforderung wird durch eine zwischen Schuldner und Gläubiger abgeschlossenen Sicherungsabrede geregelt. Dieses Konstrukt nennt man *Sicherungsübereignung*.

c) Das Verhältnis beim Schuldbrief – die Nebenvereinbarungen

Der Schuldbrief kann *schuldrechtliche Nebenvereinbarungen* über Verzinsung, Abzahlung und Kündigung sowie andere die Schuldbriefforderung betreffende Nebenbestimmungen enthalten, wobei ein Verweis auf eine separate Vereinbarung zulässig ist (ZGB 846 Abs. 2). Die Schweizerische Bankiervereinigung hat in

Zusammenarbeit mit dem Verband Schweizerischer Grundbuchverwalter im November 1999 einen Vorschlag zur Vereinheitlichung dieser Bestimmungen gemacht, der sich in der Praxis bisher jedoch (noch) nicht durchgesetzt hat.[146]

Bemerkung: Im Kanton Bern werden heute überwiegend die vom Revisionsverband bernischer Banken und Sparkassen empfohlenen, einheitlichen Zins- und Abzahlungsbestimmungen verwendet: «*Die Schuld ist nach den vom Gläubiger jeweilen festgesetzten Bedingungen und Terminen zu verzinsen und abzubezahlen sowie auf eine gegenseitig jederzeit freistehende Kündigung von drei Monaten zurückzubezahlen.*»

Falls keine Vereinbarungen bzw. kein Verweis im Grundpfandvertrag enthalten sind, gilt bezüglich der Kündigung ZGB 847; bezüglich der Verzinsung sieht das ZGB keine Ersatzregel vor. Aus diesem Grund und mit Blick auf ZGB 818 Abs. 2 wird in der Praxis häufig ein höherer Maximalzinsfuss als 5 Prozent in das Grundbuch eingetragen. Derzeit üblich ist ein Höchstzinsfuss von 10 Prozent.

Diese *Nebenvereinbarungen* werden im Grundbuch bei den *Bemerkungen* zu den Pfandrechtseinträgen sichtbar gemacht.

Beispiel: Ein entsprechender Eintrag (Capitastra), der anlässlich einer Umwandlung erstellt wurde, würde wie folgt aussehen:

Pfandrechte

18.06.2013 035-2013/3113/0	Register-Schuldbrief, Fr. 550'000.00, 1. Pfandstelle, Max. 10%, Umwandlung in Register-Schuldbrief 18.6.2013/3113, Einzelpfandrecht Grundpfandgläubiger Finanz Bank AG (UID: CHE-100.900.700)
Bemerkung:	Zins-, Abzahlungs- und Kündigungsbestimmungen sowie weitere Nebenbestimmungen zur Schuldbriefforderung siehe Beleg 035-2013/3113/0 (18.06.2013)

6.1.5 Die Übertragung des Pfandrechts bzw. der Forderung

a) Die Übertragung bei der Grundpfandverschreibung

Bei der *Grundpfandverschreibung* wird die sichergestellte Forderung durch *Zession* (OR 164 ff.) auf den neuen Gläubiger übertragen. Das Pfandrecht ist, wie oben erwähnt, nur ein «Anhängsel» der Forderung (ein sog. *Akzessorium*) und teilt deren Schicksal. Bekommt also die Forderung einen neuen Gläubiger, gilt dies auch für das Pfandrecht.

146 Vgl. ZBGR 2000, 81.

Die Nachführung im Gläubigerregister ist nicht obligatorisch. Die *Eintragung* in das *Gläubigerregister* wirkt bei der Grundpfandverschreibung *nicht konstitutiv*, d.h., es gilt nicht die im Grundbuch eingetragene Person als Gläubigerin, sondern die effektiv durch Zession oder Vertrag ausgewiesene Person.

Bemerkung: Die Nachführung empfiehlt sich aber, weil der Grundbuchverwalter seine Mitteilungen gemäss ZGB 969 (z.B. bei Handänderungen) rechtsgenüglich dem letzten im Gläubigerregister eingetragenen Gläubiger zukommen lassen kann.

b) Die Übertragung beim Schuldbrief

Nachstehende Tabelle gibt eine Übersicht über den *Gläubigerwechsel* bei *Schuldbriefen*:

Schuldbrief-art	Nachweis des Gläubigerrechts	Beim GBA einzureichende Dokumente	Gläubigerregister
Inhaber-Papier-Schuldbrief	Vorlage des Titels	1. Gläubigerregisteranmeldung oder Antrag auf Grundbuchanmeldung 2. Inhaber-Papier-Schuldbrief	Nicht konstitutiv, als Gläubiger gilt der Besitzer des Titels
Namen-Papier-Schuldbrief	Vorlage des Titels mit rechtsgültigem Indossament[147]	1. Gläubigerregisteranmeldung oder Antrag auf Grundbuchanmeldung 2. Rechtsgültig indossierter Namen-Papier-Schuldbrief	Nicht konstitutiv, als Gläubiger gilt der durch Indossament legitimierte Besitzer des Titels
Register-Schuldbrief	Grundbucheintrag	Gläubigerregisteranmeldung oder Antrag auf Grundbuchanmeldung.	Konstitutiv, als Gläubiger gilt der im Grundbuch Eingetragene.

Es ist nicht nötig, das Gläubigerregister beim Namen-Papier-Schuldbrief nachzuführen, da der *Eintrag* im *Gläubigerregister nicht konstitutiv* ist. Es reicht der Eintrag des letzten aktuellen Gläubigers.

Bemerkung: Die Nachführung empfiehlt sich aber auch hier, weil sonst allfällige Mitteilungen gemäss ZGB 969 rechtsgenüglich dem letzten im Gläubigerregister eingetragenen Gläubiger gemacht werden können.

c) Die Übertragung beim Register-Schuldbrief im Besonderen

Beim *Register-Schuldbrief* gibt es nur Namenschuldbriefe, der Gläubiger der Schuldbriefforderung wird ins Grundbuch eingetragen. Anders als beim Papier-Schuldbrief ist der *Eintrag* ins *Gläubigerregister* beim Register-Schuldbrief *konstitutiv*. Die im Grundbuch als Gläubiger eingetragene Person ist auch Gläubiger

147 Dabei handelt es sich um den Übertragungsvermerk auf dem Titel gemäss ZGB 864 Abs. 2.

der Schuldbriefforderung. Abzahlungen können rechtsgültig nur an diese Person geleistet werden (ZGB 858).

Bemerkung: Für die Übertragung von Register-Schuldbriefen haben die Grundbuchämter des Kantons Bern im Internet ein Formular bereitgestellt.[148] Zu beachten sind folgende Punkte:

- Wird die Unterschrift für eine juristische Person beigesetzt, ist darauf zu achten, dass die Firma ebenfalls auf dem Formular angebracht wird, die Unterschrift der bevollmächtigten Person für sich alleine reicht nicht aus (also Finanzbank AG, gez. Hans Muster und nicht bloss gez. Hans Muster).
- Eine anlässlich der Erstellung des Register-Schuldbriefs eventuell ausgestellte Eintragungsbestätigung muss nicht eingereicht werden. Bei dieser Eintragungsbestätigung handelt es sich nicht um ein Wertpapier.

Zur Neuregelung in Bezug auf unbekannte Gläubiger s. S. 121 f.

6.1.6 Die Löschung des Pfandrechts

a) Allgemeines

Die *Löschung* eines Pfandrechts erfolgt mit einer *Löschungsbewilligung* unter Nachweis des Gläubigerrechts. Bei Papier-Schuldbriefen müssen dazu auch die entsprechenden Schuldbriefe eingereicht werden. Die Löschung eines Pfandrechts bewirkt grundsätzlich nicht auch den Untergang der entsprechenden Pfandstelle. Vielmehr entsteht eine sog. *leere Pfandstelle* (vgl. ZGB 815), über die der Grundeigentümer frei verfügen kann.[149] Will man dies nicht, so ist bei der Löschung darauf zu achten, dass der Grundeigentümer schriftlich auf den Eintrag einer leeren Pfandstelle verzichtet, was zur Folge hat, dass allfällige nachgehende Pfandrechte automatisch im Rang nachrücken (zum Nachrückungsrecht s. S. 122).

Bemerkung: Beim Löschungsformular der bernischen Grundbuchämter ist dieser Punkt bereits integriert.[150] Aus diesem Grund werden im Kanton Bern praktisch keine Nachrückungsrechte begründet.

b) Der Untergang der Forderung und des Pfandrechts

Rechtlich ist zwischen dem Pfandrecht und der dem Pfand zugrundeliegenden Forderung zu unterscheiden. Demgemäss bedeutet ein *Untergang* einer pfandrechtlich gesicherten *Forderung* nicht unbedingt den Untergang des diese

148 Siehe dazu Anhang 2 S. 208.

149 Es kann ein beliebiges Grundpfandrecht im bisherigen Pfandumfang (Pfandsumme u. Höchstzinsfuss) errichtet werden. Wichtig ist, dass dabei das bestehende Rangverhältnis im Sinne der Alterspriorität gegenüber den anderen beschränkten dinglichen Rechten erhalten bleibt.

150 Siehe Anhang 2 S. 205.

Forderung sicherstellenden Pfandrechts. Im Einzelnen gilt das nachfolgend Ausgeführte.

c) Der Untergang bei der Grundpfandverschreibung

Wie bereits erwähnt (S. 116), bewirkt der *Untergang* der Forderung grundsätzlich auch den Untergang der *Grundpfandverschreibung* (mit Ausnahmen).

d) Der Untergang beim Schuldbrief

Beim *Schuldbrief* entsteht eine Schuldbriefforderung mit eigenem Schicksal. Wird die Darlehensforderung (S. 116 f.) getilgt, besteht die Schuldbriefforderung grundsätzlich weiter und der Schuldbrief kann zur Sicherstellung einer neuen Forderung verwendet werden. Aus diesem Grund sieht ZGB 853 Ziff. 2 bei Tilgung der Schuldbriefforderung die Herausgabe des Schuldbriefs vor und aus diesem Grund muss zur Löschung eines Schuldbriefs auch die Zustimmung des Grundeigentümers beigebracht werden. Die Zustimmung des Grundpfandgläubigers allein reicht nicht aus. Diese Grundsätze gelten auch für den Register-Schuldbrief, wobei hier der Eigentümer den Gläubigereintrag im Grundbuch anpassen muss (konstitutive Wirkung des Eintrags), wenn er das Pfandrecht weiter verwenden will.

6.1.7 Der unbekannte Gläubiger

Gemäss ZGB 823 ist zur Anordnung der erforderlichen Massnahmen bei *unbekannten Gläubigern* neu das Gericht (und nicht mehr die Vormundschaftsbehörde) zuständig. Das Problem wird in der Praxis oft aktuell bei Pfandentlassungen im Rahmen von Parzellierungen. Angesichts der neuen Zuständigkeitsordnung sind die Grundbuchämter äusserst zurückhaltend mit dem Akzeptieren von sog. *Revers* (Erklärungen der Urkundsperson, dass ein Gläubiger unauffindbar ist und dass die Urkundsperson jeglichen Schaden aus der trotzdem erfolgenden Löschung des Pfandrechts übernimmt). Grundsätzlich haben sich die Parteien in einem solchen Fall an das Gericht zu halten.

Der Tatbestand von ZGB 823 darf nicht mit folgender Konstellation verwechselt werden. Es kommt vor, dass für Pfandrechte eine Erklärung des bisherigen Grundpfandgläubigers abgegeben wird, wonach dieser nicht mehr Gläubiger sei und der Eintrag im Gläubigerregister demnach zu löschen ist. In diesen Fällen kann durchaus ein identifizierbarer Gläubiger bestehen, er ist lediglich dem Grundbuchamt nicht bekannt gegeben worden. Beim Register-Schuldbrief darf dieser Vorgang nicht vorkommen, hier wirkt der Eintrag im Grundbuch konstitutiv. Der aktuelle Gläubiger muss aus diesem hervorgehen.

Bemerkung: Wenn eine Gläubigerregisterlöschung beantragt wird und dem Grundbuchamt noch kein neuer Gläubiger (mittels Gläubigerwechsel[151]) bekanntgemacht wurde, wird im Kanton Bern praxisgemäss der Text «Gläubiger unbekannt» im Grundbuch eingeschrieben, sofern es sich nicht um einen Register-Schuldbrief handelt.

6.1.8 Das Nachrückungsrecht

Nachrückungsrechte werden durch *öffentliche Urkunde* begründet (GBV 78 Abs. 1 Bst. g) und im Grundbuch *vorgemerkt* (ZGB 814 Abs. 3). *Inhalt* der beurkundeten Vereinbarung ist, dass ein Grundpfandrecht bei Löschung eines vorgehenden Grundpfandrechts in die betreffende Pfandstelle nachrücken kann.

Bemerkung: Im Kanton Bern werden kaum Nachrückungsrechte begründet. Dies hat den Grund darin, dass bei Löschungen eines Pfandrechts regelmässig auf die leere Pfandstelle verzichtet wird[152] und so alle folgenden Grundpfänder automatisch nachrücken. Im Übrigen wählen Gläubiger-Banken im Rahmen ihrer Risikoanalyse ohnehin den bestmöglichen Rang für die Pfandrechte zu ihren Gunsten, ansonsten kommt eine Finanzierung heutzutage gar nicht erst infrage.

6.2 Die gesetzlichen Grundpfandrechte

Grundpfandrechte

6.2.1 Die Arten

Bei den *gesetzlichen Pfandrechten, die* stets als *Grundpfandverschreibung* im Grundbuch eingetragen werden, ist einerseits zu unterscheiden, ob es solche des *Bundesrechts* oder solche des *kantonalen Rechts* sind. Die bundesrechtliche Kompetenznorm für Letztere findet sich in ZGB 836. Andererseits ist zu unterscheiden, ob es sich um *unmittelbare* gesetzliche Pfandrechte (entstehen *ohne* Eintrag im Grundbuch) oder um *mittelbare* gesetzliche Pfandrechte (entstehen *mit* Eintrag im Grundbuch) handelt.[153]

Gesetzliche Grundpfandrechte	Unmittelbare (entstehen ohne Eintrag im Grundbuch)	Mittelbare (entstehen mit Eintrag im Grundbuch)
des Bundesrechts	• ZGB 808 Abs. 3 • ZGB 810 Abs. 2 • ZGB 819 Abs. 1	• ZGB 712i • ZGB 779i • ZGB 837–841

151 Siehe Anhang 2 S. 207.

152 Siehe dazu das Formular in Anhang 2 S. 205.

153 Zu den gesetzlichen Grundpfandrechten SCHMID/HÜRLIMANN-KAUP, § 30 Rz 1653 ff.; s. dazu auch Handbuch Ziff. 5.3. Vgl. auch MUSA Nr. 672.

Gesetzliche Grundpfandrechte	Unmittelbare (entstehen ohne Eintrag im Grundbuch)	Mittelbare (entstehen mit Eintrag im Grundbuch)
des kantonalen Rechts (hier Bern)	• ZGB 836 • EG ZGB/BE 109–109c Aber: Eintrag nach bestimmter Frist erforderlich →	vgl. EG ZGB/BE 109d

6.2.2 Die Entstehung

Der *Rechtsgrundausweis* für die Eintragung eines gesetzlichen Grundpfandrechts wird durch die Urkunden erbracht, die zur Begründung der Forderungen nötig sind, für die das Grundpfandrecht eingetragen werden soll (GBV 76 Abs. 1). Für den Eintrag der mittelbaren bundesrechtlichen Grundpfandrechte, besonders im Hinblick auf den Unterschied zwischen definitiver Eintragung des Pfandrechts und vorläufiger Eintragung desselben nach ZGB 961, sei auf die Ausführungen S. 135 f. verwiesen.

Die unmittelbaren gesetzlichen Pfandrechte nach kantonalem Recht werden beim Grundbuchamt durch den entsprechenden behördlichen Akt angemeldet.

> **Beispiel:** Die Steuerverwaltung veranlagt die Grundstückgewinnsteuer und meldet das entsprechende gesetzliche Pfandrecht zur Sicherstellung derselben beim Grundbuchamt an (vgl. EG ZGB/BE 109a).

Der Grundbuchverwalter macht in diesen Fällen dem Grundeigentümer sowie den übrigen Grundpfandgläubigern eine Mitteilung gemäss ZGB 969. Letzteres ist nötig, da die gesetzlichen Pfandrechte i.d.R. ein Rangprivileg geniessen. Das bedeutet, dass diese Pfandrechte allen anderen eingetragenen Pfandrechten im Rang vorgehen.

Der Eintrag dieser Pfandrechte erfolgte im Kanton Bern vor dem 1. Januar 2015 in der nächsten freien Pfandstelle, wobei ein Hinweis auf das Rangprivileg als Bemerkung (GBV 130) im Grundbuch eingeschrieben wurde. Per 1. Januar 2015 ist im Kanton Bern eine Änderung des Handänderungssteuergesetzes in Kraft getreten, welche zur Folge hat, dass eine grosse Menge von gesetzlichen Pfandrechten zur Sicherstellung der Handänderungssteuer im Grundbuch eingetragen werden muss. Die sich daraus ergebenden Fragen und Probleme[154] haben die Geschäftsleitung der Grundbuchämter veranlasst, seit dem genannten Datum sämtliche gesetzlichen Grundpfandrechte mit Rangprivileg im Grundbuch mit

154 Probleme ergaben sich insb. bei Rangregelung im Verhältnis zu den vertraglichen Pfandrechten: Wer gibt eine Nachgangserklärung ab u. wie wirkt diese, welchen Rang soll der Notar bei Verurkundung eines Schuldbriefs wählen, was gilt bezüglich des Vorgangs etc.

dem *Rang Null* einzutragen.[155] Dadurch wird auf eine sehr praktische Weise im Grundbuch abgebildet, dass diese Pfandrechte im Rang vorgehen.

Beispiele: Die nachfolgenden Abbildungen zeigen, wie gesetzliche Grundpfandrechte mit Rangprivileg im Kanton Bern eingetragen werden.

Pfandrechte

05.01.2015 035-2015/32/0	Grundpfandverschreibung, Fr. 10'440.00, 0. Pfandstelle, Max. 5%, Gesetzliches Grundpfandrecht zur Sicherung der Handänderungssteuer (Hauptwohnsitz) - Stundung der Steuer 3 Jahre, Einzelpfandrecht Grundpfandgläubiger Kanton Bern	
Bemerkung:	Die Rangregelung innerhalb der in Pfandstelle Null eingetragenen gesetzlichen Grundpfandrechte ergibt sich aus Art. 109e EG ZGB	
19.07.1952 025-III/8963	Namen-Papier-Schuldbrief, Fr. 20'000.00, 1. Pfandstelle, Max. 6%, Einzelpfandrecht Grundpfandgläubiger Finanz Bank AG, Thun (UID: CHE-100.900.700)	26.01.2015 035-2015/689/0
Bemerkung:	Zins-, Abzahlungs- und Kündigungsbestimmungen sowie weitere Nebenbestimmungen zur Schuldbriefforderung siehe Beleg 035-2015/689/0 (26.01.2015)	
09.11.1982 025-1982/4390/0	Namen-Papier-Schuldbrief, Fr. 52'200.00, 2. Pfandstelle, Max. 8%, Errichtet: 19.7.1952, Bel. III/8963, Nachrückungsrecht, Einzelpfandrecht Grundpfandgläubiger Raiffeisenbank Genossenschaft, Thun (UID: CHE-109.200.300)	

Pfandrechte

21.05.2015 035-2015/2905/0	Grundpfandverschreibung, Fr. 873.95, 0. Pfandstelle, Max. 8%, Gesetzliches Grundpfandrecht zur Sicherung der Liegenschaftssteuer, Einzelpfandrecht Grundpfandgläubiger Einwohnergemeinde Thun	
Bemerkung:	Die Rangregelung innerhalb der in Pfandstelle Null eingetragenen gesetzlichen Grundpfandrechte ergibt sich aus Art. 109e EG ZGB	
16.08.1994 025-1994/5065/0	Namen-Papier-Schuldbrief, Fr. 600'000.00, 1. Pfandstelle, Max. 10%, Einzelpfandrecht Grundpfandgläubiger Finanz Bank AG, Thun (UID: CHE-100.900.700)	16.12.2008 025-2008/6202/0

Bezüglich des soeben beschriebenen Rangprivilegs stellt sich sodann die Frage, wie und in welchem Verfahren die nachgehenden Grundpfandgläubiger die Rechtmässigkeit des Eintrags des gesetzlichen Grundpfandrechts überprüfen lassen können.

Beispiel: Eine bernische Gemeinde forderte von einem Grundeigentümer die Rückerstattung der ausbezahlten Sozialhilfe im Umfang von über CHF 150'000.–. Zur Sicherung dieser Forderung liess sie das im bernischen Recht für diesen Fall vorgesehene gesetzliche Grundpfandrecht mit Rangprivileg im Grundbuch eintragen

155 Siehe zum Ganzen Weisung vom 7. Oktober 2014.

(vgl. EG ZGB/BE 109b Bst. b). Das Grundbuchamt avisierte die nachgehenden Gläubiger gemäss ZGB 969, worauf diese sich mit dem Begehren an den Sozialdienst wendeten, die Pfandrechtsverfügung sei auch ihnen zu eröffnen.

Die aufgrund des geschilderten Sachverhalts zu entscheidende Rechtsfrage ging dahin, ob die Grundpfandgläubiger legitimiert sind, im entsprechenden verwaltungsrechtlichen Verfahren Rechtsmittel zu ergreifen, woran sie besonders im Hinblick auf das Rangprivileg ein Interesse haben. Die Vorinstanzen haben eine entsprechende Legitimation der Grundpfandgläubiger verneint und sind auf deren Rechtsmittel nicht eingetreten. Eine Begründung dazu war unter anderem die, dass die Grundpfandgläubiger zur Überprüfung der Rechtmässigkeit des eingetragenen Pfandrechts die Grundbuchberichtigungsklage nach ZGB 975 erheben müssten. Mit BGer v. 17. Februar 2015, 8C_634/2014 wurde in grundsätzlicher Weise entschieden, dass die Grundpfandgläubiger legitimiert sind, direkt im verwaltungsrechtlichen Verfahren – und nicht mit einer Grundbuchberichtigungsklage – einen Entscheid über die Rechtmässigkeit des Pfandrechtseintrags zu erwirken. Somit wurde die Sache an die bernischen Vorinstanzen zurückgewiesen, damit diese auf die Rechtsmittel der Grundpfandgläubiger eintreten und die Sache materiell entscheiden.

Nicht entscheiden musste das Bundesgericht die materielle Frage, ob gesetzliche Pfandrechte zur Sicherung von Rückerstattungsforderungen von bezogenen Sozialhilfeleistungen dem Bundesrecht widersprechen, weil sie den durch ZGB 836 geforderten unmittelbaren Zusammenhang mit dem belasteten Grundstück nicht aufweisen.[156]

6.2.3 Die positive und negative Rechtskraft der gesetzlichen Grundpfandrechte

Zu klären ist die Frage, inwiefern unmittelbare gesetzliche Pfandrechte *gutgläubigen Dritten entgegengehalten* werden dürfen. Nach ZGB 836 Abs. 2 müssen solche Pfandrechte des kantonalen Rechts im Betrag von über CHF 1'000.– innert vier Monaten nach der Fälligkeit der zugrundeliegenden Forderung, spätestens jedoch innert zwei Jahren seit der Entstehung der Forderung, in das Grundbuch eingetragen werden, sonst können sie gutgläubigen Dritten nicht mehr entgegengehalten werden. Diese Bestimmung gilt von Bundesrechts wegen für alle unmittelbaren kantonalen Pfandrechte. Die Kantone können allerdings einschränkendere Regelungen erlassen (ZGB 836 Abs. 3). Der Kanton Bern hat von dieser Möglichkeit Gebrauch gemacht und sieht vor, dass alle kantonalen, unmittelbar entstehenden gesetzlichen Grundpfandrechte innerhalb einer bestimmten Frist (in der Regel sechs Monate, EG ZGB/BE 109d Abs. 1) in das Grundbuch eingetragen werden müssen, damit sie nicht ganz verwirken

156 Für Bundesrechtswidrigkeit SCHMID/HÜRLIMANN-KAUP, § 30 Rz 1662; Urteil des RegGer/EO v. 14. Oktober 2014, CIV 14261/14298; PFÄFFLI/FEUZ, BVR 2015, 252 ff., insb. 261 (mit Zusammenfassung des genannten Entscheides des RegGer/EO ab 256).

(sog. erhaltender Grundbucheintrag, EG ZGB/BE 109d). Auch für die unmittelbaren bundesrechtlichen Grundpfandrechte ist eine analoge Grundbucheintragungspflicht wie in ZGB 836 Abs. 2 vorgesehen.

Beispiel: Frau Kraus erwirbt von Herrn Vonlanthen eine Mehrheitsbeteiligung an der Immobiliengesellschaft X AG, welche Eigentümerin des Grundstücks Nr. 1'000 ist. Der Vertrag wird am 10. Januar 2014 abgeschlossen. In diesem Moment entsteht auch die Forderung der Handänderungssteuer (vgl. HG/BE 5 Abs. 2 Bst. b). Dem Grundbuchamt kommt der Vertrag erst viel später zur Kenntnis. Die Veranlagungsverfügung für die über CHF 1'000.– betragende Handänderungssteuer ergeht erst am 15. Juli 2015 (in diesem Zeitpunkt wird die Forderung fällig) und wird am 15. August 2015 rechtskräftig. Die Fristen zum Eintrag des Pfandrechts sehen grafisch dargestellt wie folgt aus:

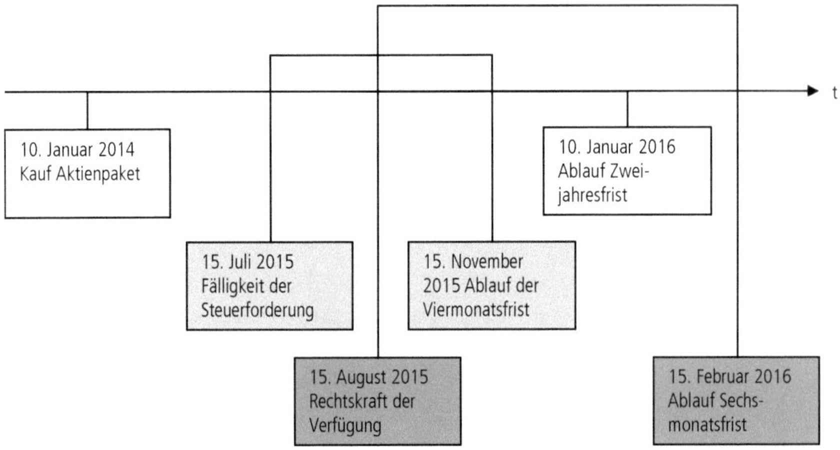

Verbleibt das Grundstück im Eigentum der Immobiliengesellschaft X AG, reicht es, wenn das Pfandrecht bis am 15. Februar 2016 im Grundbuch eingetragen wird (sechs Monate nach Eintritt der Rechtskraft der Verfügung, s. EG ZGB/BE 109d Abs. 1 Bst. a).

Will man verhindern, dass das Pfandrecht aufgrund des Erwerbs durch einen gutgläubigen Dritten untergeht, muss der Eintrag bis am 15. November 2015 erfolgen (vier Monate nach Fälligkeit der Forderung, EG ZGB/BE 109d Abs. 4).

Erginge die Veranlagungsverfügung des Grundbuchamts erst am 10. Dezember 2015, so müsste der Eintrag sogar schon bis am 10. Januar 2016 erfolgen, sonst wäre ein gutgläubiger Erwerber, der das Grundstück nach dem 10. Januar 2016, aber noch innerhalb der Viermonatsfrist von EG ZGB/BE 109d Abs. 4 erwirbt, geschützt und das Pfandrecht wäre verwirkt.

Der Aufschub der Frist nach EG ZGB/BE 109d Abs. 3 im Fall von Stundung oder Gewährung von Teilzahlungen gilt nach Ansicht der Autoren nur für die sechsmonatige Frist nach EG ZGB/BE 109d Abs. 1, nicht aber für die Frist nach EG ZGB/BE 109d Abs. 4, da diese von ZGB 836 und somit vom Bundesrecht vorgegeben ist.

6.2.4 Der Untergang

Die *Löschung* des gesetzlichen Grundpfandrechts erfolgt mit einer schriftlichen *Löschungsbewilligung* des Pfandrechtsberechtigten.

Merke: Bei den gesetzlichen Pfandrechten nach EG ZGB/BE 109 ff. ist der Verzicht des Grundeigentümers auf Eintrag einer leeren Pfandstelle nach der Konzeption im Kanton Bern nicht nötig.

6.3 Übersicht über die Grundpfandrechte

	Grundpfandverschreibung	Register-Schuldbrief	Namen-Papier-Schuldbrief	Inhaber-Papier-Schuldbrief
Entstehung	Gesetz (z.B. ZGB 837) oder öffentlich beurkundeter Vertrag (ZGB 799 Abs. 2) und Eintrag im Grundbuch	Durch öffentlich beurkundeten Vertrag (ZGB 799 Abs. 2) und Eintrag im Grundbuch; gilt auch für sog. Eigentümer-Schuldbrief	Durch öffentlich beurkundeten Vertrag (ZGB 799 Abs. 2) und Eintrag im Grundbuch (gilt auch für sog. Eigentümer-Schuldbrief); zusätzlich Ausstellung eines Wertpapieres (nachfolgend «Titel» genannt)	Wie Namen-Papier-Schuldbrief
Verhältnis zwischen Forderung und Pfandrecht	Das Pfandrecht teilt grundsätzlich das Schicksal der Forderung (sog. Akzessorietät).	Es entsteht eine Schuldbriefforderung, die neben die zu sichernde Forderung tritt. Es gibt also zwei Forderungen.	Wie Register-Schuldbrief	Wie Register-Schuldbrief

	Grundpfandverschreibung	Register-Schuldbrief	Namen-Papier-Schuldbrief	Inhaber-Papier-Schuldbrief
Übertragung des Gläubigerrechts	Durch Zession der dem Pfandrecht zugrundeliegenden Forderung	Durch Eintrag im Grundbuch, welcher gestützt auf eine schriftliche Erklärung des bisherigen Gläubigers erfolgt (ZGB 858 Abs. 1)	Durch rechtsgültige Indossierung und Übergabe des Titels	Durch Übergabe des Titels *Merke:* Hier gibt es kein Indossament.
Untergang	Untergang der zugrundeliegenden Forderung und/oder Löschungsbewilligung des Gläubigers	Löschungsbewilligung des durch den Grundbucheintrag ausgewiesenen Gläubigers und des Grundeigentümers. Die Löschung des Pfandrechts hat grundsätzlich Konstitutivwirkung	Löschungsbewilligung des Gläubigers und des Grundeigentümers; Gläubigernachweis durch Vorlage des rechtsgültig indossierten Titels. Die Eintragung in das Gläubigerregister ist nicht konstitutiv	Löschungsbewilligung des Gläubigers und des Grundeigentümers; Gläubigernachweis durch Vorlage des Titels. Die Eintragung in das Gläubigerregister ist nicht konstitutiv

Grundpfandrechte

7 Die Vormerkungen

7.1 Der Begriff

Mit der *Vormerkung* werden verschiedene Tatbestände mit verschiedenen Rechtswirkungen (s. S. 130 ff.) im Grundbuch eingeschrieben oder eben vorgemerkt. Die gesetzlichen Grundlagen finden sich in den ZGB 959–961a und GBV 77–79. Hinzu kommen zahlreiche verstreute Einzelnormen (z.B. OR 216 Abs. 2, OR 247 oder BGBB 39). Der gemeinsame Nenner der Vormerkungen ist, dass das vorgemerkte Recht Wirkung gegenüber jedem später erworbenen Recht erhält (ZGB 959 Abs. 2, 960 Abs. 2 und 961 Abs. 2).[157] Zudem wird mit der Vormerkung auch der gute Glaube und somit die Möglichkeit eines Erwerbs nach ZGB 973 ausgeschlossen.

Ein weiteres Merkmal der Vormerkung ist, dass sie nicht zu einer *Sperrung des Grundbuchs* führt (ZGB 961a)[158]. Sperrungen des Grundbuchs sollen mit Anmerkungen zum Ausdruck gebracht werden, nicht mit Vormerkungen. Das wurde in der Vergangenheit nicht immer konsequent eingehalten, so wurde der Enteignungsbann nach EntG 42 bis zum Inkrafttreten der Sachenrechtsrevision am 1. Januar 2012[159] im Grundbuch vor- und nicht angemerkt, obwohl er zu einer Grundbuchsperre führte. Weil solche «atypischen Vormerkungen» in der Vergangenheit vorgekommen sind, stellt sich bei vorgemerkten Rechten hier und da die Frage, ob sie denn ausnahmsweise und entgegen ZGB 961a zu einer Grundbuchsperre führen. Diskutiert (jedoch abgelehnt) wurde dies z.B. beim Einspracherecht nach ZGB 712c Abs. 2[160], denkbar ist diese Wirkung auch bei der Vormerkung eines Zustimmungsvorbehaltes des belasteten Grundeigentümers bei Veräusserung eines selbstständigen und dauernden Baurechts (ZGB 779b Abs. 2, s. dazu S. 98).

Ferner muss die *Vormerkung* durch das *Gesetz ausdrücklich vorgesehen* sein (numerus clausus der vormerkbaren Rechte, vgl. S. 36 f.).

157 Siehe zu den Vormerkungen auch DESCHENAUX, § 18 sowie 31–35; ZOBL, § 17 Rz 297 ff.; Handbuch Ziff. 6.

158 TUOR/SCHNYDER/SCHMID/JUNGO, § 95 Rz 7 mit Hinweisen.

159 BBl 2007 5283 ff.

160 Siehe Handbuch Ziff. 3.2.2.11 mit weiteren Hinweisen.

7.2 Die Arten

7.2.1 Die persönlichen Rechte

Mit der Vormerkung werden *persönliche Rechte* im Grundbuch eingeschrieben (oder eben «vorgemerkt»), die durch die Vormerkung Wirkung gegenüber jedem später erworbenen Recht erhalten (ZGB 959 Abs. 2). Mit «persönlichen Rechten» meint das Gesetz solche, die normalerweise rein obligatorisch wirken (s. S. 37), also nicht gegenüber jedermann, denen aber mit der Vormerkung eine den dinglichen Rechten zumindest ähnliche Wirkung beigelegt werden soll. Es entsteht eine *Realobligation* (s. S. 103), indem die Schuldner- oder Gläubigerstellung des vorgemerkten Rechts sich durch eine sachenrechtliche Position definiert. Manchmal geht es bei dieser Art von Vormerkungen aber auch nur darum sicherzustellen, dass gewisse Vereinbarungen über dingliche Rechte auf allfällige Rechtsnachfolger übergehen.[161]

Beispiele:

Im Grundbuch wird auf dem Grundstück Nr. 100 ein Vorkaufsrecht vorgemerkt. Rechtsgrundlage dieses Vorkaufsrechts ist ein Vorkaufsvertrag zwischen dem Eigentümer E und dem Vorkaufsberechtigten R. Verkauft nun E sein Grundstück dem D und wird Letzterer im Grundbuch eingetragen, so kann R das Vorkaufsrecht innert der gesetzlich oder vertraglich vorgesehenen Fristen auch gegen D ausüben, obwohl dieser am Vorkaufsvertrag in keiner Art und Weise beteiligt war. Die Vormerkung «verdinglicht» eben die obligatorische Pflicht auf Verkauf des Grundstücks an den Vorkaufsberechtigten. Diese Pflicht wird jetzt nämlich durch die sachenrechtliche Position am Grundstück bestimmt (Realobligation). D kann nicht geltend machen, er habe nichts vom vorgemerkten Vorkaufsrecht gewusst. Kraft gesetzlicher Fiktion (ZGB 970 Abs. 4, s. S. 42) gilt der Grundbucheintrag als bekannt.[162]

Vormer-
kungen

Ein im Grundbuch vorgemerktes Kaufsrecht wirkt auch gegen eine später angeordnete Betreibung auf Grundpfandverwertung, d.h., der Kaufrechtsberechtigte kann ungeachtet der hängigen Betreibung sein Kaufsrecht ausüben.[163]

Der Grundeigentümer A räumt B ein selbstständiges und dauerndes Baurecht an seinem Grundstück ein. Gestützt auf die entsprechende Abrede im Dienstbarkeitsvertrag wird die gegenüber A bestehende Pflicht des B zur Zahlung eines Baurechts-

161 Zum Ganzen TUOR/SCHNYDER/SCHMID/JUNGO, § 95 Rz 7 u. 8; SCHMID/HÜRLIMANN-KAUP, § 10 Rz 478.

162 Unter Fiktion wird die Vorgabe des Gesetzes verstanden, tatsächliche oder rechtliche Umstände als gegeben zu behandeln, obwohl sie in Wirklichkeit nicht vorliegen. Hier ist es die Kenntnis des Eintrags, auch wenn der neue Eigentümer tatsächlich nichts davon wusste.

163 BGE 114 III 18; s. auch ZOBL, § 17 Rz 298 u. 306, der von «Zwangsvollstreckungsfestigkeit» spricht.

zinses im Grundbuch vorgemerkt (ZGB 779b Abs. 2). Diese Vormerkung hat zur Folge, dass bei einer Veräusserung des Rechts von B auf C die Pflicht der Zahlung des Baurechtszinses kraft Vormerkung ebenfalls auf C übergeht, auch wenn B dem C diese Schuld im Abtretungsvertrag nicht überbunden hat.[164]

Die nachstehende Tabelle enthält einige ausgewählte, in der Praxis relevante, vormerkbare Rechte mit dem für den Grundbucheintrag erforderlichen Rechtsgrundausweis sowie den Wirkungen.

Vorgemerktes Recht	Rechtsgrundausweis	Wirkungen der Vormerkung
Vorkaufs-, Kaufs- und Rückkaufsrechte (OR 216a)	Entsprechende Vereinbarung im formgültig abgeschlossenen Vertrag	Siehe Beispiel oben. Vormerkung löst Avisierungspflicht nach ZGB 969 aus.
Rückfallsrecht bei Schenkungen (OR 247 Abs. 2)[165]	Entsprechende Vereinbarung im formgültig abgeschlossenen Schenkungsvertrag	Der Beschenkte erwirbt Grundeigentum mit einer auflösenden Bedingung. Verfügungen des Beschenkten fallen mit Eintritt der Bedingung dahin, wenn sie dem wieder auflebenden Eigentumsrecht des Schenkers entgegenstehen.[166]
Vormerkung von Miet- und Pachtverträgen (OR 261b Abs. 1 und 290 Bst. c)	Entsprechende Vereinbarung in Miet- / Pachtvertrag	Die Vormerkung schliesst das dem neuen Grundeigentümer bei einer Handänderung zustehende, ausserordentliche Kündigungsrecht gem. OR 261 aus (OR 261b Abs. 2; OR 290).
Abänderung oder Aufhebung von gesetzlichen Vorkaufsrechten (ZGB 681b)	Entsprechende Vereinbarung im formgültig abgeschlossenen Vertrag.	Die Aufhebung oder Abänderung gilt auch für Rechtsnachfolger. Das Grundbuchamt muss bei Aufhebung nicht nach ZGB 969 avisieren.

164 Siehe dazu TUOR/SCHNYDER/SCHMID/JUNGO, § 109 Rz 42; SCHMID/HÜRLIMANN-KAUP, § 26 Rz 1379b.

165 Gemäss der bernischen Grundbuchpraxis, welche durch einen alten Entscheid der JGK gestützt wurde, kann das Rückfallsrecht *nur bei* einer *reinen Schenkung* im Grundbuch vorgemerkt werden (vgl. ZBGR 2000, 187 ff.). Reine Schenkung bedeutet, dass der Beschenkte keine Grundpfandschulden übernehmen darf. Diese Praxis ist bestritten u. in einem neuen Entscheid (BN 2013, 24 ff.) hat die JGK die Frage, ob weiterhin an dieser Praxis festgehalten werden soll, ausdrücklich offengelassen.

166 DESCHENAUX, § 32, 661 f.

Vorgemerktes Recht	Rechtsgrundausweis	Wirkungen der Vormerkung
Vorkaufsrecht und Einspracherecht beim Stockwerkeigentum (ZGB 712c)	Entsprechende Abrede im Begründungsakt oder durch nachherige Vereinbarung[167]	Zum Vorkaufsrecht s. Beispiel oben. Die Vormerkung der Einsprache löst die Avisierungspflicht nach ZGB 969 aus, Rechtsnachfolger müssen sich eine allfällige Einsprache entgegenhalten lassen.[168]
Vertragliche Bestimmungen des Baurechtsvertrags (ZGB 779b)	Entsprechende Vereinbarung im formgültig abgeschlossenen Vertrag	Die vertraglichen Bestimmungen können dem Rechtsnachfolger entgegengehalten werden (s. Beispiel oben zum Baurechtszins).
Nachrückungsrecht bei Pfandrechten (ZGB 814 Abs. 3)	Entsprechende Vereinbarung in öffentlicher Urkunde	Der aktuelle Grundeigentümer muss das Nachrücken in die leere Pfandstelle dulden, ebenso ein Pfandgläubiger, dem vom Grundeigentümer trotz Nachrückungsrecht ein Pfandrecht in der leeren Pfandstelle eingeräumt wurde.
Verpflichtung, nicht aus einer Miteigentümer- oder «Dienstbarkeitsgemeinschaft» auszuscheiden (ZGB 650 Abs. 2 und 740a Abs. 2)	Entsprechende Vereinbarung im formgültig abgeschlossenen Vertrag	Die Verpflichtung geht auf den Erwerber eines Miteigentumsanteiles bzw. des Dienstbarkeitsrechts über.

7.2.2 Die Verfügungsbeschränkungen

Diese Tatbestände sind in ZGB 960 umschrieben. Die Bezeichnung «*Verfügungsbeschränkungen*» ist insofern verwirrend, als die entsprechenden Vormerkungen wie erwähnt *keine Grundbuchsperre* bewirken, d.h., dass nach wie vor Einträge auf dem entsprechenden Grundbuchblatt vorgenommen werden können (vgl. ZGB 961a). Der Eigentümer kann also immer noch über sein Grundstück verfügen (es z.B. verkaufen), die Vormerkung geht aber der Verfügung des Grundeigentümers vor, falls sie im Zeitpunkt der Verfügung bereits im Grundbuch eingetragen war (Prinzip der Alterspriorität).

167 Der Begründungsakt muss stets öffentlich beurkundet werden (ZGB 712d Abs. 3), für die nachherige Vereinbarung gelten die Formvorschriften von OR 216 Abs. 2 u. 3 (BSK-BÖSCH, ZGB 712c N 4).

168 Siehe zum Ganzen Handbuch Ziff. 3.2.2.11.

Beispiel: Gestützt auf ZGB 960 Abs. 1 Ziff. 2 lässt das zuständige Betreibungsamt eine Pfändung im Grundbuch vormerken. Nach Eintrag der Pfändung im Grundbuch erwirbt D vom Eigentümer E die nämliche Liegenschaft. D hat mit den Schulden des E gar nichts zu tun, trotzdem muss er als neuer Eigentümer die Pfändung und allenfalls auch die Zwangsverwertung seiner neu erworbenen Liegenschaft dulden, da die Vormerkung dem Kauf vorgeht.

Als Übersicht über einige praxisrelevante Verfügungsbeschränkungen diene folgende Tabelle:

Vorgemerkte Verfügungsbeschränkung gem.	Beispiele	Wirkungen der Verfügungsbeschränkung
ZGB 960 Ziff. 1	• Gerichtliche Anordnung gem. ZPO 262 Bst. c	Die gerichtliche Anordnung wirkt auch gegen einen Erwerber des Grundstücks sowie gegen Zwangsvollstreckungsmassnahmen (s. untenstehendes Beispiel).
ZGB 960 Ziff. 2	• Pfändung (SchKG 101) • Betreibung auf Pfandverwertung (VZG 90 und 97) • Arrest (SchKG 275 i.V.m. 101)	Siehe Beispiel oben. In diesen Fällen hat der Grundbuchverwalter die zuständige Zwangsvollstreckungsbehörde gemäss ZGB 969 zu avisieren.
ZGB 960 Ziff. 3	Nacherbeneinsetzung (ZGB 488–492a)	Bei Eintritt des Nacherbfalles ist der aktuelle Grundeigentümer zur Auslieferung des Grundstücks an den Nacherben verpflichtet.

In Bezug auf die amtlichen Anordnungen gemäss ZGB 960 Ziff. 1 zur Sicherung streitiger oder vollziehbarer Ansprüche ist noch auf Folgendes hinzuweisen: Ein «*Anspruch*» im Sinne dieser Bestimmung ist ein obligatorisches Recht (s. S. 37), das sich auf das betreffende Grundstück selbst bezieht und das sich, wenn es endgültig anerkannt ist, grundbuchlich auswirkt.[169] Im Rahmen dieser Bestimmung ist umstritten, inwieweit das kantonale Recht zur Sicherung dieser Ansprüche sog. Grundbuchsperren vorsehen kann, durch welche jede weitere Operation im Hauptbuch verboten würde.[170] Das Bundesrecht kennt solche Grundbuchsperren – z.B. gemäss ZGB 178 Abs. 3 und 395 Abs. 4. In den genannten Bestimmungen ist allerdings vorgesehen, dass die Verfügungsbeschränkung *angemerkt* und nicht vorgemerkt wird. Es besteht also in diesem

Vormer-
kungen

169 BGE 104 II 170 E. 5.

170 Vgl. SCHMID/HÜRLIMANN-KAUP, § 10 Rz 484; TUOR/SCHNYDER/SCHMID/JUNGO, § 95 Rz 10.

Bereich ein Spannungsfeld zwischen den Vormerkungen, welche gemäss ZGB 961a die Eintragung weiterer im Rang nachgehender Rechte eben gerade nicht hindert, und den Anmerkungen, welche zu einer Sperrung des Grundbuchs führen. Allerdings würden Letztere gemäss Rechtsprechung des Bundesgerichts[171] nicht dinglich wirken und böten dementsprechend keinen Schutz gegen Zwangsvollstreckungsmassnahmen.

Beispiel: (in Anlehnung an BGE 104 II 170) V verkaufte dem K eine Eigentumswohnung (Stockwerkeigentum); K bezahlte den Kaufpreis und nutzte die Wohnung auch wie ein Eigentümer. Allerdings wurde der Kaufvertrag im Grundbuch nie vollzogen. K leitete in der Folge gegen V eine Klage auf Erfüllung des Kaufvertrags ein, mit welcher der Eintrag im Grundbuch erwirkt werden sollte. Als vorsorgliche Massnahme liess K eine Verfügungsbeschränkung im Grundbuch eintragen (heute wohl gestützt auf ZPO 262 Bst. c, der Fall spielte noch zu einer Zeit, wo die kantonalen Zivilprozessordnungen Geltung hatten, s. die nachfolgenden Ausführungen unten). Nach Einreichung der Klage wurde über V der Konkurs eröffnet. Das zuständige Konkursamt wollte die Eigentumswohnung in die Konkursmasse einbeziehen. In der nachfolgenden Auseinandersetzung war streitig, ob die eingeschriebene Verfügungsbeschränkung eine solche nach ZGB 960 Abs. 1 Ziff. 1 war oder ob es sich um eine solche des kantonalen Rechts handelte. Das Bundesgericht hielt fest, dass eine Verfügungsbeschränkung nach ZGB 960 Abs. 1 Ziff. 1 im Gegensatz zu einer kantonalen Verfügungsbeschränkung dinglich wirken würde und insofern auch den Einbezug in die Konkursmasse verhindern könnte. Zum Leidwesen von K kam es im konkreten Fall allerdings zum Schluss, dass lediglich eine Verfügungsbeschränkung nach kantonalem Recht vorliegt, was zur Folge hatte, dass K die Verwertung der Eigentumswohnung im Konkurs dulden musste.

Zu überlegen ist, inwieweit die soeben aufgeworfene Frage durch das Inkrafttreten der Schweizerischen Zivilprozessordnung (ZPO) am 1. Januar 2011 (vorher war das Zivilprozessrecht kantonal geregelt) überholt ist. Nach Ansicht der Autoren hat sich die Situation insofern geändert, als in ZPO 261 ff., insb. in ZPO 263 Bst. c, eine allgemeine bundesrechtliche Grundlage zur Anordnung einer Grundbuchsperre[172] erblickt werden könnte, sodass sich mindestens im Rahmen von Zivilprozessen die Frage nach einer kantonalen Grundlage nicht mehr stellen würde. Relevant wäre die Frage dann höchstens noch für allfällige Grundbuchsperren gestützt auf öffentliches Recht.

171 BGE 104 II 170.

172 Die Botschaft zur ZPO geht in den Erläuterungen zu ZPO 258 des Entwurfs (woraus in der geltenden Fassung ZPO 262 wurde) davon aus, dass die Anweisung an das Grundbuchamt sowohl in der Vormerkung einer Verfügungsbeschränkung als auch in der Anmerkung einer Grundbuchsperre bestehen könnte (BBl 2006 7355).

Als Hinweis diene noch, dass auch im Rahmen von Strafprozessen Grundstücke strafrechtlich beschlagnahmt werden können, was ebenfalls mit einer Anmerkung im Grundbuch zum Ausdruck gebracht wird.[173]

7.2.3 Die vorläufigen Eintragungen

Die beiden hier infrage kommenden Fallgruppen sind in ZGB 961 Abs. 1 umschrieben: *vorläufige Eintragungen* zur *Sicherung behaupteter dinglicher Rechte* und im Falle der vom Gesetz zugelassenen Ergänzung des Ausweises. In der Praxis wichtig ist die vorläufige Eintragung zur Sicherung behaupteter dinglicher Rechte (ZGB 961 Abs. 1 Ziff. 1). Gemäss ZGB 961 Abs. 2 hat ein so vorgemerktes Recht die Wirkung, dass es für den Fall seiner späteren Feststellung vom Zeitpunkt der Vormerkung an dinglich wirksam wird.

Beispiel: Bauhandwerker und Unternehmer haben für ihre Forderungen ein Pfandrecht an dem Grundstück, auf welchem sie gewisse Arbeiten verrichtet haben (sog. *Bauhandwerkerpfandrecht*, ZGB 837 Abs. 1 Ziff. 3). Die Eintragung des Pfandrechts muss bis spätestens vier Monate nach der Vollendung der Arbeit erfolgen (d.h. beim Grundbuchamt angemeldet sein, ZGB 839 Abs. 2), allerdings kann das Pfandrecht nur eingetragen werden, wenn die Pfandsumme vom Eigentümer anerkannt oder gerichtlich festgestellt wird (ZGB 839 Abs. 3). Ersteres wird im Streitfall realistisch betrachtet nicht erhältlich sein. Damit der Eintrag des Pfands nicht durch Verzögerungen des renitenten Eigentümers verhindert werden kann, steht dem Bauhandwerker die Möglichkeit der vorläufigen Eintragung offen. Das bedeutet, dass der Bauhandwerker sich an das zuständige Gericht wendet und seinen Anspruch auf das Pfandrecht glaubhaft macht (ZGB 961 Abs. 3). Das Gericht verfügt anschliessend, dass im Grundbuch das Pfandrecht als sog. vorläufige Eintragung vorgemerkt wird. Diese Vormerkung wahrt einerseits die Frist von ZGB 839 Abs. 2, andererseits bestimmt das Datum der Vormerkung auch den Rang des definitiven Pfandrechts.

Nach erfolgter Vormerkung wird dem Bauhandwerker Frist zur Anhebung einer Klage gegen den Grundeigentümer angesetzt. Wird im Rahmen dieses Klageverfahrens der Anspruch des Bauhandwerkers gutgeheissen, wird die *vorläufige Eintragung in ein definitives Pfandrecht umgewandelt*. Der *Rang* des Pfandrechts *bestimmt sich* in diesem Fall aber *nach* dem *Datum* der *Vormerkung*. Wurde also am 1. September eine vorläufige Eintragung im Grundbuch vorgemerkt und errichtet der Grundeigentümer am 9. September einen Schuldbrief, so geht – im Falle der Gutheissung der Klage – das Bauhandwerkerpfandrecht dem Schuldbrief vor, auch wenn die effektive Eintragung des Bauhandwerkerpfandrechts erst nach dem 9. September stattfinden würde.

173 Vgl. dazu das Beispiel auf S. 191 mit Angabe der Rechtsgrundlagen.

Weitere dingliche Rechte, die auf diese Art vorgemerkt werden können, sind z.B.:

- Pfandrecht zur Sicherung der Beitragsforderungen der Stockwerkeigentümer (ZGB 712i);
- Pfandrecht zur Sicherung der Entschädigungsforderung anstelle des gelöschten Baurechts (ZGB 779d Abs. 2 und 3);
- wohl auch Pfandrecht zur Sicherstellung des Baurechtszinses (ZGB 779i ff., besonders der Verweis in ZGB 779k Abs. 2, s. aber die Ausführungen zum Verkäuferpfandrecht unten);
- Gewinnanspruchsrecht nach BGBB 34 und 41.

Für das Verkäuferpfandrecht (ZGB 837 Ziff. 1) hat die kantonale Rechtsprechung entschieden, dass eine vorläufige Eintragung nach ZGB 961 nicht zulässig ist, weil der Verkäufer gestützt auf den rechtsgültigen Kaufvertrag – der nach GBV 76 Abs. 1 den Rechtsgrundausweis bildet (s. dazu S. 122 ff.) – das Pfandrecht in Anwendung von ZGB 963 Abs. 2 auch ohne Zustimmung des Eigentümers im Grundbuch eintragen lassen kann.[174] Nach Ansicht der Autoren würde dies wohl auch für das Pfandrecht der Miterben (ZGB 837 Ziff. 2) und das Pfandrecht zur Sicherstellung des Baurechtszinses (ZGB 779i ff.) gelten, da in diesen Fällen i.d.R. ebenfalls entsprechende Verträge vorliegen, welche die zu sichernde Forderung begründen (GBV 76 Abs. 1). Für das letztgenannte Pfandrecht verweist allerdings ZGB 779k Abs. 2 auf die Bestimmungen über die Errichtung des Bauhandwerkerpfandrechts, was wiederum für die Zulässigkeit des Vorgehens nach ZGB 961 sprechen würde.

7.3 Die Entstehung

Für den *Rechtsgrundausweis* der Vormerkungen sind GBV 77–79 zu beachten. Nach GBV 77 Abs. 1 muss der Rechtsgrundausweis für eine Vormerkung die Bedingungen für die Ausübung des vorgemerkten Rechts und allfällige Beschränkungen seiner Dauer (s. zur Dauer S. 137 f. und besonders Fn 177) enthalten. Davon ausgenommen sind Vormerkungen von Verfügungsbeschränkungen auf Anmeldung der Zwangsvollstreckungsbehörden (GBV 77 Abs. 2) sowie Vormerkungen, die auf einer anderen amtlichen Anordnung beruhen (GBV 77 Abs. 3).

Damit ist auch angedeutet, dass Vormerkungen nicht nur kraft *vertraglicher Vereinbarung* (z.B. ein Vorkaufsrecht), sondern auch unmittelbar gestützt auf das *Gesetz* (z.B. eine Pfändung nach SchKG) im Grundbuch vorgemerkt werden können.

174 Dazu SCHMID/HÜRLIMANN-KAUP, § 30 Rz 1681 mit weiteren Hinweisen.

Bezüglich des Formerfordernisses muss zwischen den *öffentlich zu beurkundenden*[175] und den *einfach-schriftlichen* Vormerkungen unterschieden werden (GBV 78).

Beispiele:

Öffentlich zu beurkunden sind folgende vertraglich vereinbarten persönlichen Rechte (GBV 78 Abs. 1):

- Kaufs- und Rückkaufsrechte (OR 216 Abs. 2);
- Vorkaufsrechte mit zum Voraus bestimmtem Preis (sog. limitiertes Vorkaufsrecht, OR 216 Abs. 2, ZGB 712c Abs. 1);
- Rückfallsrechte bei Schenkungen (OR 247);
- Aufhebung des Teilungsanspruchs (ZGB 650 Abs. 2);
- Aufhebung oder Abänderung des Zuweisungsanspruchs im bäuerlichen Bodenrecht (BGBB 39);
- Aufhebung oder Abänderung gesetzlicher Vorkaufsrechte an Grundstücken (ZGB 681b);
- Nachrückungsrechte von Grundpfandgläubigern (ZGB 814 Abs. 3);
- Vormerkungen im Zusammenhang mit Dienstbarkeiten (ZGB 740a, 779a Abs. 2).

Einfach-schriftlich können die folgenden Vormerkungen angemeldet werden (vgl. GBV 78 Abs. 3):

- Mietvertrag (OR 261b);
- Pachtvertrag (OR 290 Bst. c);
- die Verbindung der Mitgliedschaft bei einer Genossenschaft mit dem Eigentum an einem Grundstück (OR 850 Abs. 3);
- Vormerkung unlimitierter Vorkaufsrechte.

7.4 Der Untergang

Grundsätzlich können die Vormerkungen aufgrund einer durch den Berechtigten eingereichten *Löschungsbewilligung* im Grundbuch gelöscht werden (ZGB 964 Abs. 1).[176] Ebenso kann das Grundbuchamt vom Gericht angewiesen werden, die Löschung zu vollziehen.

175 Vgl. zu den öffentlich zu beurkundenden Vormerkungen MUSA Nrn. 632.1 f. (Vorkaufsvertrag) sowie MUSA Nrn. 633.1 f. (Kaufsrechtsvertrag).

176 Zur Beglaubigung der Unterschriften s. S. 54.

Es ist auch möglich, dass eine Vormerkung durch *Zeitablauf* untergeht.[177] Geht die Frist aus dem Grundbucheintrag hervor und verliert das Recht durch Fristablauf seine rechtliche Bedeutung, kann der Grundbucheintrag v.A.w. gelöscht werden (ZGB 976 Ziff. 1). Das ist etwa bei Kaufs-, Rückkaufs- und Vorkaufsrechten der Fall, wenn die Maximalfrist von OR 216a[178] oder eine vertraglich vereinbarte, kürzere Frist abgelaufen ist.

Eine *Ausnahme* von der Löschung bei Fristablauf stellt das *Gewinnanspruchsrecht* nach BGBB 28 ff. und 41 dar. Es ist durchaus möglich, dass dieses Recht nach Ablauf der im Grundbuch eingetragenen Frist nach wie vor eine Bedeutung hat. Das vorgemerkte Gewinnanspruchsrecht stellt nämlich nichts anderes als eine besondere Art einer vorläufigen Eintragung für ein Pfandrecht dar. Entsprechend kann das Recht bei Geltendmachung des Gewinnanspruches auch in ein definitives Pfandrecht umgewandelt werden (BGBB 34 Abs. 4). Das bedeutet, dass das Recht noch am letzten Tag der eingetragenen Frist geltend gemacht und die Umwandlung in ein definitives Pfandrecht verlangt worden sein kann. Da dem Grundbuchverwalter eine solche Tatsache i.d.R. nicht bekannt sein wird, ist für die Löschung eines Gewinnanspruchsrechts stets die Bewilligung des Berechtigten, allenfalls ein Gerichtsurteil zu verlangen.

Zur Frage, ob für den Gewinnanspruch nach BGBB gestützt auf BGBB 28 Abs. 3 eine Maximalfrist von 25 Jahren gilt, s. S. 192.

Eine weitere Praxisfrage ist, ob *Mietverträge* anlässlich der ersten Vormerkung auch gleich für die Zeitdauer einer allenfalls vereinbarten Option auf Verlängerung des Vertrags vorgemerkt werden können, obwohl noch unklar ist, ob diese Option jemals ausgeübt werden wird. Mit HÜRLIMANN-KAUP[179] sind die Autoren der Auffassung, dass dies zugelassen werden müsste.

177 Aus dem Wortlaut von aGBV 71 Abs. 2 hätte man schliessen können, dass die Vormerkung persönlicher Rechte stets befristet sein muss. GBV 77 Abs. 1 ist, nach Ansicht der Schreibenden zu Recht, weniger absolut formuliert u. lässt wohl auch die zeitlich unbeschränkte Vormerkung von persönlichen Rechten zu, sofern die Rechtsgrundlagen des entsprechenden vorzumerkenden Rechts dies zulassen (was z.B. bei einem Vorkaufsrecht nicht der Fall wäre, OR 216a).

178 Diese Frist beginnt nach dem klaren Gesetzeswortlaut bei Vertragsabschluss zu laufen u. nicht erst bei der Grundbuchanmeldung der Vormerkung.

179 HÜRLIMANN-KAUP, Grundfragen des Zusammenwirkens von Miete und Sachenrecht, Zürich 2008, § 4 Rz 785 ff., besonders Rz 794.

8 Die Anmerkungen

8.1 Der Begriff

Mit den *Anmerkungen* werden im Grundbuch Rechtsverhältnisse oder rechtlich bedeutsame Tatsachen zum Ausdruck gebracht, welche unabhängig vom Grundbucheintrag bestehen. Ihre Hauptfunktion besteht in der *Information* des Publikums, sie hat aber auch die Eigenschaft, den guten Glauben des Erwerbers des betreffenden Grundstücks zu zerstören.[180]

Beispiel: Die Anmerkung eines Stellvertretungsverhältnisses nach ZGB 962a zerstört den guten Glauben in das Verfügungsrecht des eingetragenen Eigentümers.

Die Anmerkungen können sowohl auf *Bundesrecht* als auch auf *kantonalem Recht* beruhen.

Beispiele:

Bundesrecht: Anmerkung Sicherung des Vorsorgezwecks (BVG 30e Abs. 2); Anmerkung von Zugehör (ZGB 946 Abs. 2); Anmerkung des Beginns eines Werkes (ZGB 841 Abs. 3 und GBV 54 Abs. 3); Anmerkung eines Vorpachtrechts (LPG 5 und GBV 54 Abs. 5); Anmerkung einer eherechtlichen oder partnerschaftlichen Verfügungsbeschränkung (ZGB 178 Abs. 3 und PartG 22 sowie GBV 55).

Kantonales Recht: Anmerkung von Lage- und Höhenfixpunkten (AVG/BE 10 Abs. 3 sowie GeoIG/ZG 12 Abs. 2); Anmerkung von Nebenbestimmungen im Baubewilligungsverfahren (BauG/BE 29 Abs. 3 sowie PBG/ZH 321).

Bemerkung: Gemäss GBV 129 Abs. 4 haben die Kantone eine Liste der einzelnen Anmerkungstatbestände der kantonalen Gesetzgebung zu erstellen und diese dem EGBA zu übermitteln.[181]

Anmer-
kungen

180 Siehe zu den Anmerkungen auch DESCHENAUX, § 20 u. 36; ZOBL, § 17 Rz 337 ff.; Handbuch Ziff. 6.

181 Die Liste des Kantons Bern ist auf der Website der bernischen Grundbuchführung unter «Publikationen» einsehbar, <http://www.jgk.be.ch/jgk/de/index/direktion/organisation/gba/downloads_publikationen.assetref/dam/documents/JGK/GBA/de/GBA_Liste-der-Anmerkungstatbest%C3%A4nde-in-der-Gesetzgebung-des-Kantons-Bern_de.pdf> (besucht am: 11. Oktober 2015).

8.2 Die Arten

8.2.1 Allgemeines

Die Anmerkungen sind derart vielfältig, dass eine *Einteilung* nach Arten *fast unmöglich* ist. An dieser Stelle diene aber der Hinweis, dass gewisse Anmerkungen wirklich *nur Informationscharakter* haben und sonst den Eigentümer *nicht* in seiner *Verfügungsfreiheit beschränken*.

Beispiele: Anmerkung einer Nutzungs- und Verwaltungsordnung der Miteigentümer oder eines Reglements der Stockwerkeigentümergemeinschaft (s. dazu S. 81 f.).

Andere Anmerkungen hingegen können durchaus die Wirkung einer *Verfügungsbeschränkung* oder sogar einer *Grundbuchsperre* haben (s. dazu S. 132 ff.).[182]

Beispiele:

Verfügungsbeschränkung: Anmerkung nach BVG oder der Konkurs (SchKG 176 Abs. 2) sowie die Nachlassstundung (SchKG 296 und 298 Abs. 2).

Grundbuchsperre: etwa eine Anmerkung nach ZGB 178 Abs. 3.

8.2.2 Die Anmerkung von öffentlich-rechtlichen Eigentumsbeschränkungen im Besonderen

Gemäss ZGB 962 Abs. 1 muss das Gemeinwesen oder ein anderer Träger einer öffentlichen Aufgabe eine für ein bestimmtes Grundstück verfügte *Eigentumsbeschränkung des öffentlichen Rechts*, die dem Eigentümer eine dauerhafte Nutzungs- oder Verfügungsbeschränkung oder eine grundstücksbezogene Pflicht auferlegt, im Grundbuch anmerken lassen.[183] ZGB 962 Abs. 2 regelt die «Bewirtschaftung» solcher Anmerkungen. Namentlich kann der Grundbuchverwalter diese v.A.w. löschen, wenn die Eigentumsbeschränkung dahingefallen ist und das Gemeinwesen untätig bleibt. ZGB 962 Abs. 3 gibt dem Bundesrat die Befugnis, Rechtsgebiete des kantonalen Rechts zu definieren, in welchen die genannten Anmerkungen vorgenommen werden müssen. Dieser Pflicht ist der Bundesrat mit dem Erlass von GBV 129 nachgekommen.

Beispiel: Gemäss DPG/BE 18 können im Rahmen der Denkmalpflege verfügte oder vereinbarte Schutzmassnahmen im Grundbuch angemerkt werden. Diese Schutzmassnahmen können einschneidende Beschränkungen des Eigentumsrechts beinhalten (z.B. Nutzungsbeschränkungen insofern, als ein Umbau des Objekts erheblichen Auflagen untersteht) und verpflichten den jeweiligen Eigentümer des Grundstücks. Diese Einschränkungen gelten von Gesetzes wegen auch ohne Anmerkung,

182 Zur Frage der Grundbuchsperren vgl. insb. DESCHENAUX, § 19.
183 Vgl. auch S. 34 f.

d.h., dass die Anmerkung hier lediglich eine Informationsfunktion erfüllt. Ein gutgläubiger Erwerber der Liegenschaft kann sich deshalb – bei fehlender Anmerkung – nicht darauf berufen, er habe die Anmerkung nicht gekannt (da nicht im Grundbuch eingetragen) und die Auflagen des Denkmalschutzes würden daher für ihn nicht gelten. Rechtsprobleme können sich aber zwischen den Vertragsparteien ergeben (begründet z.B. eine mangelhafte diesbezügliche Information des Verkäufers Gewährleistungsansprüche aus Kaufrecht, z.B. eine Minderung des Kaufpreises?) oder zwischen dem Käufer und dem Notar (Vorwurf, der Notar habe seine Rechtsbelehrungspflicht nicht wahrgenommen), weshalb eine entsprechende Anmerkung im Grundbuch durchaus Sinn macht.

8.3 Die Entstehung

Für den Eintrag im Grundbuch und damit für die *Entstehung* ist GBV 80 massgebend. Dieser sieht vor, dass die Belege für Anmerkungen (Rechtsgrundausweis) der *schriftlichen Form* bedürfen, sofern nicht die öffentliche Beurkundung vorgeschrieben ist (s. dazu auch S. 136 f.).

Für die Anmerkung von Reglementen und Verwaltungsbeschlüssen von Miteigentümergemeinschaften (ZGB 649a Abs. 2) sowie von Reglementen von Stockwerkeigentümergemeinschaften ist vorgesehen, dass alle Berechtigten diese unterschreiben müssen. Bei den Stockwerkeigentümergemeinschaften genügt auch das *Protokoll* über die Annahme des Reglements durch Beschluss (s. die Kritik dazu S. 82).

Für Anmerkungen, die auf einem Entscheid einer Behörde beruhen, setzt GBV 80 Abs. 5 die Vollstreckbarkeit des Entscheids voraus (s. dazu S. 191).

8.4 Der Untergang

Grundsätzlich werden Anmerkungen durch eine *Löschungsbewilligung* im Grundbuch gelöscht. Im Übrigen gilt sinngemäss das zu den Vormerkungen Gesagte (s. S. 137 f.).

9 Die Teilung und Vereinigung von Grundstücken

9.1 Allgemeines

Die ZGB 974a und 974b regeln die Grundsätze bei *Teilung* (*Parzellierung*) und *Vereinigung* von Grundstücken. Im Vordergrund stehen dabei die Teilung und Vereinigung von Liegenschaften.[184]

ZGB 974a

E. Löschung und Änderung der Einträge
I. Bereinigung
1. Bei der Teilung des Grundstücks

1 Wird ein Grundstück geteilt, so müssen für jedes Teilstück die Dienstbarkeiten, Vormerkungen und Anmerkungen bereinigt werden.

2 Der Eigentümer des zu teilenden Grundstücks muss dem Grundbuchamt beantragen, welche Einträge zu löschen und welche auf die Teilstücke zu übertragen sind. Andernfalls ist die Anmeldung abzuweisen.

3 Betrifft ein Eintrag nach den Belegen oder den Umständen ein Teilstück nicht, so ist er darauf zu löschen. Das Verfahren richtet sich nach den Vorschriften über die Löschung eines Eintrags.

ZGB 974b

2. Bei der Vereinigung von Grundstücken

1 Mehrere Grundstücke eines Eigentümers können nur vereinigt werden, wenn keine Grundpfandrechte oder Grundlasten von den einzelnen Grundstücken auf das vereinigte Grundstück übertragen werden müssen oder die Gläubiger dazu einwilligen.

2 Sind Dienstbarkeiten, Vormerkungen oder Anmerkungen zulasten der Grundstücke eingetragen, so können diese nur vereinigt werden, wenn die Berechtigten dazu einwilligen oder nach der Art der Belastung dadurch in ihren Rechten nicht beeinträchtigt werden.

3 Sind Dienstbarkeiten, Vormerkungen oder Anmerkungen zugunsten der Grundstücke eingetragen, so können diese nur vereinigt werden, wenn die Eigentümer der belasteten Grundstücke dazu einwilligen oder sich die Belastung durch die Vereinigung nicht vergrössert.

4 Die Bestimmungen über die Bereinigung bei der Teilung des Grundstücks sind sinngemäss anwendbar.

Wichtig ist, dass seit 1. Januar 2012 im Gesetz eine *Bereinigungspflicht* ausdrücklich festgeschrieben ist (ZGB 974a Abs. 1). Bereinigung bedeutet in diesem Zusammenhang, dass bei der Teilung und/oder Vereinigung von Liegenschaften

Teilung Vereinigung Grundstücke

184 Zur Teilung von selbstständigen und dauernden Rechten sowie von Miteigentumsanteilen an Grundstücken s. ZK-LIVER, aZGB 743 N 1 ff.

geregelt werden muss, was mit den darauf befindlichen *Lasten* und *Rechten* geschehen soll.[185]

Beispiel: Das Grundstück Nr. 100 soll geteilt werden, wobei ein neues Grundstück Nr. 200 entsteht und das Grundstück Nr. 100 neu eine kleinere Fläche aufweisen wird. Grafisch lässt sich dies wie folgt darstellen:

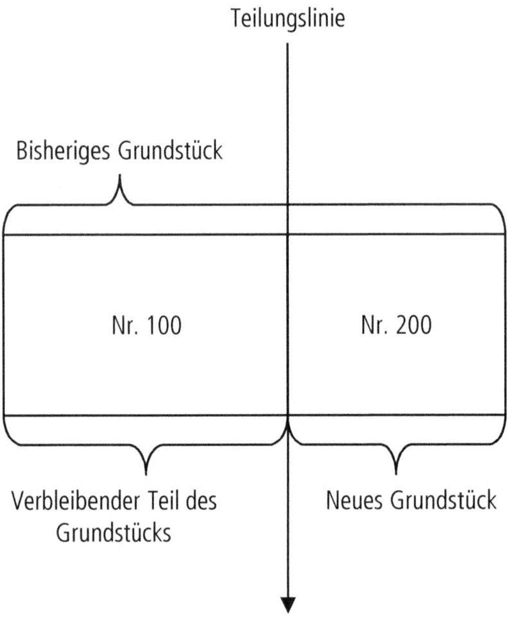

Auf dem Grundstück Nr. 100 im alten Zustand lastet ein Wegrecht. In der Parzellierungsurkunde ist nun zu regeln, wo dieses Wegrecht neu lasten soll. Infrage kommen drei Möglichkeiten, nur noch auf dem Grundstück Nr. 100 im neuen Zustand, nur noch auf dem neuen Grundstück Nr. 200 oder auf beiden Grundstücken. Welche dieser Möglichkeiten richtig ist, muss im Dienstbarkeitsbeleg und dem (hoffentlich) dazugehörigen Plan nachgeschlagen werden. Wenn sich aus diesem Beleg etwa ergibt, dass das Wegrecht entlang der westlichen Marche des Grundstücks Nr. 100 in Nord-Süd-Richtung verläuft, so wäre das neue Grundstück Nr. 200 von diesem Wegrecht gar nicht betroffen. Die Dienstbarkeit belastet somit nur das Grundstück Nr. 100 und ist auf das neue Grundstück Nr. 200 nicht zu übertragen.

185 Siehe dazu auch ZOBL, § 18 Rz 380 ff. Vgl. auch MUSA Nrn. 623 u. 681 f. (Parzellierung und Vereinigung) sowie MUSA Nrn. 683 ff. (Baulandumlegungen / Grenzregulierungen).

Ausserdem hat die ebenfalls per 1. Januar 2012 neu eingeführte Formvorschrift für Dienstbarkeitsverträge zu Änderungen betreffend Parzellierung und Vereinigung geführt. Die *Zustimmung zur Mehrbelastung* muss neu öffentlich beurkundet werden (vgl. S. 145 ff.).

Bemerkung: Im Kanton Bern ist es zudem nicht mehr möglich, im Rahmen von *Handänderungsurkunden* Dienstbarkeiten zu begründen, weil bei Handänderungsurkunden ein vereinfachtes Beurkundungsverfahren zur Anwendung kommt (vgl. NV/BE 49).[186]

9.2 Die Zustimmung zur Mehrbelastung im Besonderen

Bei Grundstücksvereinigungen werden Dienstbarkeitsrechte auf die hinzukommende Fläche ausgedehnt, sofern sich für die Eigentümer der belasteten Grundstücke die Belastung durch die Vereinigung nicht vergrössert oder sie dazu einwilligen (ZGB 974b Abs. 3). Die allenfalls beizubringende *Zustimmung zur Mehrbelastung* muss neu öffentlich beurkundet werden. Dies ergibt sich daraus, dass die Mehrbelastung eine Änderung des Dienstbarkeitsvertrags darstellt und dass auch die Abänderung eines wesentlichen Vertragspunkts der für die Begründung des Vertrags vorgeschriebenen Form unterliegt (so sinngemäss OR 12). Man kann auch argumentieren, auf dem neu hinzukommenden, bisher dienstbarkeitsfreien Grundstück wird durch die Ausdehnung die Dienstbarkeit neu «begründet».

Zu prüfen ist in diesen Fällen:

- ob eine *unzulässige Zweckänderung* vorliegt, die auch ohne Mehrbelastung nicht geduldet werden muss;
- ob die Dienstbarkeit lediglich *formell* oder auch *materiell ausgedehnt* wird;
- ob die *Mehrbelastung erheblich* ist.

Beispiel: Die fünfköpfige Familie Huber (Vater, Mutter und drei Kinder) hat ein Einfamilienhaus gekauft (Grundstück Nr. 200), welches durch ein Wegrecht erschlossen ist, das auf der im Eigentum von Frau Grantig stehenden Nachbarparzelle (Grundstück Nr. 100) lastet.

Teilung Vereinigung Grundstücke

186 Siehe dazu auch MUSA Nr. 622 (Handänderungsurkunde).

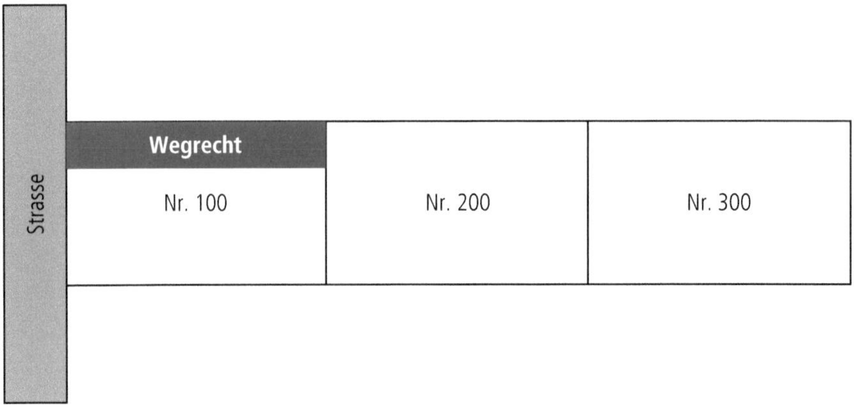

Herr Huber kauft nun die Nachbarsparzelle Nr. 300 und vereinigt diese in der Folge mit dem Grundstück Nr. 200; Nr. 300 wird gelöscht und Nr. 200 besteht neu mit der grösseren Fläche. Das Wegrecht war nur zugunsten von Nr. 200, nicht auch zugunsten von Nr. 300 eingetragen.

Will Herr Huber nun auf der Fläche des ehemaligen Grundstücks Nr. 300 Kies abbauen und ist das Wegrecht nur zum Zweck der Erschliessung von Wohnhäusern errichtet worden, so kann sich Frau Grantig gegen diese Zweckentfremdung zur Wehr setzen, dies selbst dann, wenn die Zweckentfremdung – was im vorliegenden Fall nicht wahrscheinlich ist – zu keiner Mehrbelastung führen würde (bezüglich Zweckentfremdung hat das Bundesgericht entschieden, dass ein Durchleitungsrecht zum Zweck der Stromübertragung nicht gleichzeitig zum Datentransport eines Telekommunikationsunternehmens verwendet werden darf[187]).

Es ist möglich, dass die Dienstbarkeit nur formell, nicht aber materiell ausgedehnt wird. Im konkreten Fall bedeutet dies, dass formell das ganze neue Grundstück Nr. 200 dienstbarkeitsberechtigt ist, in der Sache selber (= materiell) aber der östliche Teil des Grundstücks Nr. 200 (die ehemalige Nr. 300) nicht dienstbarkeitsberechtigt sein soll, weil dieser Teil beispielsweise anders erschlossen werden kann. Die Dienstbarkeit darf somit nur durch die Bewohner des «alten» Grundstücks Nr. 200 benutzt werden. Hier wäre an sich die Zustimmung zur Mehrbelastung durch Frau Grantig nicht nötig, weil es ja gar nicht zu einer Mehrbelastung kommen soll. In der Praxis kann in gewissen Fällen jedoch zweifelhaft sein, ob es sich wirklich nur um eine formelle Ausdehnung handeln kann bzw. ob es wegen der vorzunehmenden Vereinigung später nicht doch zu Auseinandersetzungen bezüglich des Inhalts der Dienstbarkeit kommen kann. Deshalb ist es möglich, dass

187 BGE 132 III 651, Urteilsbesprechung in BN 2010, 261 ff.

der Grundbuchverwalter aus Rechtssicherheitsüberlegungen trotz einem Antrag auf nur formelle Ausdehnung die Zustimmung zur Mehrbelastung verlangen wird.

Falls Herr Huber auf der Fläche des ehemaligen Grundstücks Nr. 300 ein weiteres Einfamilienhaus erstellen will, stellt sich die Frage, ob die Mehrbelastung erheblich ist. Das Bundesgericht hat erkannt, dass keine erhebliche Mehrbelastung vorliegt, sofern ein Grundstück anstatt bisher zwei Haushalte neu fünf Haushalte (wovon drei klein sind) aufweist und dies zu «einigen zusätzlichen Fahrbewegungen pro Tag» führt.[188] Bei der Vergrösserung des Einfamilienhauses könnte somit die Dienstbarkeit auch ohne Zustimmung von Frau Grantig materiell ausgedehnt werden. Das Wegrecht würde also auch für die Bewohner des umgebauten Einfamilienhauses gelten, weil die Mehrbelastung nicht erheblich ist. Falls Herr Huber allerdings statt eines weiteren Einfamilienhauses ein Hochhaus bauen will, würde zweifellos eine erhebliche Mehrbelastung resultieren und Frau Grantig müsste in öffentlicher Urkunde anlässlich der Vereinigung der Grundstücke dieser Mehrbelastung zustimmen.

Merke: Ob eine Zustimmung zur Mehrbelastung beigebracht werden muss, ergibt sich nach Würdigung der Umstände. Der Grundbuchverwalter hat hier einen Ermessensspielraum, wobei er im Zweifel die Zustimmung verlangen wird. Es ist ihm je nach Fall auch erlaubt, eine Zustimmung zu verlangen, obwohl gemäss Urkunde die Dienstbarkeit nur formell ausgedehnt werden soll. Um unliebsame Reklamationen zu vermeiden, lohnt es sich, zuhanden des Grundbuchamts kurz und nachvollziehbar zu begründen, weshalb es im konkreten Fall zu keiner Mehrbelastung kommen soll.

188 BGE 122 III 358.

10 Die erleichterte Löschung von Einträgen

10.1 Allgemeines

Die ZGB 976–976c regeln die *erleichterte Löschung.*[189] Das Thema kann in drei Bereiche unterteilt werden.

10.2 Die zweifelsfrei bedeutungslosen Einträge

ZGB 976 zählt vier Fallgruppen auf, bei welchen das Grundbuchamt einen Eintrag v.A.w. löschen kann. In der Praxis am häufigsten sind die Fallgruppe 1 (befristeter Eintrag) und die Fallgruppe 2 (unübertragbares und unvererbliches Recht einer verstorbenen Person, wie Nutzniessung oder Wohnrecht).

Die herrschende Lehre[190] geht davon aus, dass die genannte Aufzählung abschliessend ist. Es werden jedoch nicht alle *Fälle von zweifelsfrei bedeutungslosen Einträgen* erfasst.

> **Beispiel:** Nicht erfasst wird etwa der Fall, wo der Vorkaufsberechtigte das mit dem Vorkaufsrecht belastete Grundstück erwirbt. Das Vorkaufsrecht wird ohne Weiteres bedeutungslos.[191]

Das führt zur Frage, ob das Grundbuchamt in diesen Fällen die Löschung v.A.w. ebenfalls vornehmen kann – oder anders ausgedrückt, ob zweifelsfrei bedeutungslose Einträge quasi in Anwendung eines allgemeinen Rechtsprinzips auch ohne ausdrückliche Erwähnung im Gesetz gelöscht werden können und die Auffassung der herrschenden Lehre somit falsch wäre – oder ob in diesen Fällen die Löschung von den Berechtigten verlangt werden muss. Die Frage wird zurzeit noch diskutiert und muss hier offengelassen werden.

189 Siehe dazu Schmid/Hürlimann-Kaup, § 11 Rz 626 ff.; Tuor/Schnyder/Schmid/Jungo, § 95 Rz 46 ff.

190 Vgl. etwa BSK-Schmid, ZGB 976 N 2; Schmid/Hürlimann-Kaup, § 11 Rz 627 sowie BBl 2007 5336.

191 Dieser Fall war in der alten, vor dem 1. Januar 2012 bestehenden Grundbuchverordnung in aGBV 72 Abs. 2 geregelt. In der neuen Grundbuchverordnung fehlt eine entsprechende Bestimmung. Siehe zum Ganzen auch CHK-Deillon-Schegg, ZGB 976–976c N 1 ff.; BSK-Schmid, ZGB 976a N 1 ff. u. ZGB 976b N 1 ff.

Merke: Solange die soeben angetönte Frage noch nicht geklärt ist, ist der Grundbuchführung gedient, wenn die Urkundspersonen bei Beurkundung entsprechender Geschäfte nach Möglichkeit die entsprechenden Löschungen beantragen und die Löschungsbewilligungen beibringen.

10.3 Die höchstwahrscheinlich bedeutungslosen Einträge

10.3.1 Allgemeines

Mit ZGB 976a und 976b wurde ein neues Verfahren zur Löschung von *Einträgen*, die *höchstwahrscheinlich keine rechtliche Bedeutung* (mehr) haben, eingeführt.[192] Man spricht in der Praxis auch vom neuen «Avisierungsverfahren».

Die in ZGB 976a Abs. 1 umschriebenen Fälle sind für die Beurteilung der tatsächlichen Verhältnisse komplexer als diejenigen von ZGB 976. Daher muss hier der berechtigten Person die Möglichkeit gegeben werden, zur beantragten Löschung Stellung zu nehmen und dagegen gegebenenfalls Einspruch zu erheben. Das Einspruchsverfahren ist nicht nur im Rahmen von Dienstbarkeitsbereinigungen bei Parzellierungen anwendbar, sondern dient ganz allgemein zur Löschung von Einträgen im Grundbuch im Sinne eines selbstständigen Verfahrens.[193] Dieses soll in der Folge dargestellt werden.

192 Vgl. BBl 2007 5337 ff.

193 Das alte Verfahren war auf Parzellierungen beschränkt (vgl. aZGB 743 f.). Zu Fragen der Teilung u. Vereinigung von Grundstücken s. S. 143 ff.

10.3.2 Der Verfahrensablauf

Das Verfahren gestaltet sich wie folgt:

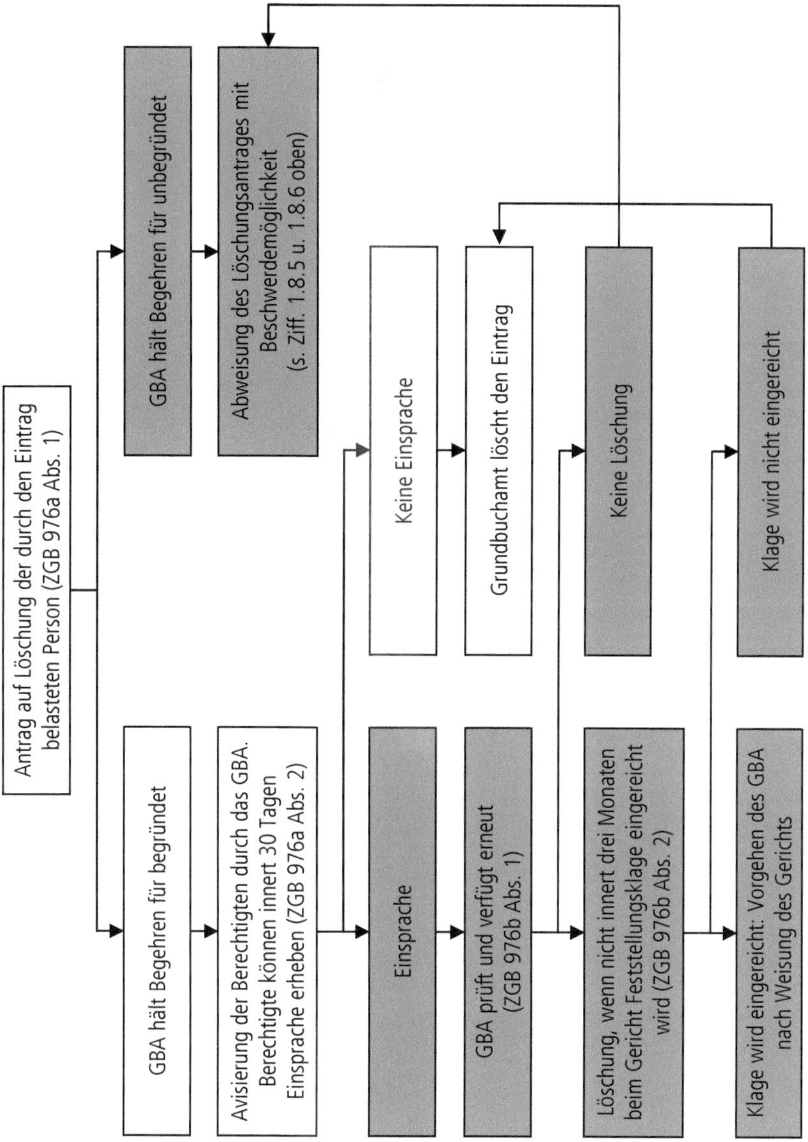

Erleichterte Löschung

Das *Verfahren* wird durch ein *Löschungsbegehren* des aus dem Eintrag Belasteten *eingeleitet* (ZGB 976a Abs. 1). Regelmässig wird dies der Eigentümer des belasteten Grundstücks sein. Denkbar ist aber auch, dass der Nutzniesser oder Wohnrechtsberechtigte das Begehren stellt. Im Übrigen kann das Löschungsbegehren von jedem der Belasteten, ungeachtet, ob Miteigentum oder Gesamteigentum vorliegt, einzeln eingereicht werden.

Der *Antragsteller* muss *darlegen*, weshalb der Eintrag nach den Belegen oder den Umständen seine *rechtliche Bedeutung verloren* hat. Die Anmeldung muss dabei mindestens einfach-schriftlich erfolgen (ZGB 963 i.V.m. GBV 48 Abs. 1).[194]

> **Beispiel:** Der belastete Eigentümer stellt mittels Brief an das Grundbuchamt den Antrag, das Quellenrecht auf seiner Liegenschaft habe aufgrund Versiegens der Quelle keine Bedeutung mehr und sei deshalb zu löschen.

Das Verfahren ist auf Einträge anwendbar, die von Anfang an bedeutungslos waren, und solche, die ihre rechtliche Bedeutung nachträglich verloren haben. Im Falle der ursprünglich bedeutungslosen Einträge tritt das Verfahren an die Stelle der Grundbuchberichtigungsklage (ZGB 975).[195]

Das Grundbuchamt hat das *Begehren* zu *prüfen*. Wenn es das Löschungsbegehren für unbegründet hält, weist es die Anmeldung ab. Dagegen kann Beschwerde geführt werden (dazu S. 57 ff.). Hält es das Löschungsbegehren hingegen für begründet, so teilt es der berechtigten Person mit, dass es den Eintrag löschen werde, wenn sie nicht innert 30 Tagen dagegen Einspruch erhebt (ZGB 976a Abs. 2).

Jeder Gesamt-, Mit- oder Stockwerkeigentümer hat einzeln das Recht auf Einspruch. Ebenfalls einspruchsberechtigt sind allfällige Vertreter (vgl. ZGB 962a, folglich auch der Verwalter der Stockwerkeigentümergemeinschaft).

Von der berechtigten Person darf kein übermässiger Aufwand zur Verteidigung ihres Rechts verlangt werden und sie darf sich grundsätzlich auf den Eintrag berufen. Dennoch bedarf die *Einsprache* der *schriftlichen Form* und muss *kurz begründet* werden.[196]

> **Bemerkung:** In der Praxis kann es sein, dass der Einsprecher persönlich aufs Amt kommt. In diesem Fall kann am Schalter die Einsprache protokolliert werden.

194 Siehe dazu S. 186 sowie S. 56.

195 Vgl. BBl 2007 5337. Die Grundbuchberichtigungsklage ist damit aber nicht abgeschnitten. Vielmehr steht sie nach dem (positiven oder negativen) Abschluss des Avisierungsverfahrens (wieder) offen. Das Verfahren nach ZGB 976a f. führt nämlich – im Unterschied zur Grundbuchberichtigungsklage (ZGB 975) vor dem Zivilgericht – nicht zur endgültigen Beurteilung der Frage, ob ein Eintrag keine rechtliche Bedeutung mehr hat, wenn eine der beteiligten Personen mit dem Ergebnis (z.B. Löschung des Eintrags) nicht einverstanden ist.

196 Vgl. BBl 2007 5338.

Beispiel: Der Berechtigte erhebt gegen den Antrag auf Löschung des Quellenrechts Einspruch mit der Begründung, die Quelle sei nicht versiegt, sie befinde sich aufgrund der Bodenverschiebung im nämlichen Gebiet bloss 300 Meter weiter nördlich und werde immer noch gebraucht.

Wenn innerhalb der dreissigtägigen Frist nur ein Einspruch ergeht (ohne Begründung), muss eine kurze Nachfrist zur Begründung angesetzt werden. Dasselbe muss gelten, wenn die Einsprache, die per Post zugestellt wird, zwar begründet, jedoch nicht unterschrieben ist.

Erfolgt kein Einspruch, löscht das Grundbuchamt den Eintrag und teilt dies der berechtigten Person nach ZGB 969 mit. Ist diese nun doch der Ansicht, die Löschung sei zu Unrecht erfolgt, so muss sie die Klage auf Wiedereintragung beim Gericht einreichen (ZGB 975). Dies ist zulässig, weil im Verfahren nach ZGB 976a f. keine materielle Überprüfung des Eintrags bzw. seiner Löschung stattfindet.[197]

Erhebt der Berechtigte Einspruch, endet das Verfahren damit nicht. Nach ZGB 976b Abs. 1 müsste das Grundbuchamt dem Belasteten (ohne materielle Prüfung) die Einsprache zur Stellungnahme zustellen.[198] Dieser kann anschliessend an seinem Antrag festhalten oder ihn zurückziehen. Das Gesetz sieht für das *Fortsetzungsbegehren* keine Frist vor. Nach Ansicht der Autoren ist auch hier eine dreissigtägige Frist gerechtfertigt. Weist das Grundbuchamt das Löschungsbegehren nach Eingang der Einsprache ab, so kann auch gegen diesen Entscheid Beschwerde geführt werden (dazu S. 57 ff.).

In der Praxis findet dieser Zwischenschritt nicht immer statt. Ist das Grundbuchamt von den Argumenten der Einsprache überzeugt, und weist es den Löschungsantrag des Belasteten direkt ab, so sind seine Rechte durch die Beschwerdemöglichkeit nach ZGB 956a genügend gewahrt.

Das *Grundbuchamt prüft* den *Einspruch*. Ist dieser überhaupt nicht oder nicht sachgerecht begründet, so wird es dem Löschungsbegehren entsprechen. Nach Ansicht der Autoren und mit der Botschaft reicht die blosse Einsprache ohne Begründung nicht.[199] An die Begründung der Einsprache hingegen dürfen nicht allzu grosse Anforderungen gestellt werden. Ist es wahrscheinlich oder zumindest nicht unwahrscheinlich, dass ein Eintrag noch eine rechtliche Bedeutung hat, dann reicht das bereits, damit die Einsprache gutgeheissen werden kann. Dies ist das *Beweismass* nach ZGB 976b, weil als Konsequenz daraus ein Eintrag im Rahmen von ZGB 976a Abs. 1 so nicht mehr überwiegend bzw. höchstwahr-

197 Siehe dazu auch oben Fn 195.

198 So neben dem klaren Wortlaut des Gesetzes auch die Botschaft, BBl 2007 5338.

199 BBl 2007 5338.

scheinlich keine Bedeutung mehr haben kann oder anders gesagt zumindest wahrscheinlich noch eine Bedeutung hat.

> **Beispiel:** Der Berechtigte erhebt gegen den Antrag auf Löschung des Quellenrechts Einspruch, ohne darzulegen, wieso dies so sein sollte. Das Grundbuchamt wird den Einsprecher auffordern, eine kurze Begründung zu liefern. Tut er dies nicht, wird es nach ZGB 976b Abs. 2 vorgehen. Der Berechtigte erhebt gegen den Antrag auf Löschung des Quellenrechts Einspruch mit der Begründung, die Quelle sei nicht versiegt. Er führt weiter aus, sie befinde sich aufgrund der Bodenverschiebung im nämlichen Gebiet bloss 300 Meter weiter nördlich und werde immer noch gebraucht. Das Grundbuchamt wird, weil es weder berechtigt noch verpflichtet ist, eigene Abklärungen zu treffen, die Einsprache zulassen und den Löschungsantrag abweisen. Die Begründung in diesem Fall ist nämlich zumindest nicht unwahrscheinlich, weshalb das fragliche Quellenrecht bereits nicht mehr höchstwahrscheinlich keine Bedeutung mehr haben kann oder eben zumindest wahrscheinlich noch eine Bedeutung hat. Was für die Bejahung des Einspruchs ausreicht.

Bei *Gutheissung* des *Einspruchs* teilt das Grundbuchamt dem Belasteten mit, dass der Eintrag im Hauptbuch nicht gelöscht wird. Gegen die Abweisung des Gesuchs kann die Grundbuchbeschwerde erhoben werden (s. dazu S. 57 ff.). Dem Belasteten steht es überdies frei, zu einem späteren Zeitpunkt das Begehren erneut zu stellen[200] oder aber bei Gericht die Grundbuchberichtigungsklage anzuheben.

Das Grundbuchamt teilt der berechtigten Person bei *Gutheissung* des *Löschungsbegehrens* gemäss ZGB 976b Abs. 2 mit, dass der Eintrag im Hauptbuch gelöscht werden wird, wenn nicht innerhalb einer Verwirkungsfrist von drei Monaten auf Feststellung, dass der Eintrag eine rechtliche Bedeutung hat, geklagt wird.[201] Gegen die Fristansetzung kann nach Auffassung der Autoren keine Grundbuchbeschwerde erhoben werden.

Reicht die berechtigte Person innert der dreimonatigen Frist keine *Klage* auf Feststellung beim zuständigen Gericht ein, so nimmt das Grundbuchamt die Löschung vor. Die Grundbuchberichtigungsklage bleibt weiterhin möglich.

200 Vgl. Fn 195.
201 BBl 2007 5338.

10.4 Das öffentliche Bereinigungsverfahren

10.4.1 Allgemeines

Die gesetzliche Grundlage für das *öffentliche Bereinigungsverfahren*[202] findet sich in ZGB 976c:

ZGB 976c

3. Öffentliches Bereinigungsverfahren

1 Haben sich in einem bestimmten Gebiet die Verhältnisse tatsächlich oder rechtlich verändert und ist deswegen eine grössere Zahl von Dienstbarkeiten, Vor- oder Anmerkungen ganz oder weitgehend hinfällig geworden oder ist die Lage nicht mehr bestimmbar, so kann die vom Kanton bezeichnete Behörde die Bereinigung in diesem Gebiet anordnen.

2 Diese Anordnung ist auf den entsprechenden Grundbuchblättern anzumerken.

3 Die Kantone regeln die Einzelheiten und das Verfahren. Sie können die Bereinigung weiter erleichtern oder vom Bundesrecht abweichende Vorschriften erlassen.

Demnach können die Kantone in Gebieten, in denen eine grosse Anzahl von Eintragungen im Grundbuch infolge veränderter Verhältnisse überflüssig geworden ist, eine sog. «systematische Bereinigung» oder auch «Perimeterbereinigung» durchführen (ZGB 976c Abs. 1).

Für das Verfahren und die damit zusammenhängenden Einzelheiten sind die Kantone gehalten, die notwendigen gesetzlichen Regelungen zu schaffen.

10.4.2 Das Verfahren in den Kantonen

a) *Gesetzliche Regelungen*

Gestützt auf ZGB 976c haben einige Kantone die Grundlage für ein *öffentliches Bereinigungsverfahren* geschaffen, jedoch das konkrete Verfahren (meist auf Verordnungsstufe) noch nicht definiert. Aufgrund der offenen Formulierung in ZGB 976c unterscheiden sich die Verfahren in den Kantonen, die bereits Regelungen getroffen haben, teilweise erheblich. Nachfolgend finden sich die gesetzlichen Regelungen einiger Beispielkantone, welche das Verfahren bereits vollständig normiert haben.

- Kanton Basel-Stadt EG ZGB/BS 209b i.V.m. VOGB/BS 6c;
- Kanton Bern EG ZGB/BE 129 ff.;
- Kanton Graubünden EG ZGB/GR 145c;
- Kanton Zug EG ZGB/ZG 153c ff.

202 Siehe zum Ganzen auch CHK-Deillon-Schegg, ZGB 976–976c N 1 ff. sowie BSK-Schmid, ZGB 976c N 1 ff.

b) *Verfahrensablauf*

Das *Verfahren* soll in der Folge anhand desjenigen im Kanton Bern dargestellt werden. Schematisch sieht es wie folgt aus:

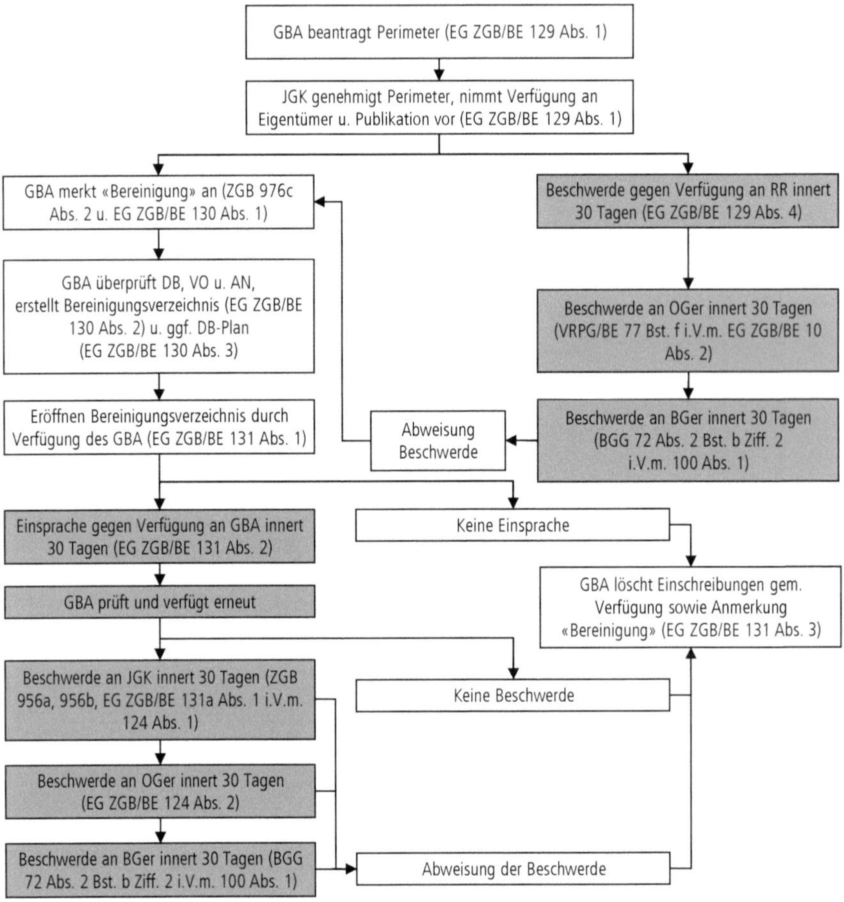

Gemäss EG ZGB/BE 129 Abs. 1 ordnen die Justiz-, Gemeinde- und Kirchendirektion auf *Antrag* des zuständigen Grundbuchamts eine *öffentliche Bereinigung* durch Verfügung an. Die Verfügung legt den örtlichen und sachlichen Umfang (Perimeter) der Bereinigung fest (EG ZGB/BE 129 Abs. 2).[203] Sie wird im Amts-

203 Aufgrund der Tatsache, dass in diesem Verfahren immer ein Perimeter festzulegen ist, spricht man auch etwa von der sog. «Perimeterbereinigung».

blatt veröffentlicht und den Eigentümern der betroffenen Grundstücke schriftlich eröffnet (EG ZGB/BE 129 Abs. 3).

Gegen die Anordnung der Justiz-, Gemeinde- und Kirchendirektion kann Beschwerde geführt werden (EG ZGB/BE 129 Abs. 4). Der Entscheid des Regierungsrats unterliegt sodann der Beschwerde an das Obergericht und dieser der Beschwerde in Zivilsachen an das Bundesgericht.

Ist der verfügte *Perimeter* rechtskräftig – d.h., wurden keine Beschwerden dagegen erhoben oder wurden sie erledigt –, ist auf den betroffenen Grundstücken das Bereinigungsverfahren anzumerken (ZGB 976c Abs. 2 und EG ZGB/BE 130 Abs. 1).

Beispiel:

Anmerkungen
04.05.2015 035-2015/1000/1 Bereinigungsverfahren hängig ID.035-2015/000700

Das zuständige *Grundbuchamt führt* sodann die *Bereinigung durch* (EG ZGB/BE 130 Abs. 1).[204] Das Grundbuchamt hat im Bereinigungsverfahren sämtliche Dienstbarkeiten, Vor- und Anmerkungen zu überprüfen. Ausgehen wird es dabei von den Belegen. Hier können aber auch weiter Beweismittel (z.B. Augenschein, Auskünfte der Parteien oder Dritter, Leitungspläne von Stromerzeugern, Wasserversorgungs- oder Kanalisationsgenossenschaften, topografische Einschätzungen des Geometers etc.)[205] hinzugezogen werden. Die Arbeit richtet sich dabei nach den Grundsätzen in ZGB 976c Abs. 1. Danach ist Voraussetzung für die Löschung eines Eintrags, dass dieser ganz oder teilweise hinfällig geworden ist oder für Dienstbarkeiten im Besonderen, dass deren Lage nicht mehr bestimmbar ist. Dies bringt denn auch EG ZGB/BE 130 Abs. 2 mit der Formulierung «aktuelle rechtliche und tatsächliche Bedeutung» zum Ausdruck. Das Grundbuchamt hat sodann ein *Verzeichnis* mit den bleibenden und zu löschenden Rechten zu erstellen (EG ZGB/BE 130 Abs. 2). Wo es nötig ist, kann es eine Dienstbarkeit mit einem Plan ergänzen (EG ZGB/BE 130 Abs. 3).

Das *Grundbuchamt eröffnet* den Berechtigten die vorgesehenen Bereinigungen durch Verfügung (EG ZGB/BE 131 Abs. 1 Bst. a). Den Belasteten wird diese nur dann eröffnet, wenn sie in schutzwürdigen Interessen betroffen sind (etwa bei

204 Es handelt sich um ein Verwaltungsverfahren, in dem die Vorschriften des kantonalen Verwaltungsverfahrensrechts zur Anwendung gelangen. Hier zu nennen ist insb. die Feststellung des Sachverhalts durch den Bereiniger von Amtes wegen (vgl. VRPG/BE 18). Unter Umständen ist auch das rechtliche Gehör zu wahren (vgl. VRPG/BE 21).

205 Vgl. auch VRPG/BE 19.

der Planeinzeichnung; vgl. EG ZGB/BE 131 Abs. 1 Bst.b und c). In der Regel dürfte die Löschung einer Last jedoch nicht mit einem Nachteil verbunden sein.

Gegen die Verfügung können die Beteiligten innert 30 Tagen beim Grundbuchamt Einsprache erheben (EG ZGB/BE 131 Abs. 2).[206] Gegen die Einspracheverfügung des Grundbuchamts kann innert 30 Tagen Beschwerde bei der Justiz-, Gemeinde- und Kirchendirektion erhoben werden. (EG ZGB/BE 131a Abs. 1). Der Beschwerdeentscheid unterliegt sodann der Beschwerde an das Obergericht und dieser der Beschwerde in Zivilsachen an das Bundesgericht.

Wurde die *Verfügung rechtskräftig*, so *vollzieht* das Grundbuchamt die *Änderungen* v.A.w. im Grundbuch und löscht die Anmerkung «Bereinigungsverfahren hängig» (EG ZGB/BE 131 Abs. 3). Resultiert aus der Bereinigung keine Änderung, so ist dennoch die Anmerkung beim Abschluss des Bereinigungsverfahrens für das betreffende Grundstück zu löschen.

Die Kosten des erstinstanzlichen Verfahrens und des Einspracheverfahrens trägt der Kanton, da die Bereinigung im öffentlichen Interesse steht (EG ZGB/BE 131b Abs. 1).

206 Die Einsprache hat Rechtsmittelfunktion (VRPG/BE 53 ff.). Das Grundbuchamt kann in diesem Zusammenhang auch eine Einspracheverhandlung durchführen (EG ZGB/BE 131 Abs. 2).

11 Die grundbuchlichen Auswirkungen des Kindes- und Erwachsenen-schutzrechts

11.1 Allgemeines

Das neue *Erwachsenenschutzgesetz* ist am 1. Januar 2013 in Kraft getreten. Zuständig für die Anordnung der entsprechenden Massnahmen ist neu die KESB. Für die Grundbuchführung wichtig ist vor allem die Frage, wann zu einem Grundbuchgeschäft die *Zustimmung* der KESB beizubringen ist. (ZGB 416 Abs. 1 Ziff. 4, allenfalls auch Ziff. 5, z.B. bei Nutzniessung an einem Pfandrecht, und Ziff. 3 für Erbteilungen.)

11.2 Das Vorgehen bei Beistandschaften

11.2.1 Das Handeln einer verbeiständeten Person

Der Notar muss in öffentlicher Urkunde (sog. Feststellungsurkunde) feststellen, ob eine Beschränkung der *Handlungsfähigkeit* der beteiligten Personen vorliegt. Liegt eine solche vor, muss er sodann feststellen, welche *Art der Beistandschaft* angeordnet wurde. Dieser Nachweis kann selbstverständlich auch mit einer Bescheinigung der KESB erbracht werden.

Es kann sein, dass die Handlungsfähigkeit nicht beeinträchtigt ist, aber trotzdem eine Beistandschaft vorliegt. Liegt keine Beschränkung der Handlungsfähigkeit vor, so kann die verbeiständete Person selbstständig und ohne weitere Zustimmung der KESB handeln. Dies ist typischerweise bei der Begleitbeistandschaft und der Vertretungsbeistandschaft ohne Einschränkung der Handlungsfähigkeit der Fall.[207]

Stellt der Notar fest, dass die verbeiständete Person nicht (mehr) handlungsfähig ist, ist ein selbstständiges Handeln dieser Person ausgeschlossen.

Handelt die verbeiständete Person zusammen mit dem Beistand, so müssen bei Verfügungen über Grundstücke und Rechte daran sowie beim Erwerb von Grundstücken, an denen verbeiständete Erwachsene eigentumsmässig beteiligt

207 Zu beachten sind aber allfällige Beschränkungen im Sinne von ZGB 395 Abs. 3 u. 4, die sich typischerweise aus kombinierten Beistandschaften ergeben können. Die jeweilige Beschränkung ergibt sich aus den entsprechenden Anmerkungen im Grundbuch.

sind, diese Geschäfte durch die KESB genehmigt werden. Eine Genehmigung entfällt in folgenden Fällen:

- wenn die verbeiständete Person handlungsfähig ist;
- wenn eine Begleitbeistandschaft nach ZGB 393 vorliegt;
- wenn eine Mitwirkungsbeistandschaft nach ZGB 396 vorliegt.

Handelt die verbeiständete Person nicht selber und wird sie durch den Beistand vertreten, so ist das Geschäft in jedem Falle durch die KESB zu genehmigen.

11.2.2 Die Zustimmung bei Minderjährigen

Stellt der Notar fest, dass *Minderjährige* beteiligt sind, stellt sich die Frage, wer sie vertritt und ob allfällige Geschäfte des Vertreters durch die KESB zu genehmigen sind. Grundsätzlich werden Kinder durch ihre *Eltern* vertreten (ZGB 304 Abs. 1). Solange sie minderjährig sind, steht die elterliche Sorge Mutter und Vater gemeinsam zu (ZGB 296 Abs. 2). Bei Trennung oder Ehescheidung entscheidet das Gericht, wem die elterliche Sorge zusteht, wobei auch in diesem Fall beiden Eltern die elterliche Sorge grundsätzlich belassen wird, wenn dadurch das Kindswohl nicht gefährdet ist (ZGB 298 i.V.m. ZGB 133). Sind die Eltern bei Geburt des Kindes nicht verheiratet, so steht die elterliche Sorge der Mutter zu, falls nicht eine andere Vereinbarung der Eltern oder ein gegenteiliger Entscheid der KESB oder eines Gerichts vorliegt (ZGB 298a–298c). Bei gemeinsamer elterlicher Sorge müssen beide Elternteile die Vertretung gemeinsam ausüben, d.h., beide müssen beim konkreten Geschäft mitwirken. ZGB 304 Abs. 2 findet bei Grundbuchgeschäften keine Anwendung.[208] Werden Minderjährige bei einem grundbuchrelevanten Rechtsgeschäft durch einen oder beide Elternteile rechtsgültig vertreten, bedürfen solche Geschäfte keiner weiteren Genehmigung mehr. Bestimmte Geschäfte sind ihnen jedoch nicht erlaubt. So sind Schenkungen nur sehr beschränkt zulässig (ZGB 304 Abs. 3).

> **Beispiel:** Ein minderjähriges Kind (vgl. ZGB 14) hat ein Haus geerbt und will dieses nun einem Dritten verkaufen. Beide Eltern müssen beim Kaufvertrag mitwirken. Wirkt nur ein Elternteil mit, muss er vom anderen dazu bevollmächtigt sein oder dem Grundbuchamt ist darzulegen, dass keine gemeinsame elterliche Sorge besteht.

> **Bemerkung:** Die KESB muss den Vertrag genehmigen oder selber handeln, wenn zwischen dem Kind und den Eltern ein Interessenskonflikt gegeben ist (ZGB 306 Abs. 2).

Im Zusammenhang mit der Zustimmung bei Minderjährigen ist in der Praxis die Frage aufgetaucht, wie weit die Prüfungspflicht des Grundbuchverwalters bei einem Erwerb durch einen Minderjährigen geht. An sich prüft das Grund-

208 ZVW 2008, 253 mit Hinweisen, entweder handeln beide Eltern oder der eine Elternteil hat vom anderen eine Vollmacht.

buchamt das Verfügungsrecht derjenigen Person, die über ein dingliches Recht verfügt. Ob der Erwerber ein dingliches Recht befugt oder unbefugt erwirbt, liegt grundsätzlich nicht in der Prüfungsbefugnis des Grundbuchverwalters.[209] Ausnahmen bilden gesetzliche Regelungen (wie z.B. das BewG, s. zur Thematik S. 173 ff.) sowie der Grundsatz, dass offensichtlich nichtige bzw. ungültige Grundbucheintragungen verhindert werden sollen (s. dazu S. 191 f.). Aus dieser Optik hat der Grundbuchverwalter auch die Handlungsfähigkeit des Erwerbers zumindest oberflächlich zu prüfen[210] und entsprechend zu intervenieren, falls der minderjährige Erwerber eines Grundstücks nicht rechtsgültig vertreten ist. Liegt eine *Interessenkollision* vor, was z.B. dann der Fall ist, wenn die Eltern ihre Liegenschaft ihrem minderjährigen Kind abtreten wollen,[211] hat die KESB das Geschäft zu genehmigen oder selber zu handeln; das Vertretungsrecht der Eltern entfällt in diesem Fall von Gesetzes wegen (ZGB 306 Abs. 2 und 3).

Für Kinder, die nicht unter elterlicher Sorge stehen, ernennt die KESB einen Vormund, dem die gleichen Rechte wie den verheirateten, ungetrennten Eltern zustehen (ZGB 327a f.). Die Bestimmungen des Erwachsenenschutzes sind sinngemäss anwendbar (ZGB 327c Abs. 2). Geschäfte betreffend Verfügungen über Grundstücke und Rechte daran sowie der Erwerb von Grundstücken sind immer durch die KESB zu genehmigen (ZGB 416).

209 Siehe dazu BRÜCKNER, ZBGR 1983, 81.

210 Dazu Deschenaux, § 24 492 f.

211 Die Frage wurde besonders aktuell im Jahre 2011, als im Vorfeld der Initiative für eine eidgenössische Erbschaftssteuer (und der damit verbundenen Rückwirkung) Grundstücke in grosser Zahl von den Eltern auf die Kinder – auch minderjährige – übertragen wurden.

11.3 Die Zustimmung der KESB in Beistandsfällen

Die nachfolgende Tabelle gibt anhand der verschiedenen Fallkonstellationen einen raschen *Überblick*, wann die Zustimmung der KESB nötig ist.[212]

	Art der Beistandschaft der verfügungsberechtigten Person				
Vornahme der Handlung durch	**Begleitbeistandschaft**	**Vertretungsbeistandschaft**		**Mitwirkungsbeistandschaft**	**Umfassende Beistandschaft**
	Handlungsfähigkeit (HF) ist nicht eingeschränkt	HF ist nicht eingeschränkt	HF ist eingeschränkt	HF ist von Gesetzes wegen eingeschränkt	HF entfällt von Gesetzes wegen
den Verbeiständeten allein	Nein	Nein[213] Ausnahme: Massnahme nach ZGB 395 Abs. 3.	Nicht möglich	Nicht möglich	Nicht möglich
den Verbeiständeten und den Beistand gemeinsam	Nein[214]	Nein[215] Ausnahme: Massnahme nach ZGB 395 Abs. 3.	Ja	Nein[216]	Ja
den Beistand allein	Nicht möglich	Ja Ausnahme: Zustimmung des Verbeiständeten nach ZGB 416 Abs. 2	Ja	Nicht möglich	Ja

Bei der kombinierten Beistandschaft ist die Zustimmung einzuholen, sofern einer der oben mit «Ja» bezeichneten Fälle in der Kombination enthalten ist. ZGB 416

212 Zu den zustimmungsbedürftigen Geschäften s. auch FASSBIND, 304 ff.

213 ZGB 416 Abs. 2.

214 Zustimmung ist nur nötig, wenn der Beistand in Vertretung der verbeiständeten Person handelt (ZGB 416 Abs. 1), was bei der Begleitbeistandschaft nicht der Fall ist.

215 ZGB 416 Abs. 2.

216 Zustimmung ist nur nötig, wenn der Beistand in Vertretung der verbeiständeten Person handelt (ZGB 416 Abs. 1), was bei der Mitwirkungsbeistandschaft nicht der Fall ist (BSK-VOGEL, ZGB 416/417 N 7; FASSBIND, 243).

ist nicht anwendbar bei der Vertretung des Kindes durch die Eltern gemäss ZGB 304 (Ausnahme bei Interessenkollision).

11.4 Das eigene Handeln der KESB

Die Rechtsgrundlage hierfür lautet wie folgt:

ZGB 392

C. Verzicht auf eine Beistandschaft

Erscheint die Errichtung einer Beistandschaft wegen des Umfangs der Aufgaben als offensichtlich unverhältnismässig, so kann die Erwachsenenschutzbehörde:

1. von sich aus das Erforderliche vorkehren, namentlich die Zustimmung zu einem Rechtsgeschäft erteilen;
2. einer Drittperson für einzelne Aufgaben einen Auftrag erteilen; oder
3. eine geeignete Person oder Stelle bezeichnen, der für bestimmte Bereiche Einblick und Auskunft zu geben sind.

Gestützt auf diese Rechtsgrundlage kann die KESB ohne Errichtung einer Beistandschaft *direkt grundbuchliche Operationen veranlassen*, z.B. im Namen der schutzbedürftigen Person die Löschungsbewilligung für ein Wohnrecht erteilen oder den Kaufvertrag über ein der schutzbedürftigen Person gehörendes Grundstück unterzeichnen.[217]

Bemerkung: Im letztgenannten Fall ist aus beurkundungsrechtlichen Überlegungen unbedingt darauf zu achten, dass die KESB oder eine von dieser bevollmächtigte Person an der Beurkundung effektiv teilnimmt (vgl. NV/BE 44 Abs. 1).

Beispiel: Die schutzbedürftige M ist Mitglied einer Erbengemeinschaft bestehend aus A, B und ihr selber. Die Erbengemeinschaft will ein ihr gehörendes Grundstück verkaufen. Dem Grundbuchamt wird ein Kaufvertrag abgegeben, aus dem hervorgeht, dass aufseiten der Verkäufer lediglich A und B an der Beurkundung teilnahmen, ohne dass eine der genannten Personen M vertreten hätte. Von der KESB war niemand an der Beurkundung anwesend, jedoch wurde nach der Beurkundung der Kaufvertrag von der KESB genehmigt. Dieses Vorgehen ist – zumindest im Kanton Bern – beurkundungsrechtlich nicht zulässig. Ein Mitglied der KESB oder eine von der KESB bevollmächtigte Person (dies könnten auch A oder B sein) muss an der Beurkundung teilnehmen. Daran ändert auch die nachträgliche Genehmigung des Vertrags durch die KESB nichts.

Aus Sicht der Grundbuchführung ist in diesen Fällen anschliessend nicht noch eine Genehmigung nach ZGB 416 beizubringen.

217 Siehe dazu auch FASSBIND, 47 ff.

11.5 Die Form der Entscheide der KESB

Entscheide der KESB zu Geschäften i.S.v. ZGB 416 und 417 müssen im Zeitpunkt der grundbuchlichen Verfügung vollstreckbar sein. Das bedeutet, dass der Entscheid entweder in Rechtskraft erwachsen ist, oder im Entscheid selber wurde einer allfälligen Beschwerde die aufschiebende Wirkung entzogen (ZGB 450c; s. zum Ganzen auch S. 191). Ist der Entscheid in Rechtskraft erwachsen, muss dem Grundbuchamt eine Rechtskraftbescheinigung der zuständigen Behörde eingereicht werden.

Bäuerliches Bodenrecht

12 Die grundbuchlichen Auswirkungen des Bundesgesetzes über das bäuerliche Bodenrecht (BGBB)

12.1 Allgemeines

Das *bäuerliche Bodenrecht* (BGBB) bezweckt in erster Linie, dem Selbstbewirtschafter den Erwerb von landwirtschaftlichen Gewerben und Grundstücken zu tragbaren Preisen zu erleichtern. Das bäuerliche Grundeigentum soll auf der Basis von Familienbetrieben gestärkt und gefördert werden. Zudem soll die Spekulation mit Landwirtschaftsland durch Bekämpfung von übersetzten Bodenpreisen eingeschränkt werden. Man kann sagen, dass das Gesetz grundsätzlich dem Schutz des Bauernstandes dient.[218]

12.2 Der Anwendungsbereich

Zunächst stellt sich die Frage, welche Grundstücke gemäss den oben beschriebenen Grundsätzen einen besonderen Schutz brauchen und somit dem bäuerlichen Bodenrecht unterstehen.[219]

Grundsätzlich gilt das Gesetz für *einzelne oder zu einem landwirtschaftlichen Gewerbe gehörende Grundstücke*, welche ausserhalb einer Bauzone liegen und für welche die landwirtschaftliche Nutzung zulässig ist (BGBB 2 Abs. 1).

Gemäss BGBB 2 Abs. 3 Bst. a gilt das Gesetz sodann für Grundstücke, die in einer Bauzone liegen, aber zu einem landwirtschaftlichen Gewerbe gehören. Dasselbe gilt für *Waldgrundstücke*, die zu einem landwirtschaftlichen Gewerbe gehören (BGBB 2 Abs. 3 Bst. b).

> **Merke:** Von Waldgrundstücken ist die Rede, wenn die Bodenbedeckung ausschliesslich Wald umfasst. Gehören sie nicht zu einem landwirtschaftlichen Gewerbe, ist das BGBB nicht anwendbar.

Vom Geltungsbereich des BGBB ausgenommen sind die sog. «kleinen Grundstücke». Solche liegen vor, wenn deren Fläche weniger als 25 Aren beträgt und sie nicht zu einem landwirtschaftlichen Gewerbe gehören (BGBB 2 Abs. 3).

Für weitere Details bezüglich des Geltungsbereichs sei auf BGBB 2–5 verwiesen.

218 Vgl. zum Zweck BGBB 1.

219 Für die Auswirkungen auf die öffentliche Beurkundung vgl. MUSA Nr. 621.4 (Erwerb eines landwirtschaftlichen Gewerbes).

Bäuerliches Bodenrecht

12.3 Die Begriffe

12.3.1 Das landwirtschaftliche Grundstück

Nach dem Gesetz gilt ein *Grundstück* als *landwirtschaftlich*, wenn es für die *landwirtschaftliche Nutzung* geeignet ist (BGBB 6 Abs. 1).[220]

Beispiele:

Umfasst die Bodenbedeckung des Grundstücks ausschliesslich Acker, Wiese und Weide und liegt es nicht in einer Bauzone, so ist für dieses Grundstück die landwirtschaftliche Nutzung – z.B. die Bestellung des Feldes mit Weizen oder das Auslassen der Kühe – zweifelsfrei gegeben.

Handelt es sich hingegen um ein Grundstück, dessen Bodenbedeckung fast ausschliesslich Gewässer aufweist und nur über einen kleinen Streifen Weideland verfügt, so ist dieses nicht zur landwirtschaftlichen Nutzung geeignet und untersteht daher nicht dem BGBB.

12.3.2 Das landwirtschaftliche Gewerbe

Unter dem Begriff des *landwirtschaftlichen Gewerbes* versteht das Gesetz eine *Gesamtheit* von landwirtschaftlichen Grundstücken, Bauten und Anlagen, die als Grundlage der landwirtschaftlichen Produktion dient und zu deren Bewirtschaftung mindestens eine Standardarbeitskraft nötig ist.[221]

12.4 Die privatrechtlichen Beschränkungen des Verkehrs mit landwirtschaftlichen Gewerben und Grundstücken

12.4.1 Die Veräusserungsverbote

Zur *Sicherung* der *Selbstbewirtschaftung* besteht in folgenden Fällen ein *Veräusserungsverbot*:

- Wird in der *Erbteilung* ein landwirtschaftliches Gewerbe einem Erben zur Selbstbewirtschaftung zugewiesen, so darf er es während zehn Jahren grundsätzlich nur mit Zustimmung der Miterben veräussern (BGBB 23).
- Hat ein Eigentümer ein landwirtschaftliches Gewerbe durch Ausübung eines Vorkaufsrechts zur Selbstbewirtschaftung erworben, so darf er es während

220 Für weitere Details bezüglich des Begriffs des landwirtschaftlichen Grundstücks vgl. BGBB 6 Abs. 2.

221 Vgl. zum Begriff u. weiteren Details des landwirtschaftlichen Gewerbes BGBB 7 f.

zehn Jahren grundsätzlich nur mit Zustimmung des Verkäufers veräussern (BGBB 54).

- Sofern im Rahmen einer Auflösung von Mit- oder Gesamteigentum ein landwirtschaftliches Gewerbe einem Mitbeteiligten zugewiesen wird, so darf er eine Veräusserung während zehn Jahren grundsätzlich nur mit Zustimmung der andern Mit- bzw. Gesamteigentümer vornehmen (BGBB 38 i.V.m. 23).
- Der Eigentümer kann ein landwirtschaftliches Gewerbe, das er zusammen mit seinem Ehepartner bewirtschaftet, oder einen Miteigentumsanteil daran nur mit Zustimmung des andern Ehepartners veräussern (BGBB 40 Abs. 1). Sofern ein verheirateter Eigentümer mit seinem Ehepartner die Wohnung der Familie im landwirtschaftlichen Gewerbe hat, muss der andere Ehepartner zu einer Veräusserung des Gewerbes zustimmen, und zwar unabhängig davon, ob die Bewirtschaftung durch beide Ehegatten erfolgt oder nicht (Schutz der Familienwohnung gemäss ZGB 169).

12.4.2 Die gesetzlichen Kaufs-, Rückkaufs- und Vorkaufsrechte

a) Vorkaufsrechte

Wird ein *landwirtschaftliches Gewerbe* veräussert, so haben die Nachkommen des Veräusserers und – unter bestimmten Voraussetzungen – auch die Geschwister oder Geschwisterkinder des Veräusserers ein gesetzliches *Vorkaufsrecht*, sofern sie das Gewerbe selber bewirtschaften wollen und dafür als geeignet erscheinen. Der Übernahmepreis entspricht grundsätzlich dem Ertragswert (BGBB 42 Abs. 1 und 44). Wird ein *landwirtschaftliches Grundstück* veräussert, so hat jeder Nachkomme des Veräusserers ein gesetzliches Vorkaufsrecht daran, wenn er Eigentümer eines landwirtschaftlichen Gewerbes ist oder wirtschaftlich über ein solches verfügt und das Grundstück im ortsüblichen Bewirtschaftungsbereich dieses Gewerbes liegt. Der Übernahmepreis entspricht grundsätzlich dem doppelten Ertragswert (BGBB 42 Abs. 2 und 44).

Gemäss BGBB 43 wird der Vorkaufsfall für Verwandte auch von Tatbeständen ausgelöst, die sonst nach den allgemeinen Regeln von OR 216c *keinen* Vorkaufsfall darstellen würden. Man spricht deshalb in diesem Zusammenhang auch vom *erweiterten Vorkaufsfall*.

Auch der Pächter hat an landwirtschaftlichen Grundstücken und/oder Gewerben ein gesetzliches Vorkaufsrecht, sofern gewisse Voraussetzungen erfüllt sind, allerdings ohne Preisprivileg und nicht für erweiterte Vorkaufsfälle, ausser der Pächter sei ein Verwandter im Sinne der BGBB 42 ff. (s. zum Ganzen BGBB 47 und 48).

Wie bereits gesehen (S. 130 f.) hindert das Bestehen eines Vorkaufsrechts die Verfügungsfähigkeit des Grundeigentümers nicht. Ein Kaufvertrag über ein landwirtschaftliches Grundstück oder Gewerbe kann – sofern die übrigen nach BGBB nötigen Voraussetzungen vorliegen – auch ohne Einwilligung der Vorkaufsberechtigten im Grundbuch eingetragen werden. Aus grundbuchrechtlicher Sicht stellt sich höchstens die Frage, ob die Vorkaufsberechtigten i.S.v. ZGB 969 benachrichtigt werden müssen. Dieser Pflicht muss der Grundbuchverwalter allerdings nur nachkommen, wenn sich das gesetzliche Vorkaufsrecht aus dem Grundbuch selber ergibt, wie z.B. bei Miteigentum oder Baurechten (ZGB 682). Soweit sich die oben geschilderten Vorkaufsrechte nicht direkt aus dem Grundbuch ergeben – was die Regel sein wird –, muss der Grundbuchverwalter die Vorkaufsberechtigten nicht avisieren. Diese Pflicht trifft allein den Verkäufer gestützt auf ZGB 681a Abs. 1.

b) Rückkaufsrechte

Ein gesetzliches *Rückkaufsrecht* ist vorgesehen in Fällen, wo ein Vorkaufsrecht ausgeübt wird. Gibt ein Eigentümer oder sein Nachkomme, an den das landwirtschaftliche Gewerbe übertragen worden ist, innert zehn Jahren die Selbstbewirtschaftung endgültig auf, so hat der Verkäufer, gegen den das Vorkaufsrecht ausgeübt worden ist, ein Rückkaufsrecht (s. zum Ganzen BGBB 55).

c) *Kaufsrecht*

Gibt ein Erbe oder sein Nachkomme, an den das landwirtschaftliche Gewerbe im Rahmen einer Erbteilung übertragen worden ist, innert zehn Jahren die Selbstbewirtschaftung endgültig auf, so hat jeder Miterbe, der das landwirtschaftliche Gewerbe selber bewirtschaften will und dafür als geeignet erscheint, ein gesetzliches *Kaufsrecht* (BGBB 24. Im Übrigen steht unter gewissen Voraussetzungen auch den Verwandten (Nachkommen, Geschwister, Geschwisterkinder) ein gesetzliches Kaufsrecht zu, sofern sich in der Erbschaft ein landwirtschaftliches Gewerbe befindet (BGBB 25).

12.4.3 Das Gewinnanspruchsrecht

Das BGBB enthält sog. *Zuweisungsansprüche*, d.h., dass bestimmte Personen Anspruch darauf haben, dass ihnen ein landwirtschaftliches Grundstück oder Gewerbe zu einem im Gesetz definierten Wert zugewiesen wird. Solche Zuweisungsansprüche sind vorgesehen bei der Erbteilung (BGBB 11 ff.) sowie bei der Aufhebung von vertraglich begründetem gemeinschaftlichem Eigentum (BGBB 36 ff.).

Um zu verhindern, dass die so vom Gesetz begünstigten Personen nach Zuweisung der Grundstücke durch Weiterveräusserung einen hohen Gewinn auf Kosten der Miterben bzw. der anderen (ehemaligen) Eigentümer erzielen, sieht das BGBB ein *Gewinnanspruchsrecht* vor, dessen Modalitäten in den BGBB 28–35 sowie 37 Abs. 4 geregelt sind. Wird folglich einem Erben bei der Erbteilung ein landwirtschaftliches Gewerbe oder Grundstück zu einem Anrechnungswert unter dem Verkehrswert zugewiesen, so hat jeder Miterbe bei einer Veräusserung innerhalb von 25 Jahren Anspruch auf den seiner Erbquote entsprechenden Anteil am Gewinn.

Dieses Gewinnanspruchsrecht kann im Grundbuch durch die Vormerkung eines Pfandrechts ohne Angabe eines Pfandbetrags sichergestellt werden. Die Rechtsgrundlage für diese Vormerkung findet sich in BGBB 34 und lautet wie folgt:

BGBB 34

Sicherung des Gewinnanspruchs

1 Ein Miterbe kann seinen Gewinnanspruch durch Errichtung eines Grundpfands (Grundpfandverschreibung) am zugewiesenen Gewerbe oder Grundstück gemäss den folgenden Bestimmungen sichern lassen.

2 Der Berechtigte kann jederzeit, spätestens aber bis zum Zeitpunkt der Veräusserung des Gewerbes oder Grundstücks eine vorläufige Eintragung des Pfandrechts ohne Angabe des Pfandbetrags im Grundbuch vormerken lassen. Die vorläufige Eintragung bewirkt, dass das Recht für den Fall einer späteren Feststellung vom Zeitpunkt der Vormerkung an dinglich wirksam wird.

3 Die Vormerkung erfolgt auf einseitiges Begehren des Berechtigten. Der Grundbuchverwalter macht dem Eigentümer von der erfolgten Vormerkung Mitteilung.

4 Die vorläufige Eintragung fällt dahin, wenn der Miterbe nicht innert dreier Monate seit Kenntnis der Veräusserung des Gewerbes oder Grundstücks die definitive Eintragung des Pfandrechts verlangt. Im Übrigen gelten die Bestimmungen des Zivilgesetzbuches (ZGB)[1] über das Pfandrecht der Handwerker und Unternehmer.

12.4.4 Die vertraglichen Verfügungsbeschränkungen

Die Vertragsparteien können *vertraglich* ein *Rückkaufsrecht* oder einen *Gewinnanspruch* vereinbaren (BGBB 41). Diese an sich selbstverständliche Bestimmung hat grundbuchrechtlich zur Folge, dass auf Grundstücken, die dem BGBB unterstehen, ein vertragliches Gewinnanspruchsrecht gemäss den Bestimmungen von BGBB 34 im Grundbuch vorgemerkt werden kann.

Merke: Auf Grundstücken, die nicht dem BGBB unterstehen, ist diese Vormerkung nicht möglich.

12.5 Die öffentlich-rechtlichen Beschränkungen des Verkehrs mit landwirtschaftlichen Gewerben und Grundstücken

12.5.1 Das Bewilligungsverfahren für den Erwerb

Wer ein landwirtschaftliches Gewerbe oder Grundstück erwerben will, braucht dazu grundsätzlich eine *Bewilligung* (BGBB 61).

Bemerkung: Zur Ausstellung der Erwerbsbewilligung und allen anderen im Zusammenhang mit dem BGBB ist im Kanton Bern der Regierungsstatthalter zuständig.

In gewissen Fällen ist der Erwerb von einer Bewilligung ausgenommen (z.B. beim Erwerb durch Erbgang oder durch Nachkommen, s. zum Ganzen BGBB 62). Der Erwerb von landwirtschaftlichen Grundstücken von weniger als 25 Aren (bzw. von 10 Aren bei Rebland), die nicht zu einem landwirtschaftlichen Gewerbe gehören, ist nicht bewilligungspflichtig, da diese Grundstücke nicht dem bäuerlichen Bodenrecht unterstehen (BGBB 2 Abs. 3).

Ein Selbstbewirtschafter kann ein landwirtschaftliches Gewerbe oder Grundstück zu einem marktkonformen Preis übernehmen. Dieser Preis darf jedoch nicht übersetzt sein (BGBB 63 Abs. 1 Bst. b). Als Selbstbewirtschafter gilt jeder, der den landwirtschaftlichen Boden selber bearbeitet und das landwirtschaftliche Gewerbe persönlich leitet. Nur in Ausnahmefällen kann die Bewilligungsbehörde den Erwerb durch einen Nichtselbstbewirtschafter zulassen (BGBB 64).

12.5.2 Das Realteilungsverbot

Einzelne Grundstücke oder Grundstücksteile von landwirtschaftlichen Gewerben dürfen grundsätzlich nicht abgetrennt und veräussert werden (*Realteilungsverbot*, BGBB 58 Abs. 1).

Im Einzelfall kann die zuständige Behörde eine Ausnahmebewilligung vom Realteilungsverbot erteilen.

12.5.3 Das Zerstückelungsverbot

Landwirtschaftliche Grundstücke dürfen nicht in Teilstücke unter 25 Aren aufgeteilt werden (*Zerstückelungsverbot*, BGBB 58 Abs. 2); für Rebgrundstücke beträgt diese Mindestfläche 10 Aren. Die Kantone können grössere Mindestflächen festlegen.

Bemerkung: Für den Kanton Bern gilt, dass keine Aufteilung in Teilstücke unter 36 Aren (15 Aren für Rebgrundstücke) stattfinden darf (BPG/BE 3).

Im Einzelfall kann die zuständige Behörde eine Ausnahmebewilligung vom Zerstückelungsverbot erteilen.

12.5.4 Die Belastungsgrenze

Landwirtschaftliche Grundstücke dürfen nur bis zur *Belastungsgrenze* mit Grundpfandrechten belastet werden. Die Belastungsgrenze entspricht dem um 35 Prozent erhöhten landwirtschaftlichen Ertragswert und des Ertragswerts der nicht landwirtschaftlichen Teile (BGBB 73).

Bemerkung: Im Kanton Bern gilt grundsätzlich der von der Steuerverwaltung festgesetzte amtliche Wert als Ertragswert.

Für bestimmte Fälle kommt die Belastungsgrenze nicht zur Anwendung. In der Praxis wichtig sind hier Grundpfandrechte zur Sicherung von Darlehen, die als Betriebshilfe oder Investitionskredite gewährt werden (vgl. BGBB 75 Abs. 1 Bst. c).

> **Beispiel:** Dies ist etwa für Grundpfandrechte zugunsten der Bernischen Stiftung für Agrarkredite (BAK) der Fall.[222]

Es ist zudem möglich, die Belastungsgrenze zu überschreiten, wenn dies von der zuständigen Behörde bewilligt wird (s. zum Ganzen BGBB 76 ff.).

12.5.5 Das Verbot der Gesamtverpfändung

Die Errichtung eines *Gesamtpfandrechts* auf Grundstücken, die dem BGBB unterstehen, und solchen, die dem BGBB nicht unterstehen, ist *nicht zulässig* (BGBB 74 Abs. 2).

> **Beispiel:** Ein Grundstück (30 Aren) ausserhalb der Bauzone mit einer Bodenbedeckung, welche für die landwirtschaftliche Nutzung geeignet ist, soll mit der Wohnung (Stockwerkeinheit) im Dorfkern gesamtverpfändet werden. Hier dürfte kein Gesamtpfand errichtet werden.

Sind im Grundbuch Pfandrechte unter Beachtung der soeben genannten Grundsätze eingetragen worden und ändern sich später die Verhältnisse so, dass entweder die Belastungsgrenze oder das Verbot der Gesamtverpfändung verletzt werden, so besteht für die bestehenden Pfandrechte ein Bestandesschutz.[223]

> **Beispiel:** Die Grundstücke Nr. 100 und 200 unterstehen dem BGBB. Auf den beiden Grundstücken lastet ein Pfandrecht als Gesamtpfandrecht. Das Grundstück Nr. 200 wird neu zu Bauland (Umzonung). Erhält der Grundbuchverwalter nachträglich Kenntnis von diesem Vorgang, soll aber an den Pfandrechten nichts verändert werden, so muss er wegen dem Bestandesschutz diese an sich rechtswidrige Situation dulden. Hingegen wird der Grundbuchverwalter eine Bereinigung der Situation verlangen, wenn auf dem Grundstück Nr. 200 eine grundbuchliche Operation vorgenommen werden soll, die mit dem Pfandrecht einen Zusammenhang hat (z.B. Parzellierung oder Erhöhung der Pfandsumme).

222 Vgl. MUSA Nr. 661.

223 Vgl. zur sog. Bestandesgarantie BV 26. Eigentumsrechte dürfen durch den Staat nur beschränkt werden, wenn es dazu eine gesetzliche Grundlage gibt, das öffentliche Interesse daran überwiegt u. die gebotene Handlung verhältnismässig ist (vgl. dazu BV 36). Dazu auch SCHMID-TSCHIRREN/MÜLLER, BGBB 73 N 26 u. 74 N 4.

12.6 Das Vorgehen des Grundbuchverwalters

Ist es *offensichtlich*, dass für ein beim Grundbuchamt angemeldetes Geschäft eine *Bewilligung* notwendig ist, und liegt eine solche nicht vor, so *weist* der Grundbuchverwalter die Anmeldung *ab* (BGBB 81 Abs. 2).

Bemerkung: In der Praxis wird auch in diesem Fall eine Frist zur Beibringung der fehlenden Unterlagen gewährt.

Besteht Ungewissheit darüber, ob für das angemeldete Geschäft eine Bewilligung notwendig ist, so setzt er eine *Frist* von 30 Tagen zur *Einreichung* eines entsprechenden Gesuchs. Läuft die Frist unbenutzt ab oder wird die Bewilligung verweigert, so weist der Grundbuchverwalter die Anmeldung ab (BGBB 81 Abs. 3 und 4).

13 Die grundbuchlichen Auswirkungen des Bundesgesetzes über den Erwerb von Grundstücken durch Personen im Ausland (BewG)

13.1 Allgemeines

Das Bewilligungsgesetz (BewG, auch «Lex Koller» oder «Lex Friedrich» genannt) bezweckt, die «Überfremdung des einheimischen Bodens» (BewG 1) zu verhindern, weshalb der *Erwerb* von *Grundstücken durch ausländische Staatsangehörige* nur *beschränkt zulässig* ist bzw. einer Bewilligung bedarf.[224]

> **Bemerkung:** Zur Ausstellung der Erwerbsbewilligung und allen anderen im Zusammenhang mit dem BewG ist im Kanton Bern der Regierungsstatthalter zuständig (EG BewG/BE 1 Abs. 1).

Der Grundbuchverwalter hat die bei ihm angemeldeten Geschäfte daraufhin zu prüfen, ob eine Person im Ausland ein Grundstück erwirbt und wenn ja, ob die dafür nötige Bewilligung vorliegt oder ob eine Ausnahme von der Bewilligungspflicht vorliegt. Das Bewilligungsgesetz wird weiter präzisiert durch die dazugehörige Bewilligungsverordnung.[225]

13.2 Der Erwerb eines Grundstücks

Das BewG 4 definiert, was unter *Erwerb eines Grundstücks* verstanden wird. Dabei werden auch sog. *Umgehungstatbestände* als Erwerb betrachtet, also Rechtsgeschäfte, die dem Berechtigten die Möglichkeit einräumen, wie ein Eigentümer über ein Grundstück zu verfügen. Gesetz und Verordnung (BewG 4 und BewV 1) nennen im Einzelnen:

- den Erwerb von Baurechten, Nutzniessungs- und Wohnrechten;
- die Einräumung und Ausübung von Kaufs, Vorkaufs- und Rückkaufsrechten;
- den Erwerb von Gesellschaftsanteilen;
- die Einräumung von langfristigen Miet- und Pachtverträgen;

224 Siehe dazu auch MUSA Nr. 612 (Merkblatt zum Erwerb von Grundstücken durch Personen im Ausland).

225 Zu beachten ist hier auch die Wegleitung vom 1. Juli 2009.

- gegebenenfalls auch die Begründung von Treuhand- und Kreditgeschäften;
- die Verlegung des statutarischen oder tatsächlichen Sitzes einer juristischen Person oder Personengesellschaft ins Ausland.

13.3 Die Auflagen

Die zuständige Behörde kann im Rahmen des Bewilligungsverfahrens *Auflagen* verfügen. Diese sind im Grundbuch anzumerken (BewG 14 Abs. 3 und BewV 11). Die entsprechende *Anmerkung* lautet: «Auflagen gemäss BewG».

13.4 Der Erwerb durch eine Person im Ausland

BewG 5 definiert, wer als *Person im Ausland* gilt. Einige weitere Fallgruppen sind in BewG 7 geregelt, der die Ausnahmen von der Bewilligungspflicht zum Inhalt hat. Im Übrigen gilt das nachfolgend Ausgeführte.

13.4.1 Der Erwerb durch natürliche Personen

Am besten vergegenwärtigt man sich, welche *natürlichen Personen* nicht als Personen im Ausland gelten. Für alle anderen ist dann der Grundstückerwerb bewilligungspflichtig. Keine Personen im Ausland sind:

- Schweizerbürger (einschliesslich Auslandschweizer und Doppelbürger);
- Staatsangehörige der Mitgliedstaaten der EU oder der EFTA, die ihren rechtmässigen und tatsächlichen Wohnsitz in der Schweiz haben;

  Merke: Der Wohnsitz muss rechtmässig und tatsächlich sein.

  - *Rechtmässig*: Der Erwerber muss einen gültigen B- oder C-Ausweis vorweisen. Bei L-Ausweisen ist von Fall zu Fall zu entscheiden.[226]
  - *Tatsächlich*: Der Erwerber muss eine tatsächliche Wohnsitznahme mit der Absicht dauernden Verbleibens nach ZGB 23 ff. vorweisen (ein sog. «Papierwohnsitz» wäre unzulässig).[227]

226 Vgl. für die verschiedenen Ausländerausweise VZAE 71 ff.

227 In der Praxis hat der Notar festzustellen, dass der Erwerber seit dem entsprechenden Datum seinen rechtmässigen u. tatsächlichen Wohnsitz in der Schweiz hat. Er könnte insb. folgendes untersuchen: Seit wann lebt der Erwerber in der Schweiz, wann hat er sich im Ausland vollständig abgemeldet u. in der Schweiz angemeldet, seit wann ist er in der Schweiz steuerpflichtig, wo wohnt seine Familie, wo gehen die Kinder in die Schule, liegt ein inländisches Anstellungsverhältnis vor, sind auf seinen Namen Fahrzeuge immatrikuliert, liegt eine Schweizer Krankenkassenpolice vor, gegebenenfalls Mitwirkung in Vereinen etc.

- Staatsangehörige anderer als der oben erwähnten ausländischen Staaten, die das Recht haben, sich in der Schweiz niederzulassen (Ausländerausweis «C»);
- ausländische gesetzliche (nicht aber eingesetzte) Erben im Sinne des schweizerischen Rechts (im Erbgang);
- ausländische Verwandte des (ausländischen) Veräusserers in auf- und absteigender Linie sowie dessen Ehegatten.

13.4.2 Der Erwerb durch juristische Personen

Beim Erwerb eines Grundstücks durch eine *juristische Person* oder eine *Personengesellschaft* (insb. Kollektiv- oder Kommanditgesellschaft) muss im Rechtsgrundausweis für das Grundbuchamt festgestellt werden, dass beim Erwerber keine beherrschende finanzielle Beteiligung durch Personen mit Wohnsitz oder Sitz im Ausland im Sinne der Vorschriften über den Erwerb von Grundstücken durch Personen im Ausland besteht.[228]

Beispiele:

A ist zu 60% und B zu 40% an der X GmbH beteiligt.

A ist thailändischer Staatsbürger mit Wohnsitz in Deutschland. Hier liegt eine beherrschende Stellung einer Person im Ausland vor.

Die Y AG erhält ein bedeutendes Darlehen der brasilianischen Finanzierungsbank. Ohne dieses könnte die Y AG ihren Geschäftsbetrieb nicht fortsetzen. Hier liegt ebenfalls eine beherrschende Stellung im Sinne des Bewilligungsgesetzes vor.

13.5 Die Ausnahmen von der Bewilligungspflicht

BewG 2 und 7 regeln *Ausnahmen von der Bewilligungspflicht*. In der Praxis am häufigsten sind die Ausnahmen betreffend Hauptwohnung und Betriebsstätte. So ist der Erwerb eines Grundstücks durch eine natürliche Person dann bewilligungsfrei, wenn das Grundstück dem Erwerber als Hauptwohnung[229] am Ort seines rechtmässigen und tatsächlichen Wohnsitzes dient (BewG 2 Abs. 2 Bst. b, BewV 5); ebenso, wenn das Grundstück als ständige Betriebsstätte eines Gewerbes dient (BewG 2 Abs. 2 Bst. a).[230]

228 Siehe zur Frage der Beherrschung juristischer Personen und Personengesellschaften Wegleitung vom 1. Juli 2009 Ziff. 32.2 ff.

229 In der Praxis wird der Notar feststellen, dass das Wohneigentum dem Erwerber als Hauptwohnung am Ort seines Wohnsitzes dient. Dies gilt insb. für Drittstaatenangehörige (nicht EU/EFTA-Staatsangehörige u. i.d.R. mit B-Ausweis, vgl. BewG 2 Abs. 2 Bst. b.).

230 Zur Frage, was eine Betriebsstätte ist, s. Wegleitung vom 1. Juli 2009, Ziff. 41.1 ff.

13.6 Das Vorgehen des Grundbuchverwalters

Kann der Grundbuchverwalter die Bewilligungspflicht nicht ohne Weiteres ausschliessen und liegt dem angemeldeten Geschäft keine Bewilligung bei, so räumt er dem Erwerber eine *Frist* von 30 Tagen ein, um entweder die *Bewilligung* oder die Feststellung, dass es keine Bewilligung braucht, einzuholen. Bringt der Erwerber innert dieser Frist keine Bewilligung bei oder wird diese abgelehnt, muss der Grundbuchverwalter das Geschäft *abweisen* (s. zum Ganzen BewG 18 sowie BewV 18a).

Bemerkung: Im Kanton Bern kann gegen die Abweisung innert 30 Tagen beim Verwaltungsgericht Beschwerde erhoben werden (BewG 15 Abs. 1 Bst. c und 18 Abs. 3 i.V.m. EG BewG/BE 3). Diese Beschwerde tritt an die Stelle der Grundbuchbeschwerde.

13.7 Übersicht über die Bewilligungspflicht

Die nachfolgenden Tabellen zeigen, welchen *Einfluss das Bewilligungsgesetz* auf den Erwerb von Grundeigentum durch natürliche und juristische Personen sowie Personengesellschaften hat:

Wirkung für natürliche Personen	
Staatsangehörigkeit	**Erwerbsbewilligung**
Schweizer Staatsangehörige[231]	Nein
EU- oder EFTA-Staatsangehörige mit Wohnsitz in der CH[232]	Nein
Übrige Staatsangehörige mit C-Ausweis und Wohnsitz in der CH	Nein
Übrige Staatsangehörige, die die Ausnahme nach BewG 2 Abs. 2 Bst. b geltend machen	Nein
Übrige Staatsangehörige, die eine Betriebsstätte[233] in der CH erwerben	Nein
Alle anderen Staatsangehörigen	Ja

231 Gilt auch für Auslandschweizer u. Doppelbürger.

232 Vgl. BewG 5 Abs. 1 Bst. a.

233 Die Betriebsstätte dient der Ausübung eines Handels-, Fabrikations- oder eines anderen nach kaufmännischer Art geführten Gewerbes, eines Handwerkerbetriebes oder eines freien Berufs (BewG 2 Abs. 2 Bst. a u. BewV 18a Abs. 1).

Wirkung für juristische Personen und Personengesellschaften	
Staatszuordnung (Sitz, Beherrschung)	**Erwerbsbewilligung**
Juristische Personen und Personengesellschaften mit statutarischem oder tatsächlichem Sitz in der Schweiz, die schweizerisch beherrscht sind[234]	Nein
Juristische Person und Personengesellschaften mit statutarischem oder tatsächlichem Sitz in der Schweiz, die ausländisch beherrscht sind, mit Erklärung, dass das Grundstück als ständige Betriebsstätte dient	Nein
Übrige ausländisch beherrschte juristische Personen und Personengesellschaften mit Sitz in der Schweiz	Ja
Juristische Personen und Personengesellschaften mit statutarischem oder tatsächlichem Sitz im Ausland[235]	Ja

234 Die Bescheinigung kann durch den Notar im Sinne einer notariellen Feststellung erfolgen (vgl. dazu MUSA Nr. 612, Ziff. III./3./a.).

235 Dies gilt auch dann, wenn sie schweizerisch beherrscht sind, vgl. Wegleitung vom 1. Juli 2009, Ziff. 32.1.

14 Die grundbuchlichen Auswirkungen des Bundesgesetzes über Zweitwohnungen

14.1 Allgemeines

Am 11. März 2012 hat das Schweizervolk die Volksinitiative «Schluss mit uferlosem Bau von Zweitwohnungen!» angenommen.[236] Die Bundesverfassung wurde um BV 75b erweitert. Dieser sieht vor, dass der *Anteil von Zweitwohnungen* am Gesamtbestand der Wohneinheiten und der für Wohnzwecke genutzten Bruttogeschossfläche einer Gemeinde auf höchstens 20 Prozent *beschränkt* ist (BV 75b Abs. 1). Im Weiteren verlangt diese Bestimmung, dass die Gemeinden ihren Erstwohnungsanteilplan und den detaillierten Stand seines Vollzugs alljährlich zu veröffentlichen haben (BV 75b Abs. 2). Zentraler Zweck der neuen Bestimmung ist es zu verhindern, dass in touristisch interessanten Gebieten immer mehr neue kalte Betten entstehen. Es geht also darum, den Bau von Ferienwohnungen zu verhindern und den Stand der dauerhaft bewohnten Wohnungen zu sichern.

Zweit-wohnungen

14.2 Die Bewilligungspflichten

Das ZWG sieht vor, dass in Gemeinden mit einem Zweitwohnungsanteil von über 20 Prozent *keine neuen Zweitwohnungen* mehr bewilligt werden dürfen (ZWG 6 i.V.m. 5). Die *Bewilligung von Erstwohnungen*, d.h. solchen, die das ganze Jahr über bewohnt werden und nicht touristischen Zwecken dienen, ist selbstverständlich weiterhin möglich (ZWG 7 Abs. 1 Bst. a). Zusätzlich gibt es zwei weitere Bewilligungsmöglichkeiten. ZWG 7 Abs. 1 Bst. a i.V.m. 2 Abs. 3 sieht für gewisse Wohnungen vor, dass sie den Erstwohnungen gleichgestellt sind.

Beispiele:

- Studentenheim mit Wohnungen zu Ausbildungszwecken (ZWG 2 Abs. 3 Bst. a)
- Diplomatenwohnung eines Botschafters (ZWG 2 Abs. 3 Bst. c)
- Alphütte eines Sennen (ZWG 2 Abs. 3 Bst. e)

236 Vgl. BBl 2012 6623 ff. Der Bundesrat hat gestützt auf die Annahme für die Übergangsphase eine Ausführungsverordnung erlassen, welche durch die Ausführungsgesetzgebung (ZWG) abgelöst wurde.

- Personalwohnungen für Angestellte im Gastgewerbe, in Spitälern und in Heimen (ZWG 2 Abs. 3 Bst. g).

Sodann können Bewilligungen für Wohnungen, die *touristisch bewirtschaftet* werden, ausgestellt werden (ZWG 7 Abs. 1 Bst. b i.V.m. Abs. 2). Unter touristisch bewirtschaftet versteht das Gesetz, dass die Wohnung dauerhaft zur ausschliesslich kurzzeitigen Nutzung durch Gäste zu markt- und ortsüblichen Bedingungen angeboten wird und sie im selben Haus liegt, in dem der Eigentümer seinen Hauptwohnsitz hat (sog. Einliegerwohnung), oder nicht auf die persönlichen Bedürfnisse des Eigentümers zugeschnitten ist und im Rahmen eines strukturierten Beherbergungsbetriebs bewirtschaftet wird (ZWG 7 Abs. 2).

Beispiele:

Wohnungen, die im Rahmen von Hotels und hotelmässigen Residenzen (strukturierte Beherbergungsbetriebe) erstellt werden, könnten bewilligt werden.

Ortsansässige können zusammen mit dem Neubau einer Erstwohnung eine Einliegerwohnung erstellen, die sie dann zu Ferienzwecken kurzzeitig vermieten.

Altrechtliche Wohnungen[237] können frei umgenutzt werden, solange sie nicht über einen bestimmten Umfang hinaus erweitert werden und dadurch neue Hauptnutzungsflächen für das Wohnen geschaffen werden. In diesem Fall müssen sie entweder als Erstwohnungen oder als touristisch bewirtschaftete Wohnungen ausgeschieden werden (vgl. ZWG 11).

Beispiel: Ein Stöckli im Dorfkern (Bauzone), das einem Ehepaar zu Wohnzwecken diente, wird nach deren Auszug umgebaut. Die Hauptnutzungsfläche wird dabei um 20 Prozent erweitert – zulässig wären bis zu 30 Prozent (ZWG 11 Abs. 3). Eine Umnutzung zu einer Zweitwohnung wäre zulässig (ZWG 11 Abs. 1 i.V.m. Abs. 3).

14.3 Die Anmerkungen

14.3.1 Die Nutzungsbeschränkungen

Erteilt die Baubewilligungsbehörde Wohnungsbaubewilligungen unter Anwendung von ZWG 7, so muss die damit verbundene *Einschränkung der Nutzung* (sog. Nutzungsbeschränkung) zum Ausdruck gebracht werden. Dies geschieht durch Anweisung des Grundbuchamts unmittelbar nach Rechtskraft der Baubewilligung durch die Baubewilligungsbehörde. Das Grundbuchamt muss die Nutzungsbeschränkung zum betreffenden Grundstück im Grundbuch anmerken

237 Altrechtliche Wohnungen sind solche, die am 11. März 2012 schon bestanden oder rechtskräftig bewilligt waren (ZWG 10).

(ZWG 7 Abs. 4).[238] Infrage kommen die Anmerkungen «Erstwohnung» oder «qualifiziert touristisch bewirtschaftete Wohnung» (vgl. ZWG 7 Abs. 1). Es handelt sich um öffentlich-rechtliche Eigentumsbeschränkungen, welchen eine rein deklaratorische Wirkung zukommt (s. dazu S. 139 f.).

Die *Anmerkung* hindert einen künftigen Eigentumsübergang nicht. Dem Grundbuchamt ist *keine Zustimmung* einzureichen. Die Eintragung des neuen Eigentümers erfolgt voraussetzungslos, allerdings ist die Nutzung des Grundstücks für diesen eingeschränkt.

Beispiel: Auf einer Stockwerkeinheit findet sich die Anmerkung «Erstwohnung». Der Erwerber muss diese entweder dauernd selbst bewohnen oder sie jemandem zur dauernden Selbstbewohnung vermieten.

Bemerkung: Im Kanton Bern haben einzelne Gemeinden Baureglemente, welche Erstwohnungsanteilplan-Vorschriften enthalten. Sie führen daher auf freiwilliger Basis bereits jetzt einen Erstwohnungsanteilplan (EWAP). Die daraus resultierenden Anmerkungen «Zweckentfremdungsverbot gemäss Erstwohnungsanteilplan» haben dieselbe (rein deklaratorische) Wirkung wie die durch das Gesetz geschaffenen neuen Nutzungsbeschränkungen. Diese EWAP-Vorschriften gelten ungeachtet der Zweitwohnungsgesetzgebung weiterhin und sind bei der tatsächlichen Nutzung ebenfalls zu beachten.

14.3.2 Die Verfügungsbeschränkungen

Gemäss ZWG 8 kann in Gemeinden mit einem Zweitwohnungsanteil von über 20 Prozent strukturierten Beherbergungsbetrieben die Erstellung von Wohnungen bewilligt werden, wenn sie gewisse Voraussetzungen erfüllen (vgl. ZWG 8 Abs. 1). Für Wohnungen, die dauerhaft im Eigentum des strukturierten Beherbergungsbetriebs bleiben und von diesem vermietet werden, ist im Grundbuch eine entsprechende *Veräusserungsbeschränkung anzumerken* (ZWG 8 Abs. 2). In diesem Fall wäre der Eigentumsübergang von der *Zustimmung* der zuständigen Behörde abhängig. Das Grundbuchamt würde den Erwerber nur unter Vorlage der entsprechenden Bewilligung eintragen.

Bemerkung: Im Kanton Bern ist wegen dem Bezug zum Gastgewerbe in allen Fällen der Regierungsstatthalter Bewilligungsbehörde.

14.4 Die Meldepflicht

ZWG 15 Abs. 2 statuiert eine *Meldepflicht* des Grundbuchamts. Danach ist der für die Baubewilligungen zuständigen Behörde jeder Eigentumsübergang eines

238 Für Anmerkungen aus Bewilligungen im Rahmen von altrechtlichen Wohnungen gilt im Übrigen ZWG 11 Abs. 4.

in einer Gemeinde mit einem Zweitwohnungsanteil von über 20 Prozent gelegenen Grundstücks, für das eine Nutzungsbeschränkung nach ZWG 7 Abs. 1 angemerkt ist, zu melden.

14.5 Die Veränderung der Verhältnisse

Grundsätzlich ist zwischen zwei Konstellationen zu unterscheiden. Zum einen kann sich die Situation bezüglich des Grundstücks ändern. Zum anderen kann sich der Zweitwohnungsanteil einer Gemeinde auf 20 Prozent oder weniger verringern.

14.5.1 Die Änderungen bezüglich des Grundstücks

Eine relevante *Änderung bezüglich* des *Grundstücks* liegt in folgenden Fällen vor:

- Die Liegenschaft wird parzelliert.
- Ein selbstständiges und dauerndes Recht (insb. Baurecht) wird errichtet.
- Stockwerkeigentum wird begründet.
- Eine Aufteilung zu Miteigentum erfolgt.

In diesen Fällen muss eine *Bereinigung der Anmerkungen* erfolgen. Ziel ist es, die Kontrolle der zulässigen Nutzung durch die Gemeinden zu vereinfachen. Nach Eintritt der Rechtskraft des Bauentscheids weist die Bewilligungsbehörde das Grundbuchamt an, die Anmerkung der Nutzungsbeschränkung im Grundbuch einzutragen (vgl. ZWG 7 Abs. 4). Die Verfügung kann sich nur auf die zu diesem Zeitpunkt existierenden Grundbuchblätter beziehen. Sie kann allerdings vorsehen, dass die Anmerkung im Zeitpunkt der Änderung zu übertragen ist. Die rechtskräftige Baubewilligung gilt in diesem Fall als Rechtsgrundausweis für die Bereinigung. Eine Anmeldung beim Grundbuchamt mit dem Verweis auf den bereits vorhandenen Beleg reicht aus. Die Übertragung auf typischerweise nicht zu Wohnzwecken geeignete Grundstücke ist dabei zu unterlassen.

> **Beispiel:** Eine Übertragung der Anmerkung auf Einstellhallenplätze, Bastelräume etc. macht keinen Sinn.

Wird von einem Grundstück ein Teil abparzelliert, ist die Anmerkung auf das abparzellierte Grundstück zu übertragen, es sei denn, die Baubewilligungsbehörde würde eine Teillöschungsbewilligung abgeben (vgl. ZGB 974a i.V.m. ZGB 964).

> **Beispiel:** Von einem Grundstück mit Nutzungsauflage wird ein Teilstück abparzelliert, das künftig als Erschliessungsstrasse dienen soll. In diesem Fall wird die Baubewilligungsbehörde für das neue Grundstück eine Teillöschungsbewilligung erteilen, da in Bezug auf die Strasse das ZWG wegen fehlender Möglichkeit der Bewohnung nicht anwendbar ist.

14.5.2 Die Veränderung des Zweitwohnungsanteils

Im Fall einer *Verringerung* des *Zweitwohnungsanteils* einer Gemeinde auf 20 Prozent oder weniger hebt die für Baubewilligungen zuständige Behörde auf Gesuch des Eigentümers hin allfällige Nutzungsbeschränkungen nach ZWG 7 Abs. 1 auf und weist das Grundbuchamt an, die betreffenden Anmerkungen zu löschen.

15 Die Prüfung durch das Grundbuchamt

15.1 Die rechtlichen Grundlagen

Die rechtlichen Grundlagen finden sich im Wesentlichen in ZGB 963–966 und GBV 83–88.[239]

15.2 Wie prüft das Grundbuchamt?

Das Grundbuchamt entscheidet im Eintragungsverfahren allein gestützt auf die ihm vorgelegten Urkunden. Es kann weder Gutachten einholen noch Zeugen vernehmen.[240] Hingegen kann es Kenntnisse berücksichtigen, die ihm Kraft seines Amts zugekommen sind, sei dies aus dem Grundbuch selbst oder aus früherem Verkehr mit den Anmeldenden. Ebenso kann es Tatsachen aus öffentlichen Registern beachten oder Auskünfte bei Administrativbehörden einholen.[241] Umstritten und vom Bundesgericht noch nicht entschieden ist die Frage, ob das Grundbuchamt auch ausseramtlich erworbenes Wissen bei der Beurteilung der ihm vorgelegten Geschäfte verwenden darf.

15.3 Was prüft das Grundbuchamt?

15.3.1 Die Zuständigkeit

- Befindet sich das Grundstück, für welches eine oder mehrere grundbuchliche Operationen angemeldet werden, im Zuständigkeitsbereich des angesprochenen Grundbuchamts?
- Bei öffentlich-beurkundeten Rechtsgeschäften: Ist die anmeldende Urkundsperson sachlich und örtlich zur Anmeldung zuständig?

  Beispiele:

  Ein aargauischer Notar meldet einen Kaufvertrag über ein bernisches Grundstück beim zuständigen Grundbuchamt an. Gemäss bernischem Beurkundungsrecht ist der aargauische Notar örtlich nicht zuständig, das Geschäft muss abgewiesen werden.

239 Siehe im Übrigen auch die weiteren im Text genannten Rechtsquellen. Zum Ganzen auch DESCHENAUX, § 22 ff.

240 BGE 119 II 16 E. 2a.

241 BGE 124 III 341 E. 2c/bb.

Zur Ausstellung eines Erbenscheins ist hingegen die Behörde am letzten Wohnsitz des Erblassers zwingend zuständig (ZPO 28 Abs. 2). Ein Notar aus dem Kanton Genf ist also örtlich zuständig zur Ausstellung eines Erbenscheins, sofern der Erblasser Wohnsitz im Kanton Genf hatte. Die bernischen Grundbuchämter müssen einen solchen Erbenschein akzeptieren. Das Gleiche gilt für bestimmte Urkunden gemäss FusG eines ausserkantonalen Notars (z.B. FusG 70 Abs. 2 sowie FusG 104 Abs. 4).

- Bei Anmeldung durch Gerichte und/oder Behörden: Sind die anmeldenden Behörden sachlich und örtlich für die Anmeldung zuständig?

  Beispiel: Im Kanton Bern gibt es insofern eine konkurrenzierende Zuständigkeit zwischen Einwohnergemeinden und Notaren, als bei eingesetzten Erben – und nur bei diesen, für gesetzliche Erben sind ausschliesslich die Notare zuständig – beide einen Erbenschein ausstellen dürfen (vgl. EG ZGB/BE 6). Stellt nun die Einwohnergemeinde einen Erbenschein für gesetzliche Erben aus und meldet dies beim Grundbuchamt an, muss dieses die Anmeldung abweisen, weil die Gemeinde sachlich nicht zuständig ist.

15.3.2 Die Grundbuchanmeldung

Die Prüfung der Grundbuchanmeldung geht in einigen Punkten Hand in Hand mit der Prüfung des Verfügungsrechts und des Rechtsgrundausweises. Man kann – in Anlehnung an ein berühmtes Juristenwort[242] – vom «Hin- und her-Wandern des Blickes» zwischen Grundbuchanmeldung und Rechtsgrundausweis sprechen.

- Ist die Grundbuchanmeldung unbedingt und vorbehaltlos?[243]

  Beispiel: In einem Kaufvertrag wird vereinbart, dass dieser erst beim Grundbuchamt abgegeben werden kann, wenn der Kaufpreis bezahlt ist. Die Grundbuchanmeldung wird also unter eine Bedingung gestellt. Bei Abgabe des Vertrags beim Grundbuchamt muss diesem gegenüber nachgewiesen oder erklärt werden, dass die Bedingung erfüllt ist. Diese Erklärung kann auch – so die Praxis im Kanton Bern – direkt in den Vertrag eingebaut werden, etwa mit der Klausel: «Mit der Anmeldung dieses Vertrags beim Grundbuchamt gilt diese Bedingung als erfüllt.»[244]

- Ist die Grundbuchanmeldung klar und in Bezug auf den Rechtsgrundausweis widerspruchsfrei?

242 Der Ausdruck beschreibt sonst den Vorgang, wie man prüft, ob ein bestimmter Sachverhalt unter eine bestimmte Rechtsnorm fällt (= Subsumtion), s. KRAMER, 36 Fn 4.

243 GBV 47 Abs. 1.

244 Siehe MUSA Nr. 621.2, Ziff. VI./1 sowie Fn 41 dazu.

Beispiel: Beim Grundbuchamt wird ein Grundpfandvertrag abgegeben. Gemäss Vertrag soll die Pfandsumme CHF 50'000.00 betragen, auf der Grundbuchanmeldung wird jedoch der Eintrag eines Pfandrechts im Umfang von CHF 5'000.00 beantragt. Das Grundbuchamt weiss nicht, welche Pfandsumme es nun eintragen soll, und muss das Geschäft beanstanden.

- Ist jede vorzunehmende Eintragung einzeln aufgeführt?[245]

15.3.3 Das Verfügungsrecht

- Von wem stammt die Grundbuchanmeldung (Identität der anmeldenden Person[246])?

  Für die Feststellung der Identität wird entweder abgestellt auf die Angaben in der öffentlichen Urkunde, oder das Grundbuchamt verlangt die Beglaubigung der Unterschriften[247] oder die anmeldende Person weist sich anlässlich einer persönlichen Vorsprache beim Grundbuchamt direkt mit den üblichen Ausweispapieren (Pass, ID) aus.

- Ist die anmeldende Person für die beantragte grundbuchliche Operation verfügungsberechtigt?

  Das Verfügungsrecht ergibt sich aus folgenden Positionen:

  - Rechtsposition gemäss Grundbuch:
    - Bei natürlichen Personen ist die anmeldende Person z.B. Eigentümerin, Dienstbarkeitsberechtigte oder Grundpfandgläubigerin.
    - Bei juristischen Personen handeln eine oder mehrere natürliche Personen mit entsprechendem Verfügungsrecht, welches sich aus ihrer Organstellung ergibt.

      Beispiel: Eine AG ist im Grundbuch als Eigentümerin eingetragen, X als einzelzeichnungsberechtigter Verwaltungsrat der AG darf gestützt auf OR 718a über das Grundstück verfügen.
  - Rechtsgeschäftliche Stellvertretung der aus dem Grundbuch verfügungsberechtigten Person. Dies kann sein:
    - bürgerliche Stellvertretung gemäss OR 32 ff.;
    - Prokura und/oder Handlungsvollmacht gemäss OR 458 ff.
  - Gesetzliche Stellvertretung der aus dem Grundbuch verfügungsberechtigten Person (z.B. Eltern, Beistand);

245 GBV 47 Abs. 2.
246 GBV 83 Abs. 2 Bst. b.
247 GBV 86.

Prüfung Grundbuchamt

- Verfügungsbefugnisse aus weiteren gesetzlich vorgesehenen Rechtspositionen wie Willensvollstreckung, Verwalter einer Stockwerkeigentumsgemeinschaft etc.;
- Verfügungsbefugnisse gestützt auf ein Urteil oder eine dem Urteil gleichwertige Urkunde wie z.B. eine gerichtlich genehmigte Ehescheidungsvereinbarung;[248]
- Befugnisse von Behörden (Anmeldung einer öffentlichen Versteigerung durch ein Betreibungsamt, gerichtliche Zusprechung von Sachenrechten durch ein Gericht etc.);
- mögliche Beweismittel für das Grundbuchamt, falls nicht auf die Angaben in einer öffentliche Urkunde abgestellt werden kann:
  - Vollmacht mit beglaubigter Unterschrift der aus dem Grundbuch berechtigten Person;
  - Ernennungsurkunde eines Beistands;
  - Handelsregisterauszüge zum Nachweis von Prokura oder der Organstellung bei einer juristischen Person;
  - Statuten und Wahlprotokolle bei juristischen Personen, die nicht im Handelsregister eingetragen sein müssen (wie z.B. Vereine);[249]
  - Willensvollstreckerzeugnis;
  - Wahlprotokoll der Stockwerkeigentümergemeinschaft betreffend die Wahl des Verwalters usw.

  Bemerkung: In ZGB 962a sind gewisse Vertretungsverhältnisse vorgesehen, die im Grundbuch angemerkt werden können.

- Ganz ausnahmsweise wird zudem geprüft, ob die verfügungsberechtigte Person handlungsfähig ist:[250]
  - Grundsatz: Zur Handlungsfähigkeit gehören Volljährigkeit und Urteilsfähigkeit.[251] Erstere ist aus dem Grundbuch ersichtlich. Letztere wird vermutet. Der Grundbuchverwalter hat die Urteilsfähigkeit nicht zu untersuchen, ausser wenn das Fehlen dieser Fähigkeit offensichtlich oder notorisch ist.[252]

Prüfung Grundbuchamt

248 ZGB 963 Abs. 2.
249 Handbuch Ziff. 2.7.
250 Zur Frage der Handlungsfähigkeit der erwerbenden Person s. S. 160 f.
251 ZGB 13.
252 BGE 124 III 341 E. 2c/aa.

Beispiel: Eine sturzbetrunkene Person gibt auf dem Grundbuchamt eine Löschungsbewilligung ab. Das Geschäft kann abgewiesen werden, weil die Urteilsfähigkeit im Zeitpunkt der Grundbuchanmeldung fehlte.[253]

- Die Handlungsfähigkeit muss sowohl im Zeitpunkt des Verpflichtungs- als auch des Verfügungsgeschäfts gegeben sein. In Kantonen mit freiem Berufsnotariat fallen diese Zeitpunkte auseinander. Hier kann sich der Grundbuchverwalter bei öffentlich beurkundeten Rechtsgeschäften auf die Prüfung der Handlungsfähigkeit im Zeitpunkt der Grundbuchanmeldung beschränken, weil die Urkundsperson die Handlungsfähigkeit im Zeitpunkt des Verpflichtungsgeschäfts prüft.[254]

- Steht dem Verfügungsrecht ein Eintrag im Grundbuch entgegen?

  Beispiele:

  - Grundbuchsperre (GBV 56)
  - Konkurs
  - Verfügungsverbot der Erwachsenenschutzbehörde gemäss ZGB 395 Abs. 4

- Sind weitere Zustimmungen zur beantragten grundbuchlichen Operation nötig?

  Beispiele:

  - Zustimmung des Ehegatten nach ZGB 169, Zustimmung der KESB nach ZGB 416 Ziff. 4
  - Zustimmung der Steuerverwaltung gemäss DBG 172
  - Zustimmung des örtlich zuständigen Betreibungs- und Konkursamts zu Vollstreckungshandlungen anderer Ämter nach SchKG 4
  - Zustimmung nach BewG, nach BGBB, nach BVG

- Bei Anmeldungen durch Gerichte und/oder Behörden: Muss sich der angemeldete Rechtsakt gegen die gemäss Grundbuch legitimierte Person richten und falls ja, tut er das auch?

253 Heikel wäre es, das Geschäft gar nicht erst im Tagebuch aufzunehmen, da die Eintragung im Tagebuch ohne jede materielle und / oder formelle Prüfung erfolgen muss u. einzig eine offensichtliche Unzuständigkeit des Grundbuchamts die Verweigerung der Tagebucheintragung rechtfertigen könnte (zum Ganzen BSK-Schmid, ZGB 948 N 8).

254 Falls sich jedoch herausstellt, dass die Handlungsfähigkeit im Zeitpunkt des Verpflichtungsgeschäfts entgegen dem öffentlich beurkundeten Rechtsgeschäft nicht gegeben war, ist es dem Grundbuchverwalter nicht verwehrt, das Geschäft abzuweisen. Das öffentliche Interesse an der Vermeidung nichtiger Grundbucheinträge geht der Kompetenzabgrenzung zwischen Urkundsperson u. Grundbuchverwalter vor. Siehe dazu auch die Ausführungen auf S. 54 f.

Beispiele:

Im Rahmen der Zwangsvollstreckung ist es unter bestimmten Voraussetzungen möglich, dass Grundstücke gepfändet werden, die nicht im Eigentum des Schuldners stehen.[255] Der Grundbuchverwalter *prüft aber nicht*, ob diese Voraussetzungen im konkreten Fall gegeben sind, dies ist Sache der zuständigen Zwangsvollstreckungsbehörden. Der Grundbuchverwalter hat auch nicht zu prüfen, ob die Pfändung dem Grundeigentümer korrekt eröffnet wurde, dies darf er voraussetzen.[256] Es reicht, dass es rechtlich möglich ist, auf dem Grundstück eines Dritten eine Pfändung vormerken zu lassen, also muss sich der angemeldete Rechtsakt auch nicht unbedingt gegen die gemäss Grundbuch legitimierte Person richten. Ähnliches gilt bei Anmeldungen von gesetzlichen Grundpfandrechten des kantonalen Rechts[257], bei denen der im Grundbuch eingetragene Grundeigentümer nicht notwendigerweise Schuldner der durch das Pfandrecht zu sichernden Forderung sein muss.[258]

Das Gesuch um Vormerkung eines Bauhandwerkerpfandrechtes muss sich gegen den jeweiligen Grundeigentümer im Zeitpunkt der Eintragung richten. Tut es das nicht, muss die richterliche Anweisung der Vormerkung abgewiesen werden.[259]

15.3.4 Der Rechtsgrundausweis

- Ist die gesetzlich vorgesehene Form des Rechtsgrunds bezüglich der sachenrechtlichen Verfügung eingehalten?
    - Ist für das angemeldete Geschäft die öffentliche Beurkundung nötig?
    - Falls ja, wurden alle objektiv wesentlichen Vertragspunkte beurkundet?[260]
    - Wurde das Beurkundungsverfahren korrekt durchgeführt?

      Beispiel: Der Notar hat aus Versehen den Vertrag nicht unterzeichnet, obwohl dies im Beurkundungsrecht so vorgesehen ist. Der Vertrag leidet an einem so krassen Formfehler, dass keine öffentliche Urkunde entstanden ist.[261]

255 VZG 10 sowie BGE 81 III 98.

256 Allenfalls kann er nach ZGB 969 avisieren.

257 ZGB 836.

258 Ganz typisch ist dies z.B. bei der Sicherung der Grundstückgewinnsteuer durch ein gesetzliches Pfandrecht. Schuldner der Steuer ist nämlich der Verkäufer, der nicht mehr Eigentümer ist, das Pfandrecht lastet aber auf dem Grundstück, dessen Verkauf den Gewinn ausgelöst hat u. das neu im Eigentum des Käufers steht.

259 Zum Ganzen ZBGR 2007, 183 ff. mit weiteren Hinweisen. In diesem Urteil wurde die Abweisung des Grundbuchverwalters auch für den Fall geschützt, wo der Kaufvertrag lediglich als hängiges Geschäft im Tagebuch, aber noch nicht im Hauptbuch eingetragen war.

260 Siehe dazu das Beispiel S. 84.

261 Für den Kanton Bern NG/BE 24 Bst. f.; vgl. dazu JGK v. 9. September 2014, 26.11-13.9, <http://www.jgk.be.ch/jgk/de/index/aufsicht/notariat/Entscheide/Disziplinarentscheide.assetref/dam/documents/JGK/ABA/de/Notariatsentscheide/Wahrheitspflicht.pdf> (besucht am: 11. Oktober 2015).

- Ist der Rechtsgrundausweis klar und widerspruchsfrei?

  Beispiel: Beim Grundbuchamt wird ein Grundpfandvertrag abgegeben. Die Pfandsumme in Zahlen beträgt CHF 50'000.00, in Worten «Franken fünftausend». Das Grundbuchamt weiss nicht, welche Pfandsumme es nun im Grundbuch eintragen soll, und wird das Geschäft beanstanden.

- Bei Urteilen und Verfügungen: Ist der behördliche Akt vollstreckbar?

  Urteile und Verfügungen sind i.d.R. vollstreckbar,

  - wenn sie mit keinem ordentlichen Rechtsmittel[262] mehr angefochten werden können (sog. formelle Rechtskraft, als Nachweis dient dem Grundbuchamt eine Rechtskraftbescheinigung der zuständigen Behörde),[263]
  - wenn die aufschiebende Wirkung im zu vollstreckenden Entscheid entzogen wurde
  - oder dem zulässigen Rechtsmittel im konkreten Fall diese Wirkung kraft Gesetzes nicht zukommt.

  Beispiele:

  - Eigentumsübergang gestützt auf ein Ehescheidungsurteil, welches mit einer Rechtskraftbescheinigung versehen ist;
  - Anmerkung eines Verfügungsverbots durch die KESB gestützt auf ZGB 395 Abs. 4, wobei die KESB in ihrer Verfügung einer allfälligen Beschwerde die aufschiebende Wirkung entzogen hat (ZGB 450c);
  - strafrechtliche Beschlagnahme eines Grundstücks und damit verbunden die Anordnung einer Grundbuchsperre gemäss StPO 266 Abs. 3 durch die Staatsanwaltschaft, deren Entscheid sofort vollstreckbar ist, da einem Rechtsmittel gemäss StPO 387 keine aufschiebende Wirkung zukommt.

- Ist der Rechtsgrund offensichtlich nichtig?

  - Der Grundbuchverwalter hat sich grundsätzlich nicht um den materiellen Bestand des vorgebrachten Rechtsgrunds zu kümmern. Ob etwa ein Willensmangel zu einer Anfechtung des Rechtstitels Anlass geben könnte, hat der Grundbuchverwalter nicht zu beurteilen. Immerhin

262 Ordentlich sind diejenigen Rechtsmittel, welche die formelle Rechtskraft des angefochtenen Entscheides hemmen. Diese Rechtsmittel haben betreffend Vollstreckbarkeit eine aufschiebende Wirkung.

263 In der Praxis werden solche Rechtskraftbescheinigungen sowohl von der verfügenden bzw. urteilenden Behörde als auch von der Rechtsmittelbehörde ausgestellt. Es gibt – soweit für die Schreibenden überblickbar – keine Regel, wonach eine solche Bescheinigung nur von der Rechtsmittelbehörde ausgestellt werden dürfte.

hat er eine Anmeldung abzuweisen, wenn sich diese auf einen offensichtlich nichtigen Rechtstitel stützt.[264]

Beispiele:

Es stellt sich die Frage, ob der Gewinnanspruch gemäss BGBB 28 ff. für länger als 25 Jahre (BGBB 28 Abs. 3) vereinbart werden kann, da es sich dabei um dispositives Recht handelt (BGBB 35 und 41). In der Literatur wird diese Möglichkeit bejaht. Die Grenze der zeitlichen Höchstdauer wird in der übermässigen Bindung nach ZGB 27 gesehen.[265] Ab wann allerdings eine Bindung übermässig und somit offensichtlich nichtig ist, wurde durch die Rechtsprechung für Gewinnanteilsrechte bisher noch nicht geklärt. Der Grundbuchverwalter wird deshalb die Vormerkung nach BGBB 34 eines dreissigjährigen Gewinnanspruchsrechts wohl akzeptieren müssen, da dies nicht offensichtlich nichtig ist und nicht klar ist, ob BGBB 28 Abs. 3 als Höchstgrenze der Vormerkbarkeit verstanden werden muss.

Eher theoretischer Natur ist etwa folgender Sachverhalt. Dem Grundbuchamt wird ein Tauschvertrag angemeldet, in welchem ein Grundstück gegen eine grosse Menge illegaler Drogen eingetauscht werden soll (Nichtigkeit des Vertrags gestützt auf OR 20 wegen rechtswidrigem Inhalt).

- Bei Anmeldungen von Gerichten und/oder Behörden darf der Grundbuchverwalter nicht prüfen, ob der Entscheid materiell stichhaltig ist. Er ist zur Verweigerung des Eintrags nur befugt, wenn sich aus dem Entscheid eindeutig ergibt, dass die gesetzlichen Voraussetzungen des einzutragenden Rechts offensichtlich nicht erfüllt sind.[266]

Beispiel: Durch die zuständige Steuerbehörde wird der Eintrag eines Steuergrundpfandrechts ohne Rangprivileg auf einem zu Miteigentum ausgestalteten Grundstück angemeldet. Der Grundbuchverwalter hat nicht zu prüfen, ob der Entscheid der Steuerverwaltung richtig ist. Hingegen müsste er den Eintrag verweigern, wenn ein Miteigentumsanteil bereits mit einem Pfandrecht belastet wäre und der Eintrag des Steuergrundpfandrechts somit gegen ZGB 648 Abs. 3 verstossen würde.

264 BGE 124 III 341 E. 2b.

265 Siehe dazu WOLF, successio 2011, 221, 230 mit weiteren Hinweisen.

266 BGE 119 II 16 E. 2a.

15.3.5 Die sachenrechtliche Zulässigkeit (Eintragungsfähigkeit)[267]

- Liegt ein Rechtsschutzinteresse für den Grundbucheintrag vor?

  Beispiel: Dem Grundbuchamt wird ein Mietvertrag zur Vormerkung eingereicht. Laut dem nämlichen Vertrag soll das Mietverhältnis erlöschen, sobald das vermietete Grundstück an einen Dritten verkauft wird. Gemäss OR 261b Abs. 2 hat eine solche Vormerkung aber die Wirkung, dass jeder neue Eigentümer dem Mieter gestatten muss, das Grundstück entsprechend dem Mietvertrag zu gebrauchen; es wird also das ausserordentliche Kündigungsrecht gemäss OR 261 Abs. 2 ausgeschlossen. Mit der genannten Vertragsbestimmung macht nun aber die Vormerkung des Mietvertrags keinen Sinn mehr und der Grundbuchverwalter kann dieses Geschäft abweisen. Das Grundbuch soll nämlich nicht mit überflüssigen Eintragungen belastet werden, wobei die Nutzlosigkeit solcher Eintragungen offensichtlich als sicher und dauerhaft feststehen muss.[268]

  Ein weiterer typischer Anwendungsfall dieses Problems ist die Frage, ob Duldungs- und/oder Unterlassungspflichten, die dem Grundeigentümer bereits aufgrund gesetzlicher Eigentumsbeschränkungen auferlegt sind, noch (zusätzlich) als Dienstbarkeit begründet werden können.[269]

- Ist das Prinzip des «numerus clausus» der dinglichen Rechte sowie der Vormerkungen eingehalten?

  Beispiel: Die Vereinbarung in einem Schenkungsvertrag, wonach das Grundstück an den Schenker zurückfallen soll, wenn der Beschenkte vor ihm stirbt *und* das Grundstück in diesem Zeitpunkt noch unüberbaut ist, kann nicht gestützt auf OR 247 im Grundbuch vorgemerkt werden. Eine Vormerkung ist nur zulässig für die in OR 247 umschriebene Bedingung des Vorabsterbens des Beschenkten. Das Hinzutreten einer weiteren, gesetzlich nicht vorgesehenen Bedingung (die Unüberbautheit des Grundstücks) schliesst die Vormerkung wegen dem Prinzip des numerus clausus aus.[270]

267 ZGB 83 Abs. 2 Bst. f; in den Worten des Bundesgerichts: Der Grundbuchverwalter muss prüfen, ob das angemeldete Recht sich seiner Natur nach zur Aufnahme ins Grundbuch eignet (BGE 119 II 16 E. 2a mit weiteren Hinweisen).

268 BGE 99 II 34; ZBGR 1997, 318 ff., insb. 321 mit vielen weiteren Hinweisen.

269 Siehe dazu als Beispiel ZBGR 1997, 318 ff., wo es um die Begründung einer Nutzungsbeschränkung als Personaldienstbarkeit zugunsten eines Gemeinwesens ging, deren Inhalt jedoch bereits durch die öffentlich-rechtliche Bauordnung vorgeschrieben war (es ging darum, bei einer bestimmten Überbauung einen gewissen Anteil Wohnraum als Alterswohnungen zu errichten u. zu benutzen).

270 Vgl. GUHL, § 43 Rz 28.

- Liegt ein Verstoss gegen andere sachenrechtliche Vorschriften vor?

  Beispiele:

  Ein Grundpfandvertrag verstösst gegen ZGB 648 Abs. 3. Es wird ein Dienstbarkeitsvertrag mit einem für Dienstbarkeiten unzulässigen Inhalt angemeldet.

  Es soll ein Gesamtpfandrecht auf Grundstücken, die dem BGBB unterstehen, und solchen, die nicht dem BGBB unterstehen, errichtet werden etc.

15.4 Wann müssen die zu prüfenden Punkte erfüllt sein?

Sämtliche Eintragungsvoraussetzungen müssen im Zeitpunkt der Grundbuchanmeldung erfüllt sein, sonst weist das Grundbuchamt die Anmeldung ab (GBV 87 Abs. 1). Zur Beibringung fehlender Belege kann das Grundbuchamt der anmeldenden Person eine kurze Nachfrist setzen (GBV 87 Abs. 2), was in der Praxis häufig vorkommt. Eine Verpflichtung des Grundbuchamts dazu bzw. ein Rechtsanspruch des Notars oder der Parteien darauf besteht jedoch nicht. Vorbehalten bleiben besondere gesetzliche Verfahrensbestimmungen wie z.B. BewG 18 und BGBB 81.

16 Anhang 1: Der Grundbuchauszug

16.1 Capitastra

Grundbuchamt Oberland (UID: CHE-335.876.997) Seite 1 von 2

Grundbuch-Auszug

Liegenschaft Musterdorf / 546

Grundbuch-Typ:	Eidgenössisch	Form der Führung: Eidgenössisch
Vermessung:	Eidgenössisch	

*Zu beachten: die mit * bezeichneten Angaben haben keine Grundbuchwirkung.*

Grundstückbeschreibung:

Gemeinde:	345 Musterdorf
Grundstück-Nr.:	546
E-GRID:	CH 62000 74000 50
Adresse*:	Musterdorf Bir Chilche
Plan-Nr.*:	3280
Fläche:	5'678 m2, Aus Koordinaten berechnete Fläche, Definitiv anerkanntes Vermessungswerk
Bodenbedeckung*:	Übrige befestigte Fläche, 1'100 m2 Acker, Wiese, Weide, 2'890 m2 Gartenanlage, 1'075 m2 Wald, 276m2
Gebäude*:	Wohnhaus, 154 m2 Chorherrengasse 19 265, 3087 Musterdorf Gebäude/Bauten, 183 m2 Chorherrengasse, 3087 Musterdorf
Dominierte Grundstücke:	Musterdorf 345/516 zu 1/1
AV Bemerkungen:	
Amtlicher Wert*:	333'480 (inkl. Ertragswertkomponente) gültig ab Steuerjahr 2013
Ertragswert gem. BGBB*:	
Bemerkungen*:	
Alpgrundstücke*:	

Eigentum:

Miteigentum 1/3 **Ramuz Charles Ferdinand**, 20.06.1970	16.11.2010 035-2010/6170/0 Schenkung
Miteigentum 1/3 **Ramuz Albert Bastien**, 08.04.1972	16.11.2010 035-2010/6170/0 Schenkung
Miteigentum 1/3 **Ramuz Isabelle Valèrie**, 27.02.1981	16.11.2010 035-2010/6170/0 Schenkung

Anmerkungen:

27.12.1954 025-V+A 200	**Landw. Liegenschaft** ID.025-1997/003475	
18.12.1969 025-V+A 200	**Mitglied der Flurgenossenschaft Musterdorf und Umgebung** ID.025-1997/3408	24.05.1985 025-1985/2431/0
19.07.2010 035-2010/3900/0	**Eigentumsbeschränkung gemäss DPG** ID.025-2010/002165	
16.05.2002 023-2002/800/0	**Bodenverbesserung Nr. 32361; Zweckentfremdungsverbot, bis 31.12.2025** ID.023-2003/000031	31.08.2005 023-2005/1544/0
15.03.2013 035-2013/1300/0	**Landwirtschaftlicher Hochbau, Bewilligungspflicht für Handänderungen, bis 31.12.2034** ID.035-2013/000500	

Dienstbarkeiten:

06.04.1891 025-32/270	**R**	**Quellenrecht** ID.025-1998/002251 z.L. LIG Musterdorf 345/559
22.07.1997 025-1997/3600/0	**R**	**Leitungsrechte** ID.025-2000/004864 z.L. LIG Musterdorf 345/203 z.L. LIG Musterdorf 345/591 z.L. LIG Musterdorf 345/595
22.07.1997 025-1997/3600/0	**R**	**Fuss- und Fahrweg** ID.025-2000/004867 z.L. LIG Musterdorf 345/203 z.L. LIG Musterdorf 345/408 z.L. LIG Musterdorf 345/591 z.L. LIG Musterdorf 345/595

Grundbuchamt Oberland (UID: CHE-335.876.997) Seite 2 von 2

Grundbuch-Auszug

Liegenschaft Musterdorf / 546

Grundbuch-Typp: Eidgenössisch Form der Führung: Eidgenössisch
Vermessung: Eidgenössisch

*Zu beachten: die mit * bezeichneten Angaben haben keine Grundbuchwirkung.*

09.11.1999 025-1999/5900/0	L	**Näherbaurecht** ID.025-2000/001799 z.G. LIG Musterdorf 345/403
01.10.2008 025-2008/4878/0	L	**Kabelanlage** ID.025-2008/002619 z.G. Netzbetreiber AG, in Ittigen
16.11.2010 035-2010/6170/0	L	**Nutzniessung** ID.035-2010/002949 z.G. Flaubert Gustave, 03.03.1946

Grundlasten:

01.06.1912 025-B 3100	R	**1/3 der Zäunepflicht, Gesamtwert, Fr. 100.00** ID.025-1998/007158 z.L. LIG Musterdorf 345/49	17.03.2010 035-2010/1474/0
05.12.1972 025-1972/5000/0	L	**Jaucheübernahmepflicht, Fr. 300.00** ID.025-2001-001521 z.G. LIG Musterdorf 345/1798	
27.07.2015 035-2015/10100/0	R	**Hochstammbäume, Fr. 2'000.00** ID.035-2015/001302 z.L. LIG Musterdorf 345/748	

Vormerkungen: (Nachrückungsrechte siehe Grundpfandrechte)

keine

Grundpfandrechte:

21.05.2015 035-2015/2900/0	**0. Pfandstelle, Grundpfandverschreibung,CHF 327.90, Max. 8%**, Gesetzliches Grundpfandrecht zur Sicherung der Liegenschaftssteuer, Einzelpfandrecht. Grundpfandgläubiger Einwohnergemeinde Musterdorf
Bemerkungen:	Die Rangregelung innerhalb der Pfandstelle Null eingetragenen gesetzlichen Grundpfandrechte ergibt sich aus Art. 109e EG ZGB
22.09.1997 025-1997/4961/0	**1. Pfandstelle, Namen-Papier-Schuldbrief, CHF 400'000.00, Max. 10%**, Einzelpfandrecht. * Grundpfandgläubiger Finanz Bank AG
11.06.2013 035-2013/2995/0	**2. Pfandstelle, Register-Schuldbrief, CHF 86'000.00, Max. 10%**, Gesamtpfandrecht mit Musterdorf/45 Musterdorf/47 Musterdorf/51 Musterdorf/52 Musterdorf/53 Musterdorf/70 Musterdorf/71 Musterdorf/75 Musterdorf/108 Musterdorf/109 Musterdorf/228 Musterdorf/477 Musterdorf/487 * Grundpfandgläubiger Bernische Stiftung für Agrarkredite(BAK)
Bemerkungen:	Zins-, Abzahlungs- und Kündigungsbestimmungen sowie weitere Nebenbestimmungen zur Schuldbriefforderung siehe Beleg 035-2013/2995/0 (11.06.2013)
02.06.2014 035-2014/2693/0	**3. Pfandstelle, Inhaber-Papier-Schuldbrief, CHF 40'000.00, Max. 10%**, Gesamtpfandrecht mit Musterdorf/5109-1 Musterdorf/5111-29

Hängige Geschäfte:
Tagebuchgeschäfte bis 25. Oktober 2015: keine
Geometergeschäfte bis 25. Oktober 2015: keine

3600 Thun, 26. Oktober 2015/

Der/Die Grundbuchverwalter/in

16.2 TERRIS

Grundbuchamt Testikon

Thurgau

Grundbuchauszug

Eigentümer

Helene Muster-Sommer, geboren 24.06.1976, verheiratet, Errungenschaftsbeteiligung, von Testikon TG, Am Bächli 35, 8500 Testikon
1/2 Miteigentum

Jonas Muster, geboren 08.10.1978, verheiratet, Errungenschaftsbeteiligung, von Testikon TG, Am Bächli 35, 8500 Testikon
1/2 Miteigentum

Grundbuch Testikon

Liegenschaft Nr. 125
Plan Nr. 26, Langdorf

650 m² Mehrfamilienwohnhaus Vers.Nr. 128.85, Am Bächli 35
Autounterstand Vers.Nr. 128.85A
Hofraum und Garten

Erwerbstitel

Schenkung 20.05.2007 Beleg 318
Kauf 20.05.2007 Beleg 319

Anmerkungen

533 Bedingte Baubewilligung
02.10.2014 Beleg 645

Vormerkungen

339 Persönliches Recht
Vereinbarung der Dienstbarkeitsberechtigten über den Ausschluss des Ausscheidens aus der Gemeinschaft infolge Verzichts auf die Dienstbarkeit, Frist bis: 06.11.2029
06.11.2014 Beleg 821

Dienstbarkeiten und Grundlasten

245 Last: Durchleitungsrecht für Werkleitungen
zugunsten Nr. 126, 127, 128
17.08.1985 Beleg 382

Auszug Grundstück 125 Testikon, 24.08.2015, 15:19 Uhr Seite 1 von 2

Grundbuch-
auszug

2230 Recht: Mitbenützungsrecht an Heizungsanlage
zulasten Nr. 128
06.11.2014 Beleg 821

Grundpfandrechte

Pfandstelle 1
Fr. 1'000'000.-- Franken eins null null null null null null 00/100
Register-Schuldbrief Nr. 8320
Gläubiger: Bank Testfeld AG, mit Sitz in Testikon TG, Testikon
Höchstzinsfuss 10 %
05.02.1982 Beleg 57
20.05.2007 Beleg 320
20.08.2015 Beleg 56

Rangverschiebungen

Das Grundpfandrecht 8320 ist der Vormerkung 339 im Rang nachgestellt, 06.11.2014 Beleg 821
Das Grundpfandrecht 8320 ist der Dienstbarkeit/Grundlast 2230 im Rang nachgestellt, 06.11.2014 Beleg 821

Abhängigkeiten zwischen Rechten

Vormerkung 339 stützt sich auf Dienstbarkeit/Grundlast 2230, 06.11.2014 Beleg 821

Frauenfeld, 24.08.2015

Grundbuchamt Testikon
Der Grundbuchverwalter

Auszug Grundstück 125 Testikon, 24.08.2015, 15:19 Uhr

Seite 2 von 2

17 Anhang 2: Formulare[271]

271 Die hier abgebildeten Formulare finden so im Kanton Bern Anwendung. Ähnliche Formulare finden sich auch in den anderen Kantonen. Interkantonal können Unterschiede bestehen.

17.1 Die Grundbuchanmeldung

Name, Vorname und Adresse der anmeldenden Person

Name und Adresse des Grundbuchamtes

-- Grundbuchamt auswählen --

Referenz:

Grundbuchanmeldung

Der/Die Unterzeichnende ersucht um Vornahme der folgenden Einschreibungen in das Grundbuch:
(Es sind alle von einer Einschreibung oder Löschung betroffenen Grundstücke anzugeben; ***Einschreibungen oder Löschungen werden nur auf den aufgeführten Grundstücken vorgenommen****)*

Gemeinde

Grundbuchblatt Nr.

Rechtsgrundausweis

Urschrift Nr.

Geschäftsart

Parteien (**summarisch**)

Vorzunehmende Einschreibungen

(Gemäss Art. 47 Abs. 2 GBV muss jede vorzunehmende Einschreibung einzeln aufgeführt werden; ***es werden nur die beantragten Einschreibungen vorgenommen****)*

Bitte **Eintragungsbescheinigung(en) zustellen.**
Eingereichte Schuldbriefe / Beilagen / Bemerkungen:

Unterschrift der anmeldenden Person

GB-Formular 1

Formulare

17.2 Die Umwandlung von Papier- in Register-Schuldbriefe

Erklärung im Sinne von Art. 33b SchlT ZGB und Grundbuchanmeldung zur Umwandlung von Papier- in Register-Schuldbriefe

Name und Adresse des Grundbuchamtes

– Grundbuchamt auswählen –

Die Unterzeichnenden erklären in Anwendung von Art 33b SchlT ZGB die folgenden, **vor dem 1.1.2012 erstellten** Papier-Schuldbriefe in Register-Schuldbriefe umzuwandeln. Sie ersuchen das Grundbuchamt im Grundbuch die nachgenannten Personen als Berechtigte einzutragen:

☐ als Gläubiger/in/innen ☐ als Fahrnispfandgläubiger/in/innen

(Firma [mit UID] oder Name/Vorname, Adresse, Geburtsdatum)

Betroffene Schuldbriefe: **- Diese Papier-Schuldbriefe müssen dem Grundbuchamt eingereicht werden! -**

Betrag in CHF	**Titel-Identifikations-Nr. oder Litera, Errichtungsdatum und Beleg**

Grundbuchblatt Nr.

der Gemeinde

im Eigentum von

Für den/die Register-Schuldbrief/e gelten neu die folgenden Zins- und Abzahlungsbestimmungen, welche in das Grundbuch aufzunehmen sind: „Die Schuld ist nach den vom Gläubiger jeweilen festgesetzten Bedingungen und Terminen zu verzinsen und abzubezahlen sowie auf eine gegenseitig jederzeit freistehende Kündigung von drei Monaten zurückzubezahlen."
Der bestehende Maximalzinsfuss bleibt unverändert.

Der/Die Gläubiger/in/innen oder der/die Fahrnispfandgläubiger/in/innen sowie die Urkundsperson werden je einzeln zur Anmeldung ermächtigt.

Beilagen/Bemerkungen:

Ort/Datum:

Der/Die Grundeigentümer/innen: [1]
(Unterschrift)

Der/Die Gläubiger/in/innen: [1]
Der/Die Fahrnispfandgläubiger/in/innen: [1]
(Firma [mit UID] oder Name/Vorname, Adresse, Geburtsdatum und Unterschrift)

Die ermächtigte Urkundsperson: [1]
(Name/Vorname, Büroadresse, Unterschrift)

1) Die Unterschriften müssen nicht beglaubigt werden.

GB-Formular 3

17.3 Die Nachgangserklärung

Name, Vorname und Adresse der anmeldenden Person

Name und Adresse des Grundbuchamtes

-- Grundbuchamt auswählen --

Referenz:

Nachgangserklärung

Der/Die Unterzeichnende erklärt den Nachgang (Rangrücktritt) für das ihm/ihr

auf Grundbuchblatt Nr.

der Gemeinde

im Eigentum von

zustehende Recht (Art/Errichtungsdatum/Beleg)

gegenüber folgendem Recht (Art/Errichtungsdatum/Beleg; bei Grundpfandrechten zudem Höchstzinsfuss)

Ort/Datum:
Bemerkungen/Beilagen:

Der/Die Berechtigte:
(Name, Adresse und Unterschrift)

Eintragungsbewilligung [1)]

Zur beantragten Änderung wird die Bewilligung erteilt.

Ort/Datum:

Der/Die Eigentümer/in:
(Name, Adresse und Unterschrift)

1) Nicht erforderlich, sofern in einer anderen Urkunde erteilt.

GB-Formular 4

17.4 Die Löschungsbewilligung

Name, Vorname und Adresse der anmeldenden Person

Name und Adresse des Grundbuchamtes

-- Grundbuchamt auswählen --

Referenz:

Löschungsbewilligung

Der/Die Unterzeichnende erteilt seine/ihre Einwilligung zur **Löschung** für das ihm/ihr

auf Grundbuchblatt Nr.

der Gemeinde

im Eigentum von

zustehende Recht (Art/Errichtungsdatum/Beleg)

Ort/Datum:

Der/Die Berechtigte:
(Name, Adresse und Unterschrift)

Erklärung des Eigentümers/der Eigentümerin (nur bei Löschung von **Grundpfandrechten**)

Zur beantragten Löschung wird die Einwilligung erteilt; auf die Eintragung einer leeren Pfandstelle wird verzichtet.

Ort/Datum:

Der/Die Eigentümer/in:
(Name, Adresse und Unterschrift)

Totallöschungen sind kostenlos; Abänderungen/Teillöschungen sind kostenpflichtig.

GB-Formular 5

17.5 Die Pfandentlassungsbewilligung

Name, Vorname und Adresse der anmeldenden Person

Name und Adresse des Grundbuchamtes

-- Grundbuchamt auswählen --

Referenz:

Pfandentlassungsbewilligung

Der/Die Unterzeichnende erteilt seine/ihre Einwilligung, folgende Grundstücke im Eigentum von

ganz aus der Pfandhaft zu entlassen:

Grundbuchblatt Nr.

der Gemeinde

teilweise aus der Pfandhaft zu entlassen:

m^2 von Grundbuchblatt Nr.	Gemeinde
m^2 von Grundbuchblatt Nr.	Gemeinde
m^2 von Grundbuchblatt Nr.	Gemeinde

für folgende Grundpfandrechte:

Art	Betrag in CHF	Titel-Identifikations-Nr. oder Litera, Errichtungsdatum und Beleg

Auf den übrigen Grundstücken bzw. Restgrundstücken bleiben die Pfandrechte unverändert bestehen.

Ort/Datum:

Bemerkungen/Beilagen:

Der/Die Grundpfand-/Faustpfandgläubiger/in:
(Name, Adresse und Unterschrift)

Eintragungsbewilligung [1)]

Zur beantragten Änderung wird die Bewilligung erteilt; auf die Eintragung einer leeren Pfandstelle wird verzichtet.

Ort/Datum:

Der/Die Eigentümer/in:
(Name, Adresse und Unterschrift)

1) Nicht erforderlich, sofern in einer anderen Urkunde erteilt.

GB-Formular 6

17.6 Die Gläubigerregister-Anmeldung

Gläubigerregister-Anmeldung

Name und Adresse des Grundbuchamtes

-- Grundbuchamt auswählen --

Der/Die Unterzeichnende ersucht das Grundbuchamt, im Gläubigerregister als

☐ Grundpfandgläubiger/in ☐ Faustpfandgläubiger/in

einzuschreiben:

für folgende Grundpfandrechte:

Art	**Betrag in CHF**	**Titel-Identifikations-Nr. oder Litera, Errichtungsdatum und Beleg**

Grundbuchblatt Nr.

der Gemeinde

im Eigentum von

Ausweis ☐ Übertragung ☐ Namensänderung

☐ Pfandvertrag ☐ Erbgang gemäss Beleg

☐

Bemerkungen:

Ort/Datum:

Beilagen:

Der/Die Anmeldende:
(Name, Adresse und Unterschrift)

GB-Formular 7

17.7 Der Register-Schuldbrief – Gläubigerwechsel

Register-Schuldbrief: Anmeldung zur Eintragung eines neuen Gläubigers oder einer neuen Gläubigerin im Grundbuch

Name und Adresse des Grundbuchamtes

-- Grundbuchamt auswählen --

Der/Die Unterzeichnende/n ersucht/ersuchen das Grundbuchamt, im Hauptbuch als

☐ neue/n Gläubiger/in/innen

☐ Fahrnispfandgläubiger/in/innen

einzuschreiben:

(Firma [mit UID] oder Name/Vorname, Adresse, Geburtsdatum)

für folgende Register-Schuldbriefe:

Betrag in CHF	Errichtungsdatum und Beleg	Pfandrechts-Identifikations-Nummer

Grundbuchblatt Nr.

der Gemeinde

im Eigentum von

Hinweis: Die Vereinbarung über die Sicherungsübereignung oder ein Pfandvertrag ist nicht beizulegen.

Beilagen/Bemerkungen:

Zur Anmeldung befugt ist/sind der/die bisherige/n Gläubiger/in/innen (vgl. Art. 51 und 104 der Grundbuchverordnung). Zudem werden der/die neue/n Gläubiger/in/innen oder der/die Fahrnispfandgläubiger/in/innen sowie die Urkundsperson je einzeln zur Anmeldung ermächtigt.

Ort/Datum:

Der/Die bisherige/n Gläubiger/in/innen: [1)]
Der/Die bisherige/n Fahrnispfandgläubiger/in/innen: [1)]
(Firma [mit UID] oder Name/Vorname, Adresse, Geburtsdatum und Unterschrift)

Der/Die zur Anmeldung Bevollmächtigte/n: [1)]
(Unterschrift der/des Bevollmächtigten und Name/Vorname, Büroadresse der allenfalls anmeldenden Urkundsperson)

1) Die Unterschriften müssen nicht beglaubigt werden.

GB-Formular 9

Formulare

Stichwortverzeichnis

A

C

D

E

H

I

J

K

L

O

P

Q

R

S